互联网金融环境下
商业银行创新路径研究

陈红玲　著

中国原子能出版社
China Atomic Energy Press

图书在版编目（CIP）数据

　　互联网金融环境下商业银行创新路径研究 / 陈红玲著 .
-- 北京：中国原子能出版社，2021.5（2023.1重印）
　　ISBN 978-7-5221-1324-1

　　Ⅰ . ①互… Ⅱ . ①陈… Ⅲ . ①互联网络 – 影响 – 商业
银行 – 银行管理 – 研究 – 中国 Ⅳ . ① F832.33

　　中国版本图书馆 CIP 数据核字 (2021) 第 054808 号

内容简介

　　本书属于商业银行创新发展方面的著作，由绪论、商业银行管理路径研究、互联网金融环境对商业银行的影响、互联网金融环境下商业银行的风险研究、互联网金融环境下商业银行的创新路径等部分构成。全书主要研究互联网金融环境下商业银行的创新发展，分析在互联网时代商业银行的风险管理及控制，阐述商业银行管理措施以及转型措施、发展机遇。本书对财务、金融、银行等方面的工作者与研究人员有学习和参考价值。

互联网金融环境下商业银行创新路径研究

出版发行	中国原子能出版社（北京市海淀区阜成路 43 号　100048）
策划编辑	高树超
责任编辑	高树超
装帧设计	河北优盛文化传播有限公司
责任校对	冯莲凤
责任印制	赵　明
印　　刷	河北宝昌佳彩印刷有限公司
开　　本	710 mm×1000 mm　1/16
印　　张	16.5
字　　数	290 千字
版　　次	2021 年 5 月第 1 版　　2023 年 1 月第 2 次印刷
书　　号	ISBN 978-7-5221-1324-1
定　　价	92.00 元

前　言

　　互联网的快速发展正深刻影响着人类社会的组织形态、商业模式和生活方式，在一定程度上颠覆了商业银行传统的经营模式。以互联网为代表的现代信息科技，特别是移动支付、社交网络、搜索引擎、云计算等，将会对人类金融模式产生重要影响。互联网金融具有的便捷性特质使其在交易主体、交易渠道、用户体验、普惠思维等方面拥有巨大优势与革新价值。互联网金融的发展弥补了现有金融体系的不足，满足了大众金融的需求，对我国金融业而言是一次跳跃式发展的机遇，激发了我国金融业发展的潜力。2017 年 4 月 25 日，习近平在中共中央政治局第四十次集体学习时的讲话中提出，金融是现代经济的核心，金融安全是国家安全的重要组成部分。必须充分认识金融在经济发展和社会生活中的重要地位和作用，切实把维护金融安全作为治国理政的一件大事，扎扎实实把金融工作做好。同年 7 月 14 日，习近平在全国金融工作会议上提出，必须加强党对金融工作的领导，坚持稳中求进工作总基调，遵循金融发展规律，紧紧围绕服务实体经济、防控金融风险、深化金融改革三项任务，创新和完善金融调控，健全现代金融企业制度，完善金融市场体系，推进构建现代金融监管框架，加快转变金融发展方式，健全金融法治，保障国家金融安全，促进经济和金融良性循环、健康发展。

　　本书首先介绍了互联网金融的概念、互联网金融环境下商业银行主要的发展和管理路径等。之后深入分析了互联网金融对商业银行的影响，互联网金融环境下商业银行的风险研究、创新路径。笔者认为，互联网金融带给商业银行的并不只是冲击和挑战，更多的是创新和发展的机遇。当前，互联网金融快速发展，其业务涉及的领域越来越多，在部分领域已经完全能够替代商业银行。互联网金融理财产品的高收益正在不断分流银行存款。为了进一步说明互联网金融对商业银行的冲击，本书结合相关数据资料分析了互联网金融的发展对商业银行带来的挑战与冲击，同时就互联网金融环境下商业银行的创新路径做出分析，指出商业银行不应一味地互相模仿，应该根据自身特点选择适合的转型路径。最后，提出商业银行在互联网金融环境下面临的发展机遇，以促进未来商业银行的发展。

在本书的撰写过程中，笔者参考了部分专家、学者的某些研究成果和著作内容，在此对原作者表示衷心感谢。由于时间短促，水平有限，不足之处在所难免，恳请广大读者、专家、学者批评指教。

作　者
2021 年 5 月

目　录

第一章 绪 论

第一节 互联网金融概述

一、互联网金融的诞生

任何事物的产生和发展都离不开社会需求与科技进步的推动，互联网金融也不例外，互联网金融的兴起是大势所趋，是社会需求推动下时代发展的必然产物。

（一）互联网技术的普及为互联网金融诞生提供了条件

随着互联网的不断发展和普及，互联网技术也在不停地进步与升级，尤其是社交网络、搜索引擎、大数据、云计算等技术的普及，人类社会进入了一个充满了结构化数据与非结构化数据的新时代，从而市场信息不对称程度大大降低，通过分析和整理制定风险控制模型，信息处理成本和交易成本大幅降低。信息技术的迅猛发展不仅降低了处理金融交易过程的成本，还降低了投资者获取信息的难度，这为互联网金融的诞生提供了条件。

互联网每天都产生着巨大的数据资源，以大数据和云计算技术为例，大数据包含了互联网、医疗设备、视频监控、移动设备、智能设备、非传统信息技术设备等渠道产生的海量结构化或非结构化数据，大量的交易数据囊括了有关消费者、供应商和运营管理等方面的信息，运用云计算技术对获取的大数据进行系统的筛选、提炼、统计和分析，不仅能够获取最有效的信息，还能够获取潜在的商业价值。大数据和云计算技术的应用提高了信息处理的效率，降低了信息处理的成本，提高了信息的利用率。

例如，阿里金融是以阿里巴巴、淘宝、天猫等电子商务平台为基础建立起的互联网金融平台，它可以为小微企业、个体商户提供一定的小额信贷等业务。2014年10月，蚂蚁金服正式成立，专注于为小微企业和个人消费者提供普惠金融服务。2016年8月，蚂蚁金服开放平台推出"春雨计划"，拟投入10亿现金扶持生态伙伴，目标是3年内助力至少100万开发者，并服务1 000万中小商户及机构。蚂蚁金服小额贷款的微贷技术运用了大量数据模型，通过大规模集成计算，掌握买家和卖家之间的交易风险概率、交易集中度等。蚂蚁金服在放贷过程中，适当结合互联网技术可以在一定程度上避免信息不对称带来的高信用风险、高贷款成本和贷后风险控制等问题，这样可以为其安全、高效运营提供保障，同时可以降低其运营成本。通过这一事例可以看出，大数据和云计算可以在很大程度上推动互联网金融的发展，同样这也是保证互联网金融顺利稳定运行的关键技术。

在互联网金融中，云计算和大数据的有机结合可以更好地获取大量的客户信用数据和交易数据，从而降低了互联网金融的交易成本和摩擦成本。

（二）新兴商业模式的发展为互联网金融奠定了用户基础

随着互联网的不断发展，人们的生活和互联网之间的关系越来越密切，从信息浏览、电子邮件到信息参照、远程办公、电子银行、购物等，用户的行为习惯也越来越互联网化。

在生产生活中涉及的信息流和资金流越来越多地通过互联网应用来完成。从全球市场的角度看，随着Amazon、阿里巴巴等全球电子商务飞速发展，全球各地出现了大量的互联网支付、跨境支付、第三方支付；随着全球化的社区网络发展，社区网络间产生了全新的融资需求；随着移动商务的高速发展，手机支付、二维码支付等移动支付得到了大范围的普及和推广。这些新兴商业模式的产生和发展同时带来了基于互联网的新金融服务需求。

近年来，我国电子商务市场规模持续增长，网络购物逐渐成为消费的潮流，随着电子商务的发展，其对我国工农业生产、商贸流通和社区服务等的渗透不断加深，实现了实体经济与网络经济、网上与网下的不断融合，且跨境合作与全球拓展的趋势日趋明显。电子商务的快速发展对支付方式提出了更高的要求，这成为互联网金融发展的契机。

在电子商务体系中，互联网金融是必不可少的一环。传统的电子商务包括商务信息流、资金流和物流三个方面，其中，资金流关系到企业的生存和发展，对企业至关重要。新兴商业模式所涉及的交易摆脱了时间和空间的限制，对资金流的控制则需要第三方支付和传统渠道外的资金支持，新型电子商务使商品交易的时间大大缩短，这也对更加快捷的支付和资金融通提出了新的要求。

因此，随着互联网浪潮带来的新型商业模式的冲击，更多企业对快捷的资金服务需求进一步加大。互联网在居民生活和企业经营发展中的渗透加深，加之电子商务的发展，企业更加需要高效便捷的金融服务，这些都为互联网金融的快速发展奠定了广大的用户基础。

（三）网络渠道的拓展为互联网金融增加了用户量

进入网络经济时代以来，以互联网为主的现代信息和通信技术快速发展。互联网改变了企业与客户间传统的供求方式，扩大了品牌的影响力。越来越多的企业认识到互联网渠道的拓展对企业的重要性。对于企业而言，互联网营销渠道构建的优势主要体现在成本的节约与用户数量的增长上，这两点也是企业长期发展的立足点。

首先是时间成本的节约。通过互联网的传播，产品信息可以瞬间到达另一个互联网终端，时间成本趋近于零。其次是营销成本的节约。在网络推广下，销售信息以低廉的成本在互联网用户之间传播，相对于其他媒介的营销推广，互联网低廉的成本显而易见。最后是通路成本的节约。互联网的应用在一定程度上弱化了渠道中间商的作用，极大地降低了其通路成本。

在用户拓展上，互联网金融突破了地域限制，所有使用互联网的人群均为互联网金融企业的潜在用户。企业通过对用户的地域分布、年龄、性别、收入、职业、婚姻状况和爱好等基本资料的分析处理，有针对性地投放广告，并根据用户特点做定点投放和跟踪分析，对广告效果做出客观准确的评价。网络营销的精准定位将部分潜在客户变为企业实际用户，在一定程度上帮助企业拓展了用户群体。

（四）融资理财的多样化加速了互联网金融发展

随着互联网金融的高速发展，融资理财围绕生产、商业和居民的生活需要而产生。互联网为企业和个人的投融资活动提供了更加精准的供求信息，也使零散投融资需求得以低成本整合，并与需求对接，进一步体现了金融投融资方面的普惠性、高效性和整合性的共享经济特征。

从本质上看，互联网金融模式具有分散化、去中心化的特点，并且通过特有的信息优势发掘，更好地为"小微客户"提供服务，但客观地说，互联网金融并不是完全服务小微企业的。在发展到一定程度以后，互联网金融领域同样会出现为"巨无霸"和"小微机构"服务并立的情况。另外，小微企业在我国国民经济的发展中起着不可替代的作用，随着互联网金融的迅猛发展，它与生俱来地带有低门槛、操作简便等特点。

就融资渠道而言，小微企业依旧偏向于以内部融资的方式获得资金，仅有少部分小微企业能从银行获得贷款。小微企业进入融资平台之后，互联网金融可以充分利用其渠道优势，通过整合资源，不断汇聚资金，满足小微企业的融资需求。小微企业则依照自身所需，在线提出融资申请，并获得企业发展所需的资金。阿里金融在这方面的实践非常值得借鉴。阿里金融基于其电子商务平台上客户积累的信用数据和互联网技术模型，通过交叉检验技术确认客户信息的真实性，将客户在电子商务网络平台上的信用数据转换为企业和个人的信用评价指标，进而向这些小微企业发放"金额小、期限短、随借随还"的小额贷款。

由此可以看出，互联网金融为小微企业的融资提供了高效、便捷的途径，不断增长的小微企业融资需求又促进了互联网金融的发展。

二、互联网金融的现状

（一）国内互联网金融发展现状

1. 传统金融网络发展现状

随着互联网金融的优势冲击，传统金融的弊端和不足逐渐显现，因此，传统金融机构必须进行改革转型，加快创新。

目前，传统金融的改革迹象已经浮现水面。但是传统金融有着深厚的历史基础和国家支持，在顺应时代发展的要求下，传统金融要加快业务的创新，可以从以下几方面入手。

（1）重视客户对金融业务要求的变化，尤其是传统业务的主体客户，同时要注重互联网金融的客户需求。

（2）依靠与互联网有关的技术进行改进。当前是网络发展的时代，信息的完善和效率的提高是十分必要的。

（3）线上线下多元化，拓展业务领域，设立电商部门，通过建设电商网站销售金融产品，并积极进行创新。

银行广泛通过互联网开展品牌宣传、产品推广、客户服务；保险公司进行网络直销；证券公司推广网上营业厅；基金公司进行网上直销。目前，网络营销已经成为金融机构必不可少的营销方式，它从早期的初级应用发展到全面利用互联网技术，通过优化整合内部业务流程及网络销售渠道，建立基于互联网技术的核心竞争优势。

2. 商业银行与网络化

我国银行业的互联网金融创新已有一定的历史。商业银行率先敏锐地认识到互联网带来的发展机会和拓展空间。早在 1997 年，招商银行率先推出了我国第一家网上银行，目前已经拥有包括网上企业银行、网上个人银行、网上支付系统、网上证券系统等系列网站在内的网上银行产品。作为国内首家经批准开展个人网上银行业务的商业银行，招商银行在互联网领域的战略定位、营销手段、产品创新和服务等方面都进行了效果显著的创新。

尽管大型商业银行凭借其客户规模优势仍然保持着市场份额领先的地位，但在应对互联网冲击时，它们行动相对迟缓，其互联网业务增速要低于不断创新的中小银行。从实践来看，中小银行在产品与服务创新方面速度更快，反应更加灵敏，市场份额不断提高，一方面蚕食大银行传统客户市场，另一方面又不断扩大新增客户市场。整体上，银行业的互联网业务规模仍远大于支付宝等非银行机构。2017 年第一季度，我国网上银行市场交易额超过 539 万亿元，接近支付宝交易额的 43 倍，但从细分领域看，在新兴的互联网金融领域，如个人电子商务支付领域，网上银行的发展速度要慢于第三方支付，客户占有率也低于支付宝。

3. 证券业网络化

网上证券交易也属于电子商务范畴，是以互联网为媒介，运用 IT 技术进行证券交易的一种交易方式。网上证券交易有狭义和广义之分，狭义的网上证券交易指投资者通过因特网进行证券交易的过程，而广义的网上证券交易指通过因特网进行证券投资的全过程，包括交易会员在证交所的报价交易。网上证券交易打破了时空的限制，极大地丰富了信息资源，降低了交易成本，减少了差错率，并且方便快捷，因此在发达国家已得到普遍采用，也是国际证券经纪业务发展的趋势。网上证券交易的发展给证券业和券商提供了前所未有的发展机遇，也对传统证券市场产生了强大的冲击，这种交易模式的改变使证券市场的结构发生了革命性的变革，加剧了券商间的竞争，对券商的经营与营销模式提出了新的挑战。

由于券商不同业务的门槛不一，对应的监管要求也不一样，互联网金融对证券业的影响程度、时间先后都有所不同。同质化、低技术含量、低利润率、监管者有意放开的业务会率先受到冲击，而对知识、技术、资本、风控要求高的业务则可能在互联网金融向更高层次发展之后受到影响。经纪业务和资产管理大众市场首当其冲，股权众筹也可能演变成网络首次公开募股。

大型券商业务结构更加多元化，对传统业务依赖的程度更低，即使一些通道类业务受到冲击，对整体的影响也并不大，大型券商拥有雄厚的资本实力、强大的人才储备和较高的品牌美誉度，是参与互联网创新的坚实基础，大型券商在争取互联网合作资源、引入第三方产品等方面也比小型券商更具优势。少数中型券商借助互联网金融实现"弯道超车"也有一定的可能。

4.保险业网络化

网络保险是指实现保险信息咨询、保险计划书设计、投保、缴费、核保、承保、保单信息查询、保权变更、续期缴费、理赔和给付等保险全过程的网络化。

我国互联网保险从诞生到崛起，一路走来跌跌撞撞。早在1997年，我国第一个面向保险市场和保险公司内部信息化管理需求的专业中文网站——互联网保险公司网正式搭建完成，这标志着我国保险业在互联网行业迈出了第一步。

两年之后，泰康人寿在北京宣布了"泰康在线"正式成立，几乎同一时间，各保险信息类网站也不断涌现。但是好景不长，第一次互联网泡沫破裂的影响是巨大的，整个市场对于互联网的认识程度给那些准备在互联网中大展身手的人们浇了一盆冷水，而保险作为三驾马车中起步最晚的金融业，更是在人海战术中死死攀爬，更别提大规模进军互联网行业。

直到 2013 年，随着《关于专业网络保险公司开业验收有关问题的通知》的颁布，我国互联网保险行业终于迎来了属于自己的春天。确切来说，互联网保险市场的争夺战是随着百度、阿里巴巴、腾讯、京东等互联网巨头迅速崛起而开始的，一批以保险中介和保险信息服务为定位的保险网站纷纷涌现。但是保险公司电子商务规模还处于欠发达阶段，电子商务渠道的战略价值基本还处于萌芽阶段。

互联网保险的全面发展开始于 2013 年。2013 年作为互联网金融的元年，余额宝的上线使银行活期存款在不到半年的时间被吞噬将近 5 000 亿元。同时，寿险业务在"双十一"当天也凭借网销红利总额超过 6 亿元。此时，开展互联网保险业务，逐步探索互联网保险业务管理模式，开始引起传统保险公司决策层的深度思考，之前认为互联网保险模式仅仅是保险产品和服务的互联网化的粗浅理解开始土崩瓦解；互联网保险是对商业模式的全面颠覆，更是商业模式的创新，这是互联网时代保险发展的不可逆转、不可抗拒的趋势。

据统计，目前国内保险行业至少已有 16 家财险公司、23 家寿险公司开设互联网销售业务。国寿、平安、太保、人保、阳光等保险集团已悉数开设了保险超市、在线商城等网上销售专属平台，新成立的险企也已开始部署在线投保渠道。

（二）非传统金融网络业务模式发展现状

互联网金融实质上是将互联网技术应用到金融服务，用互联网理念改变金融服务方式的一种变革。融资与支付是金融服务的主要组成部分，非传统金融机构的互联网金融运营模式主要体现以第三方支付为代表的互联网金融支付模式，以及以 P2P、众筹为代表的互联网金融融资模式。下面用数据直观地介绍这两种非传统金融机构的互联网金融运营模式在我国的发展现状。

1. 第三方支付

我国首家第三方支付公司成立于 1998 年，全面应用时期是从 2005 年开始的。马云首次提出电子商务需要一个具有安全保障的环境，交易环节的安全是保证支付安全的重要前提。随后，支付宝成功问世，然后第三方支付平台的全面应用成为电子商务发展的新趋势，开始大规模出现并快速发展。从广义上理解，第三方支付是指非金融机构所提供的网络支付等其他支付服务，第三方支付在其中起到支付中介的作用。按照发展路径与用户积累途径来看，市场上的第三方支付公司的运营模式可以分为以下两大类。

一类是独立第三方支付模式。独立第三方支付模式以快钱和拉卡拉为典型代表，这种模式的第三方支付平台完全独立于电商网站，因此不具有担保功能，为用户提供的服务也仅限于支付功能。

另一类是依托电商平台的有担保模式。依托电商平台的有担保模式以支付宝、财付通为典型代表，这种模式主要是依托自有的 B2C、C2C 电子商务网站，向用户提供第三方支付服务，且具有担保的功能。这种模式的流程是：买家在挑选好商品之后，使用第三方支付平台进行货款支付，这部分货款不会直接打给卖家，而是暂时由第三方支付平台保管，第三方支付平台收到货款后会提示卖家发货，待买家收到所购物品并同意支付货款后，第三方支付平台将货款交给卖家。

第三方支付平台的兴起给传统商业银行造成了一定程度的冲击，第三方支付公司利用系统中积累的客户信息，与金融机构合作，为客户提供便捷且具有针对性的金融服务。同时，第三方支付平台不断发展，逐步涉及保险、基金等个人理财金融业务，与商业银行的业务重叠范围不断扩大，与传统商业银行形成了一定的竞争关系。

2.P2P 网贷

P2P（Peer-to-Peer Lending 或 Person-to-Person Lending）即点对点或个人对个人信贷。国内 P2P 借贷平台最早出现于 2006 年。据统计，截至 2016 年年末，国内正常运营的 P2P 借贷平台数量为 1 600 家左右，由于 2016 年持续一年的整改，不规范平台逐渐被淘汰出局，2017 年 P2P 借贷平台数量回落为 1 200 家左右。

P2P 借贷的特点有两个：一是 P2P 借贷双方参与的广泛性，借贷双方呈散点网络状的多对多形式，且针对特定主题；二是交易条件具有灵活性和高效性，极大地满足了借贷双方的多样化需求。此外，P2P 借贷平台省去了烦琐的层层审核模式。在信用合格的情况下，手续简单直接。在该模式中，存在一个重要的中介服务者——P2P 借贷平台。平台主要为 P2P 借贷的双方提供信息流通交互、信息价值确认和其他促成交易完成的服务，但不作为借贷资金的债权债务方。

3. 众筹模式

"众筹"一词意为大众筹资或群众投资，它作为一种商业模式起源于美国，已有 10 余年的历史。随着我国互联网金融的兴起，我国众筹平台也开始进入起步阶段。2011 年 7 月，点名时间网站正式上线，是现阶段国内比较成熟的众筹平台，也是国内最大的众筹平台。除了点名时间之外，还有追梦网、淘梦网等网站。近几年，众筹平台在欧美国家的发展速度不断加快，美国在线募资网站 Kickstarter 就是典型代表。

构建众筹平台的商业模式首先要明确三个规则：第一，每个通过审核的项目都必须设定筹资的目标金额和天数；第二，在设定的天数内，平台筹集的资金达到预设目标，发起人将获得资金，若未能达到目标，则将资金全部退还出资人；第三，在项目说明中要明确对出资人的回报。

众筹平台的运营模式并不复杂，其对资金需求者的项目策划进行审核，通过审核的项目策划可以在网站上创建自己的页面，对产品进行宣传，如对产品的一些细节进行详细、充分的展示，从而获得对项目感兴趣的出资人的资金支持。这一筹资平台是募集资金和社交平台的有效结合，可以使资金完成在不同个体间的流动。这种模式有三个有机组成部分，分别是项目发起人（筹资者）、公众（出资人）和中介机构（众筹平台）。

基于种种原因，我国众筹平台上的项目在数量、质量、筹资金额、用户模仿方面还处于较低水平，无法形成规模效应，在金融市场上的影响力有待进一步提高。

（三）国外互联网金融发展现状

1. 传统金融服务互联网化发展

国外金融业在互联网出现不久就开始将业务实现方式向网络方向延伸拓展。传统金融服务开始互联网化，互联网与金融之间的关系主要表现为以互联网为代表的多种信息技术手段对传统金融服务的推动作用，即传统金融业务通过互联网手段实现了服务的延伸，呈现出一个互联网化的过程，具体主要表现在国外商业银行传统业务通过互联网和手机、PDA 等终端设备实现银行业务功能；券商建立互联网平台以实现让客户通过网络完成证券交易；保险公司依托互联网交易平台实现保单出单和在线理赔；还有诸如通过互联网平台实现资产管理等业务。这些业务本质上是技术创新带来的银行传统业务渠道的信息化升级。这其中较为典型的早期创新就是美国 Wells Fargo 银行于 1995 年 5 月向公众提供 Web 通道办理银行业务，虽然早期的网页服务在功能多样化和安全性上较如今相差很远，但这拉开了互联网技术在金融业务中长足发展的序幕。

2. 第三方支付

国外第三方支付产业的起源略早于我国，而且保持了高速发展，由于各国制度、市场条件不同，不同国家与地区的第三方支付产业发展呈现不同状况。1996 年，美国诞生全球首家第三方支付公司，随后 Yahoo Pay Direct、Amazon Payments 和 PayPal 纷纷成立，其中以 PayPal 的发展历程最为典型。1998 年 12 月，PayPal 公司成立，其目的是弥补在电子商务领域商业银行不能覆盖个人收单业务领域的不足。2002 年，PayPal 被全球最大的 C2C 网上交易平台 eBay 全资收购，从此进入快速发展期。集聚各种二手商品的 eBay 是当时全球最大的个人电子商务交易平台，由于商品的所有者和购买方都是个人，而商业银行不向个人客户提供银行卡收单服务，因此，只能采取传统支付方式的 eBay 平台，运行效率较为低下。而收购 PayPal 使 eBay 成功解决了交易支付问题。PayPal 凭借 eBay 平台强大的市场优势，实现了自身快速发展，2003 年营业额较 2002 年增长近三倍。在为 eBay 提供支付服务的基础上，PayPal 扩展其自身业务至更广阔的电商领域。PayPal 在北美市场合作客户范围广，小到普通比萨饼屋，大到零售巨头沃尔玛在线，合作的 B2C 在线商城多达五百多家。2012 年，PayPal 全球活跃账户有 1.23 亿户，全球交易规模达到 1 449.4 亿美元，其中移动支付达 140 亿美元。除了 PayPal 之外，其他第三方支付企业的成长也很迅速，尤其是在移动支付领域，2015 年全球移动支付市场交易规模达 4 500 亿美元。

国外第三方支付业务在市场中的占有率虽然不高，但渗透力很强，其中主要的非现金支付工具是签名借记卡和卡组织的信用卡，国外的卡组织模式由于其整体信用环境较好，并且采取无磁无密的交易方式，因此能够顺利将银行卡支付迁移到互联网交易渠道中。

第三方支付企业与卡组织的合作不断开拓新的业务领域，金融危机之后，人们的信用消费习惯有所改变，借记卡成为重要的支付工具，率先实施全球化战略的第三方支付企业凭借其优势占领了整个市场的主导地位。另外，在业务类型方面，第三方支付也已经延伸到了学费、公共事业费、房租等各类账单支付，并在整个业务量中所占的比例不断提升。

3. 互联网货币市场基金

2013 年以来，国内互联网理财产品风生水起，如今广大网民对余额宝、理财通等互联网理财产品已耳熟能详，但这类产品有另外一个名字，被人们称作"美版余额宝"。

从产品属性本质上来看，我国国内现有的互联网理财产品都不能算作本土的创新产品，这类业务很多年前在美国就已经出现。

余额宝类产品的鼻祖是美国 PayPal 公司推出的一款利用用户账户余额投资的货币市场基金。1998 年 PayPal 公司在美国诞生后，该公司于第二年极具开创性地将自身原有的第三方支付业务和金融理财产品相结合，针对账户余额设计出对应的理财产品，只要是 PayPal 的现有用户，PayPal 网站在线向其用户提供货币市场基金购买的业务。该业务的购买门槛低，初始投资金额大于等于 0.01 美元即可，追加投资的金额也只需大于等于 0.01 美元。用户持有 PayPal 货币市场基金最高额度为 10 万美元。到 2000 年，PayPal 货币市场基金创下了年收益率 5.56% 的历史成绩。PayPal 公司运作这支基金采用了联接基金的方式，将自身资产管理公司交给巴克莱的上级母账户进行管理，用户只需要将自己对应的个人基金账户进行激活处理，即可享受这种理财服务，收益率每天都有上下浮动，用户账户的余额每月获得利息收入。

在 PayPal 公司推出货币市场基金的最初阶段，年化收益率曾非常高，一度涨息至 5.56%，这和国内互联网理财产品极其相似，但是在 2008 年出现了金融海啸，美联储调整利息政策，在随后的几年里维持极低的利率水平，PayPal 公司货币市场基金收益率开始有所下滑，甚至一度跌至 0.04%。到了发展后期，美国财政部调整了政策，不再担任货币市场基金担保人的角色，这使 PayPal 公司最终于 2011 年 7 月停止了该货币基金的运营。

值得一提的是，PayPal 公司在关闭此项货币基金业务时，已经在利率上倒贴了长达两年的时间。

4. P2P 平台

P2P 贷款模式最早创始于英国，它较好地利用了互联网技术成本低廉和高效便利的优势，实现借贷双方的信贷需求匹配。平台借贷交易的参与方式和参与程度体现了 P2P 平台运营模式的差异。

国际上的 P2P 平台实行的是"线上"运行。线上运行适用于有成熟征信体系的国家。在以英美为代表的社会信用体系健全的国家，P2P 借助网络平台高传播性的线上交易，极大地降低了运营成本，在短时间内就能为投资人和借款人分别提供更高的收益率和更低的贷款成本。

在欧美等发达国家，P2P 贷款机构十分普遍，目前比较著名的有美国的 Lending Club 和 Prosper，西班牙的 Comunitae，英国的 Zopa，韩国的 Popfunding，巴西的 Fairplace 和日本的 Aqush 等。以美国的 P2P 贷款平台 Lending Club 为例，截至 2017 年 2 月，Lending Club 自 2006 年成立以来已经发放了近 250 亿美元的贷款，现拥有超过 180 万的借款人。Lending Club 公司的运营方式是交易成功后收取一定比例的中介费用，不为交易双方提供任何担保。

5. 众筹模式

在众筹模式上，国外和国内相差不大，大致也是分为 4 类：募捐型、奖励型、借贷型、股权型。不同的众筹项目根据自己的实际需求，会使用其中一种或者几种类型的众筹模式。然而在目前的众筹市场上，有接近 55% 的众筹平台只提供 4 种众筹模式中的 1 种，而 37.5% 的新平台会使用同样的方式进行运营。但是，更多的众筹平台在设计各种新的众筹模式，如通过将多种模式相结合的方式实施众筹。

国外众筹模式的典型代表平台是成立于 2009 年的 Kickstarter（KS）公司，该平台最大的特点是鼓励和支持创新，主要服务小额融资项目。

美国政府于 2012 年通过了《创业企业融资法案》，该法案适用美国境内的小型企业，满足国家证券相关法规要求，有利于解决美国国内当时面临的失业问题。此法案将众筹股权融资放开，使众筹模式在法律层面得到认可，该法案还在投资者利益保护方面做出了较为细化的规定。

三、互联网金融的发展趋势

随着新的商业模式不断在移动互联网上涌现，作为商业润滑剂的互联网金融服务也应运而生。移动互联网最初改造了通信社交，而后是资讯娱乐和生活交易，现在和未来则将改变金融服务。经历了行业的野蛮生长，随着光环的褪去，互联网金融行业开始慢慢走向规范，我们相信真正优质的互联网金融公司、互联网金融业务会在未来迎来新一轮的爆发和增长。在金融企业互联网化和互联网企业金融化的趋势下，金融市场和机构、业务版图将会重构，金融发展将出现一系列新趋势。

（一）未来互联网金融平台化

平台化意味着将资产、资金、支付、征信、风控、法律等环节串联，以平台自身为中心形成完整闭环，进一步保障机构运营的高效和安全。真正的互联网金融平台不仅需要机构具有较强的技术研发、金融产品筛选、风险控制、市场推广等能力，还需要有互联网金融基础设施进行支撑。随着互联网金融行业的成长和规范，平台化正成为发展新动向，这符合大多数互联网金融机构回归信息中介的监管要求，也反映出市场对于端口的争夺加剧了。近年来，互联网金融行业在转型，平台化趋势初步显现。陆金所曾宣布向金融资产交易信息服务平台转型，有意淡化自身 P2P 网贷平台形象。据初步统计，目前市场上有 70 余家平台冠名"某金所"，约 20 家机构冠名"某金服"。除了传统的互联网金融机构之外，百度、阿里巴巴、腾讯等企业也在布局互联网金融平台化发展。2015 年，蚂蚁金服启动"互联网推进器"计划，拟在 5 年内助力 1 000 家金融机构向新金融转型升级，推动平台、数据和技术的全面开放。

（二）未来互联网金融生活化

科技会使每个人无时无刻、无处不在地享受个性化金融服务。比如，在支付领域，微信支付和 QQ 钱包连接了各类消费生活场景，它们解决了很多行业的支付痛点，在一个偏僻的路边店买东西，即使你身无分文，也能用微信或者 QQ 钱包进行快捷支付。互联网金融生活化已是势不可挡的趋势。民生、兴业、华夏等多家股份银行都把发展社区金融提至战略高度，并大举开设轻型社区银行、智能旗舰店、综合金融服务门店等智能网点。

（三）未来互联网金融社交化

互联网金融引入社交因素，可以提高投资人的活跃度和黏性，对平台获取用户有着极大的利好，所有模式大大缩短了人与人之间的距离，提高了人与人之间的沟通效率，并且所有信息都在社交网络上面能够快速传播，这也是为什么互联网金融与社交网络进行结合的时候，能够产生极大的"化学"作用的重要原因。比如，微信金融在社交网络上的爆发性很有可能带动整个金融行业新一轮的变革，所以在微信红包之后，金融行业里面各个子行业的公司也基于互联网，结合新的社交网络与金融业务去做一些新的尝试，如微信转账。微信转账从 2014 年 6 月份上线到现在，已经在微信支付里成为使用最多的支付方式，并且仍然在快速增长中，成为人们生活中必备的支付工具之一。保险行业是看到微信红包之后最快动起来的行业，各大公司纷纷在社交网络推出相应项目，如厦门泰康推出了"求关爱"的项目，太平洋保险做了"救生圈"产品。其实原理就是基于社交网络熟人之间的互助这样一个驱动力带动用户去买保险，这给他们带来了很多新的客户，也是新的尝试，未来保险公司还会推出全新的、跟社交网络结合得比较紧密的社交险种，可能会出现爆发性增长。互联网金融社交化的另外一个体现则是建立新的征信模式。现在的征信模型很难精准地对个人用户进行评估，所以现在就连银行的信用卡覆盖率都没有达到一个很高的水平。但是社交网络里有每一个用户最全面、最完善的数据，通过用户在社交网络里的各种行为，可以为每个用户策划出一个全新的社交征信模式。新的社交征信模式与传统的征信模型相结合，将会给以后的个人消费信贷带来全新的发展空间。

（四）未来互联网金融场景化

互联网金融场景化主要是指将金融需求与各种场景进行融合，将金融嵌入人们众多的生活场景中，虽然无法触摸，可实际上又无处不在。通俗地讲，金融场景化就是将金融融入人们吃、穿、住、行的日常生活和生产中。在互联网金融场景时代，互联网商业场景与金融无缝对接，并随之出现了很强的溢出效应，用户的所有行为，包括支付在内的金融服务与社交互动都将融入具体的场景里。人们不会为了支付而去购物，而是在某个具体的消费场景里自然而然地使用微信或支付宝支付。在流量红利逐步消失的当下，如何精准把握未来场景已经成为关键。互联网金融将会充分发挥大数据、云计算的优势，聚焦每个人，为用户提供更具个性化、更精准的服务。现在的互联网金融已经越来越具备场景化的特征，未来的金融产品不再是一个静态的概念，而是人们愿意为一个具体的场景下面的方案买单，场景才是赋予产品意义的重要因素。随着互联网技术的不断发展变革，消费者行为习惯也必然会跟随互联网金融产品和服务进行相应调整。从趋势上看，金融产品与消费场景的融合将不断加深。从竞争上看，这一融合主要在于提高特定消费场景的把控能力和风险识别能力。传统金融机构、互联网巨头和创业公司利用各自的优势纷纷抢占增量市场，各机构在自己的风险容忍范围内不断试错，在风险和收益的动态平衡中寻找市场边界。也许在不久的将来，金融端会不断向场景端扩展，而场景端也会不断向金融端渗透，最终的结果就是金融端、场景端相互融合，实现金融服务与商户的交易场景、用户的生活场景无缝对接。

（五）未来互联网金融数据化

随着信息技术和移动互联网的发展、金融业务和服务的多样化、金融市场的整体规模扩大，金融行业的数据收集能力逐步提高，存储了大量时间连续、动态变化的数据，这些大规模的数据经过处理分析之后成为非常有效的信息，为大数据与金融行业的结合奠定了基础。

大数据在加强风险管控、精细化管理和业务创新等业务转型中起到了重要作用。一方面，大数据能够加强风险的可控程度和管理力度，支持业务的精细化管理。当前，我国银行业利率市场改革已经起步，利率市场化必然会对银行业提出精细化管理的新要求。另一方面，大数据支持服务创新，能够更好地实现"以客户为中心"的理念，通过对客户消费行为模式进行分析，提高客户转化率，开发出不同的产品以满足不同客户的市场需求，实现差异化竞争。

大数据在小微企业信贷、精准化营销、网络融资等领域加速推进。目前，大数据应用已经在金融业逐步推开，并取得了良好的效果，形成了一些较为典型的业务类型，如小额贷款、精准营销、保险欺诈识别、供应链融资等。表1-1是对大数据在不同金融行业应用现状的总结。

表1-1　大数据在不同金融行业应用现状的总结

行　业	应　用	效　果
证券期货	自动化交易	使自动化交易策略的设计可参考更大范围的数据，可更好地把握证券期货市场的规律和趋势
	数据仓库和决策支持系统	有利于提高证券公司的数据分析能力，能帮助证券公司提供更好的客户服务
银行业	客户个性化营销	帮助银行业切实掌握客户的真实需求并做出快速应对，实现精准营销和个性化服务
	风险管理	使银行风险管理的能力大幅提高，帮助建立银行创新风险决策模式，赢得新客户，形成新利润增长点
	电子商务平台和电子银行	使银行业获得更加立体的客户数据，了解客户习惯，对客户行为进行预测，并进行差异化服务
保险业	保险产品营销	帮助保险公司完成寻找目标客户、挖掘客户潜在保险需求等任务，客户营销策略更加精确直接
	保险欺诈识别	通过数据分析寻找规律，完善欺诈风险信息库，提高识别保险欺诈的数据质量
	互联网保险	为互联网用户提供安全的网络交易服务，使客户享受个性化服务，并且降低保险公司风险
互联网金融	网络信贷与网络基金	有效控制贷款风险问题，使非银行业的网络贷款业务与网络基金迅速崛起

随着 2015 年 7 月 18 日《关于促进互联网金融健康发展的指导意见》的颁布，互联网金融逐步走向成熟。尽管它无法完整地呈现在大家面前，但它会碎片化地存在于每个人、每个企业的微小变革中，无时无刻不在影响、改变我们的生活。

第二节　商业银行概述

一、商业银行的形成与发展

商业银行是一国金融体系的主体，也是一国金融机构的重要组成部分，在一国社会经济生活中起着重要作用。随着经济和信用制度的发展，商业银行的业务类型和经营范围也在不断转化和扩展。现代的商业银行已成为以追求利润最大化为经营目标，以多种金融资产和金融负债为经营对象，为客户提供多功能、综合性服务的"金融百货公司"。

现代商业银行的最初形式是资本主义商业银行，它是资本主义生产方式的产物。随着生产力的发展、生产技术的进步、社会劳动分工的扩大，资本主义生产关系开始萌芽。一些手工场主与城市富商、银行家一起开始形成新的阶级——资产阶级。由于早期银行贷款具有高利贷的性质，严重阻碍了闲置的社会资本向产业资本转化。另外，早期银行的贷款对象主要是政府等一批特权阶层而非工商业，新兴的资本主义工商业无法得到足够的信贷资金支持，而资本主义生产方式的产生与发展的一个重要前提是要有大量的为组织资本主义生产所必需的货币资本。因此，新兴的资产阶级迫切需要建立和发展资本主义银行，需要建立一种新型的、规模巨大的、资本雄厚的、能满足和适应资本主义生产方式的银行来为经济发展服务。于是，从治理结构角度看，大量旧式的高利贷银行兼并、重组，并以股份公司形式组建新的商业银行。资本主义商业银行的产生基本上通过两种途径：一是旧的高利贷性质的银行逐渐适应新的经济条件，发展演变为资本主义银行。在西欧，由金匠业演化而来的高利贷性质的银行主要是通过这一途径缓慢地转化为资本主义银行。二是新兴的资产阶级按照资本主义原则组织的股份制银行。其中，第二条途径是主要途径，在最早建立资本主义制度的英国表现得尤其明显。

1694年，英国政府为维护新生资产阶级发展工商业的需要，限制高利贷，在国家的支持下，由英国商人集资合股成立了第一家股份制银行——英格兰银行，规定该行向企业发放低利贷款。它的成立宣告了高利贷性质的银行业在社会信用领域垄断地位的结束，标志着资本主义现代银行制度开始形成，以及适应资本主义生产方式要求的新信用制度的确定。从这个意义上说，英格兰银行是现代商业银行的鼻祖。继英格兰银行之后，各国相继仿效英格兰银行的模式，对加速资本的积累和生产的集中起到了巨大的作用，推动了资本主义经济的发展。随着北美、南美殖民地的建立，欧洲的银行业也传到了那里。最初，移民主要与自己国家的银行有往来。19世纪以后，美国州政府开始向银行公司发放营业执照。在很大程度上，许多银行只不过是其他商业企业的产物。商品销售业处于主导地位，而银行业处于次要地位。纽约等一些重要的商业中心出现了由专业人士经营的规模较大的银行。美国南北战争时期，联邦政府成了美国银行迅速增长的动力。1864年，国会创办了货币监理署（OCC），它向国家银行发放营业执照。联邦政府和各州对控制及监督银行活动都起到了重要作用。这种分制银行系统在美国延续至今。美国、日本等经济大国在其资本主义经济高速发展的阶段，银行业作为经济的"助推器"，发挥了无可替代的作用，美英等国也随之成为"金融帝国"。商业银行发展至今，与其最初因发放基于商业行为的自偿性贷款从而获得"商业银行"的称谓相比，已大相径庭。如今的商业银行已被赋予更广泛、更深刻的内涵，特别是自第二次世界大战以来，随着社会经济的发展、银行业竞争的加剧，商业银行的业务范围不断扩大，逐渐成为多功能、综合性的"金融百货公司"。商业银行发展的业务经营基本循着两种模式：一种是英国的短期融通资金模式，另一种是德国的综合银行模式。

英国资本市场较发达，因此长期资金主要依靠资本市场筹集，短期资金再通过向银行融通来满足。短期融通资金模式的优点是能较好地保持银行清偿力，安全性较好，缺点是不利于银行的发展。

德国作为一个后起的资本主义国家，资本市场不发达，需要银行提供长期资金贷款，因此银行既提供短期贷款又提供长期贷款，还从事证券等投资银行业务，实际上是集商业银行、投资银行和保险业务于一身的多功能的金融中介机构。这种模式的优点是能满足客户多样化的服务需求，竞争力较强，各项业务盈亏可以互相调剂；缺点是可能侵害存款人的利益，将存款过多地配置于高风险业务。目前，德国式的综合银行已成为国际银行业发展的趋势。

对众多个人、家庭、各种大小不一的企业，以及许多政府机构而言，银行是提供信贷资金的主要来源。企业和消费者购买商品和服务需要付款时，通常会使用银行提供的支票、借记卡、信用卡，或者使用计算机网络的电子账户。消费者在需要金融信息或理财计划时，通常会求助于银行客户经理或银行家，听取他们的建议和意见。和任何其他金融机构相比，商业银行拥有公众可以信任的信誉。从全世界来看，商业银行为消费者提供了比其他金融机构更多的分期偿还贷款。在大多数年份，银行也是政府为融资建设公共品而发行的政府债券和票据的主要买家。商业银行是企业短期营运资金的主要来源之一。近年来，商业银行对企业购买新厂房和机器设备而发放长期贷款的业务也日渐增多。

二、商业银行的类型与组织

(一)商业银行的类型

由于西方国际政治经济发展的不平衡，各国实行的银行制度不尽相同，加上商业银行产生的条件各异，业务范围和特点存在一些差异，但总的来说，从商业银行发展的历史来看，它可以分为以下两种类型。

1. 职能分工型

所谓职能分工型，是针对一国金融体制而言的。其主要特点是法律规定金融机构必须分门别类，各有专司。

职能分工型也称单一融通短期商业资金模式。英国是实行职能分工型银行制度的典型，英国商业银行的经营业务受早期的"商业贷款理论"的影响较深，该理论认为，商业银行的业务应集中于自偿性贷款。所谓自偿性贷款是指由于商业行为所引起的，以真实票据为凭证且通过交易活动能自行清偿的贷款。商业银行只能经营自偿性贷款的主要原因在于：偿还期短（通常为一年以下），流动性强，银行资金运动比较安全，并能稳定获取一定利润，而且自偿性贷款是依据商品生产和流通需要发放的，不会造成货币和信用量的膨胀。

举例来说，国际贸易中的进出口押汇；国内贸易中的票据贴现和抵押放款；工商企业为购进商品而由银行发放的贷款；等等。企业贷款 购进商品，一旦实现销售，就可以从销售收入中归还贷款，所以这类贷款偿还期限短，流动性强，安全可靠，自偿性放款以真实票据作担保，因此也称"真实票据放款"。其他种类的放款，如固定资产放款、房地产抵押贷款等则不属于自偿性范畴。

2. 全能型

全能型商业银行又称综合式商业银行，它们可以经营一切银行业务，包括各种期限和种类的存款与贷款、全面的证券业务等。采用全能式商业银行模式的国家以德国、奥地利和瑞士等国为代表。赞成全能模式的理由是通过全面、多样化业务的开展，可以深入了解客户情况，有利于做好存款、贷款工作；提供各种服务有利于吸引更多客户，增强银行竞争力；可以调剂银行各项业务盈亏，减少乃至避免风险，有助于稳定经营；等等。

近 20 年来，商业银行的传统分工界限已被突破并趋向全能化、综合化经营。造成这种变化的主要原因有以下几点：银行负债结构发生了变化，长期资金来源比重上升，为银行开展长期信贷和投资提供了条件；金融业竞争激烈，面对其他金融机构的挑战，银行利润不断下降，银行不得不开拓新的业务；经济发展带来了资金需求的多样化，对金融服务不断提出新要求；银行经营理论的发展和国家管制的放松；电子计算机的广泛应用；等等。目前，在许多国家中，商业银行已经发展成为"金融百货公司"式的银行了。当前，西方国家银行业已经进入混业经营时代。

20 世纪 90 年代，英国、日本先后放弃了金融分业经营的规定，美国也于 1999 年发布了《金融服务现代化法案》，宣布废止了《格拉斯－斯蒂格尔法》，准许商业银行全面经营投资银行业务。

中华人民共和国的商业银行起步较晚，经济体制开始改革以后建立和恢复的中国工商银行、中国农业银行、中国银行、中国建设银行等国有银行最初属于职能分工模式，后来才有向全能型发展的趋势，而交通银行、深圳发展银行等一开始就是按全能型模式运作的。1993 年国务院颁布的《关于金融体制改革的决定》要求我国金融机构实行分业经营，银行业务、证券业务、保险业务、信托业务不得由一家金融机构混合经营。这样就形成了我国金融业分业经营的基本模式。2001 年，中国人民银行颁布的《商业银行中间业务暂行规定》采取了一些放宽商业银行业务范围的措施。但是，由于我国金融机构自我约束能力还不强，证券市场不够规范，金融监管能力不够高，银行混业经营的条件还不具备，因此，不可能完全废除分业经营的规定。

（二）商业银行的组织

商业银行的外部组织形式是指商业银行在社会经济生活中的存在形式。从全球范围来看，商业银行外部组织形式主要有四种类型。

1. 单一银行制

单一银行制是指不设立分支机构的商业银行。实行单一银行制的商业银行业务应由几个相互独立的商业银行本部经营，不允许设立分支机构，每家银行既不受到其他银行的控制，也不得控制其他商业银行。单一银行制银行主要集中在美国，这是由美国特殊的历史背景和政治制度所决定的。单一银行制的优点如下。

（1）可以防止银行垄断，有利于自由竞争，缓和了竞争的剧烈程度。

（2）有利于银行与地方政府协调，能适合本地区经济发展需要，集中全力为本地区服务。

（3）银行具有独立性和自主性，业务经营的灵活性较大。

（4）银行管理层次少，有利于中央银行货币政策的贯彻执行，有利于提高货币政策效果。

实行单一银行制也具有很大的局限性，具体内容如下。

（1）不利于银行的发展，在计算机技术普遍推广应用的条件下，单一银行采用最新技术的成本较高，不利于银行采用最新的管理手段和工具，使业务发展和创新活动受到限制。

（2）单一银行资金实力较弱，抵抗风险的能力相对较差。

（3）单一银行制本身与经济外向发展存在矛盾，会人为造成资本的迂回流动，削弱银行的竞争力。

2. 分行制

分行制的特点是：法律允许除了总行以外，在国内外各地普遍设立分支机构；总行一般设在各大中心城市，所有分支机构统一由总行领导指挥，这种银行制度源于英国的股份银行。按总行的职能不同，分行制又可以进一步划分为总行制和总管理处制。总行制银行是指总行除管理、控制各分支行外，本身也对外营业。总管理处制是指总行只负责控制各分支行，不对外营业，总行所在地另设对外营业的分支行或营业部。分行制的优点如下。

（1）分支机构多、分布广、业务分散，因而易于吸收存款资金、充分有效地利用资本。同时由于放款分散、风险分散，可以降低放款的平均风险，提高银行的安全性。

（2）银行规模较大，易于采用现代化设备，提供多种便利的金融服务，获得一定的规模效益。

（3）由于银行总数少，便于金融当局进行宏观管理。

分行制的缺点在于容易造成大银行对小银行的吞并，形成垄断，妨碍竞争，同时，银行规模过大，内部层次、机构较多，管理困难。目前，世界上大多数国家都实行分行制，我国也是如此。但对单一银行制和分行制在经营效率方面的优劣是很难简单地加以评判的。

3. 银行控股公司制

银行控股公司制又称为"集团制银行"或"持股公司制银行",是指由少数大企业或大财团设立控股公司,再通过控制和收购两家以上银行股票所组成的公司。银行控股公司制的组织结构在美国最为流行,它是规避政府对设立分支机构进行管理的结果。目前这种组织形式已成为美国及其他一些发达国家最有吸引力的银行组织机构。

银行控股公司制有两种形式,即非银行性控股公司和银行性控股公司。非银行性控股公司是通过企业集团控制某一银行的主要股份组织起来的,该种形式的控股公司在持有一家银行股票的同时,还可以持有多家非银行企业的股票。银行性控股公司是指大银行直接控制一个控股公司,并持有若干小银行的股份。其又分为单一银行控股公司和多元银行控股公司,前者指仅拥有或控制一家商业银行的控股公司,后者指拥有或控制两家以上银行的控股公司。例如,花旗公司就是多元银行控股公司,控制着300多家银行。银行控股公司制的优点是能够有效地扩大资本总量,增强银行实力,提高银行抵御风险的能力,弥补单一银行制的不足。

银行控股公司制的缺点是容易引起金融权力过度集中,不利于银行间竞争的开展,并在一定程度上影响银行的经营活力,不利于银行的创新活动。

4. 连锁银行制

连锁银行制又称为联合银行制,其特点是由某一个人或某一集团购买若干独立银行的多数股票,这些银行在法律上是独立的,也没有股权公司的形式存在,但其所有权掌握在某一个人或某一集团手中,其业务和经营政策均由一个人或一个决策集团控制。这种银行机构往往是围绕一个地区或一个州的大银行组织起来的。几个银行的董事会由一批人组成,以这种组织中的大银行为中心,形成集团内部的各种联合。它与银行持股公司制一样,都是为弥补单一银行制的不足、规避对设立分支行的限制而实行的。但与银行控股公司制相比,由于受个人或某一集团的控制,因而不易获得银行所需要的大量资本,因此许多连锁银行相继转为银行分支机构或组成持股公司。

三、商业银行的性质与职能

（一）商业银行的性质

商业银行是以追求最大利润为经营目标，以多种金融资产和金融负债为经营对象，为客户提供多功能、综合性服务的企业。商业银行的性质具体体现在三个方面。

1. 商业银行具有一般工商企业的特征

商业银行与一般工商企业一样，拥有业务经营所需要的自由资本，依法经营，照章纳税，自负盈亏，具有独立的法人资格，拥有独立的财产、名称、组织机构和场所。商业银行的经营目标是追求利润最大化，获取最大利润既是其经营与发展的基本前提，又是其发展的内在动力。

2. 商业银行是一种特殊的企业

商业银行具有一般企业的特征，但又不是一般工商企业，而是一种特殊的企业。因为一般工商企业经营的对象是具有一定使用价值的商品，而商业银行经营的对象则是特殊商品——货币。

商业银行是经营货币资金的金融企业，是一种特殊的企业。这种特殊性表现在以下四个方面。

（1）商业银行经营的内容特殊。商业银行以金融资产和金融负债为经营对象。

（2）商业银行与一般工商企业的关系特殊。二者是一种相互依存的关系。

（3）商业银行对社会的影响特殊。商业银行的经营状况可能影响到整个社会的稳定。

（4）国家对商业银行的管理特殊。由于商业银行对社会的特殊影响，国家对商业银行的管理要比对一般工商企业的管理严格得多，管理范围也要广泛得多。

3. 商业银行是一种特殊的金融企业

与中央银行相比，商业银行面向工商企业、公众、政府及其他金融机构开展业务，从事金融业务的主要目的是营利。与其他金融机构相比，商业银行提供的金融服务更全面、范围更广。其他金融机构，如政策性银行、保险公司、证券公司、信托公司等，都属于特种金融机构，而现代商业银行则是"万能银行"或者"金融百货公司"，业务范围要广泛得多。

（二）商业银行的职能

商业银行的职能是其本质属性的延续和具体体现，是本质属性所固有的功能。商业银行在现代经济活动中发挥的功能主要有信用中介、支付中介、信用创造、信息中介和金融服务五个方面。

1. 信用中介

信用中介是商业银行最基本也是最能反映其经营特征的职能。一方面，商业银行通过吸收存款等方式动员和集中社会再生产过程中一切闲散的货币资金，使之转化为银行的信贷资金，形成其重要的资金来源；另一方面，商业银行则把这些集中起来的货币资本以贷款和投资的方式投向社会经济的各个领域。商业银行的这一职能作用不仅使闲置的货币资本能够得到充分运用，解决产业资本运动中资本闲置与资本增值的矛盾，还发挥了积少成多、续短为长的作用，克服了职能资本家之间直接借贷时在资本数量、借贷期限上不易取得一致的矛盾，能充分利用现有资本促进生产的扩大。

2. 支付中介

支付中介职能是指商业银行利用活期存款账户，为客户办理各种货币结算、货币收付、货币兑换和转移存款等业务活动。在执行支付中介职能时，商业银行是以企业、团体或个人的货币保管者、出纳或支付代理人的资格出现的。商业银行支付中介职能形成了以它为中心、经济过程中无始无终的支付链条和债权债务关系。支付中介职能一方面有利于商业银行获得稳定而又廉价的资金来源；另一方面又为客户提供了良好的支付服务，节约了流通费用，增加了生产资本的投入。

3. 信用创造

在信用中介和支付中介的基础上，产生了信用创造职能。商业银行的信用创造职能包括两层含义：一是创造信用工具，如支票、本票等；二是创造信用量。前者是后者的工具。商业银行利用吸收的存款发放贷款，在转账结算的基础上，贷款转化为新存款，若该笔新存款不完全提现，既增加了商业银行的资金来源，又可以用于发放新的贷款，而贷款再形成新存款。如此往复，此活动将一直持续，最后在整个银行体系形成数倍于原始存款的派生存款。除原始存款外，派生存款都是商业银行利用信用工具创造的信用增量。

当然，在经济运行的实践中，商业银行的信用创造绝不是无限的，它受限于原始存款的规模大小、中央银行的存款准备金率、商业银行自身的现金准备率、客户的存款提现率和是否有足够的贷款需求等。商业银行的信用创造职能能够充分发挥货币对经济的第一推动力和持续推动力作用。

4. 信息中介

信息中介职能是指商业银行通过其所具有的规模经济和信息优势，能够有效解决经济金融生活中信息不对称导致的逆向选择和道德风险等问题。由于银企关系的广泛存在和该关系的持续性，商业银行等金融中介具有作为"代理监督人"的信息优势，同时它还具有专门技术及个人无法比拟的行业经验，这就降低了在贷款合约中存在的道德风险。

5. 金融服务

随着经济的不断发展，企业的经营环境日趋复杂，银行间的竞争也日益激烈。由于交际面广，信息灵通，特别是当电子计算机技术在银行业务中被广泛应用后，银行因此具备了为客户提供信息服务的硬件和软件。企业生产和流通专业化的发展又使企业把许多原来单纯的钱物交换转化成转账结算。

同时，经济的不断发展也从很多方面对商业银行的金融服务提出了更高的要求。在激烈的竞争压力下，为了加强与客户的信用联系，加强竞争能力，以获得高额利润，各家商业银行通过金融服务业务的发展，进一步促进资产负债业务的扩大，并把资产负债业务与金融服务结合起来，开拓新业务领域，为客户提供诸如信托、租赁、保管、咨询等金融服务。在现代经济生活中，金融服务已经成为商业银行的主要职能。

四、商业银行的发展趋势

现代商业银行业务全能化已经成为国际银行的发展潮流，商业银行金融创新模式也极为丰富，包括规避风险的创新、规避管制的创新、技术进步推动的金融创新等，使银行业长期以来的经营模式和理念正在发生巨大的变化。

近20年来，西方银行的规模不断扩大，商业银行兼并扩张浪潮迭起，世界排名不断更新。银行规模扩大有两种方式：一种是通过自身的产品创新和服务水平吸引客户，扩张市场，通过增加积累和上市融资的方式增加资本金；

另一种是通过资本市场运作进行相应的购并活动。目前后者已成为西方商业银行扩张的主要手段。

然而，随着科学技术的飞速发展和银行之间的激烈竞争，商业银行对互联网的依赖程度越来越高，人们对互联网的期望值也越来越高。正因为互联网在各行业的日益普及，以及国际银行网络的发展，银行电脑化便有了坚实的社会基础。银行要实现互联网化，其前提是银行业务的规范化。商业银行广泛使用电子计算机技术，大大推动了银行业务自动化、综合管理信息化和客户服务全面化，打破了过去传统的概念和运作方式，提高和推动了银行高层人员的宏观管理水平，从而大大增强了银行的竞争能力。

（一）业务处理自动化

业务处理自动化主要指银行业务处理手段的自动化、电脑取代人手和减少分行数目。自动化使银行业务传统运作方式发生了深刻的变化，降低了成本，增加了盈利，节省了人力、物力，同时为开拓新业务创造了条件。

（二）综合管理信息化

银行互联网化能提供和促进综合管理信息化。银行高层管理人员为了提高和加强自身的管理水平，必须通过互联网获得大量信息。银行在大量信息的基础上，首先对信息进行分类、统计、分析、发布、反馈、控制，然后在此基础上采用数学模型等先进手段，进行综合分析、研究、预测，建立专家软件系统和决策软件系统。

在庞大的信息网络里，有相对稳定的静态信息，也有每时每刻都在变化的动态信息。各家银行的总行可以通过信息网络把新制定的方针政策及时传达到分行，分行可以把本行的最新实况及时传送给总行，总行在获取和汇总最新实况之后再反馈给分行，以便进行控制和管理。

这样一来，银行业务部门特别是决策层，可以通过各种信息数据进行分析和监控，以便做出正确的决策。

（三）客户服务全面化

银行无论经营什么业务，都离不开客户。要建立自己的客户群，并进一步巩固和发展它，除了增加和开拓业务品种、降低收费、提高存款利率之外，最主要的还是提高服务质量，为客户提供全方位的服务。

银行互联网化的重要内容就是把客户服务全面落在实处，主要表现在以下几方面：客户随时可获得和查询银行发布和存储的各种信息，如外汇行情、存放款利率、证券行情等；客户可查询交易情况，如各种信用卡的余额、ATM 卡的余额、明细账情况，还可以通过账页的打印和传真获取信息；客户不出门便可办理业务，如通过电话或电脑进行转账、存款和取款、外汇和证券等项业务交易；客户可以通过各种类型的磁卡进行各种支付活动，如电话、煤气、水电、购物等，有些发达国家居民拥有 20 种以上的各种磁卡。

由于计算机网络的形成，社会上 ATM 机、POS 机、多媒体的出现，银行之间、银行与居民之间、银行与企业之间、企业与企业之间的各种交易和支付、转账更为准确、快捷。银行通过互联网化实现了为客户服务的全面化。

从银行业发展来看，今后地理位置的优越与否将不再是决定银行业务兴衰的必要条件，资产、资本的多少也不一定是衡量银行最主要的指标，分支机构也不是越多越好，而是看银行的电子化程度和拥有的信息量，特别是如何运用这些信息量为客户提供全面服务，这才是至关重要的。

第三节　互联网时代商业银行的发展

一、互联网时代商业银行的经营环境

迅速发展的互联网金融正以其特有的规律对传统金融理论和金融市场发起不可阻挡的冲击。商业银行的内外部经营环境也发生着日新月异的变化。

（一）互联网时代商业银行内外部经营环境

经济决定金融，金融为经济服务，这是经济与金融的本质关系。因此，经济发展阶段和发展模式的变化会从根本上引起金融的适应性调整，形成新环境下的发展形态。当前经营环境的变迁使银行业面对更加复杂的局面和挑战，原先有效和习以为常的发展模式正遭受严峻的考验。

商业银行经营环境指开展业务活动的制约条件和影响因素。简言之，商

业银行经营环境是指对商业银行经营有影响作用的内外部环境。商业银行经营的内部环境包括商业银行的组织结构、资本充足状况、技术水平与人才队伍、管理制度等；外部环境则包括宏观经济运行状况、财政政策、货币政策、金融法律法规、金融消费者权益保护、外部金融监管等，这些环境因素或多或少地会对商业银行的经营活动产生影响。自 20 世纪 90 年代以来，在信息技术革命的推动下，人类进入了网络经济时代。和蒸汽机、电力一样，互联网络已经成为一种生产力，渗透到生产和生活的各个领域。越来越多的线下行为持续向线上迁移，人类社会虚拟化程度不断加深，信息网络技术的快速发展正深刻影响着人类社会的组织形态、商业模式和生活方式，互联网金融的兴起与强劲发展在一定程度上覆盖了商业银行传统的经营模式。

互联网技术改变了经济社会运行规则。互联网是一个快速变化的时代，移动互联网技术改变了人类社会运行的一些底层规则，深刻影响并驱动着经济社会运行规则的改变。

在互联网时代，整个社会运行的底层规则发生了变化。第一，在技术层面出现了聚合涌现效应。这种技术影响 d 不仅是快捷应用，还会影响一些新模式的产生；第二，在经济层面出现了成本趋零效应；第三，在社会认知层面出现了时空塌缩效应。

1. 新技术规则：聚合涌现，协同创新商业模式

如果说互联网金融使原有的金融信息流转渠道更加强化，那么金融科技将可能打破原来用人际关系维系的渠道和商业模式，在统一的数字化资本平台上基于资金本身的属性进行配置、风控和产品设计，省略了传统模式中不必要的中间环节。

因此，在"聚合涌现"的情景下，最好的商业模式就是做平台，聚合涌现就会产生新机会。在全球市值最大的 100 家公司中，目前有 60 家公司的主要收入来自网络型平台商业模式，如谷歌、苹果、Fecebook 等。

2. 新经济规则：成本趋零，企业运营成本降低

与传统供给与需求的经济理论不同，网络经济出现了信息的边际成本趋零现象，基于社交的销售成本可能趋零，基于协同共享的交换成本有可能趋零。这貌似颠覆了传统的经济理论，但实质是工业经济过渡到互联网经济时商业模式的变化。互联网企业聚焦于流量经营或用户经营，商业逻辑是用免费或低价获得用户，用增值服务来营利。很多传统行业纷纷惊呼被网络颠

覆，零边际成本下的竞争让传统行业的利润枯竭。在"成本趋零"的情况下，最优的创新策略就是做场景，围绕应用场景打造具有极致体验的产品和服务，最大限度获得用户的认可和口碑，进而实现网络零成本分享传播。

3. 新社会规则：时空塌缩，重塑现实和虚拟世界

互联网的普及带来的最大影响就是消除了距离。人们通过社交媒体、生物传感、定位系统，实现了各行业的跨界融合，加速了生活、工作的虚拟化，使人类在虚拟与现实之间的多重宇宙中穿梭成为可能，呈现出时空塌缩效应——允许人们摆脱时间限制，重设时间坐标；地理位置不再是距离标尺，以网络人口、场景为基础的虚拟空间的影响力逐渐增强。每个人都可以通过社交软件随时随地分享照片、位置和当下的心情，超越现实空间的实时连接得以实现；距离取决于网络连接而产生的关系，有连接就近在咫尺，没连接则远在天涯。同样，线下传统市场在向线上虚拟空间迁移的过程中，越来越多的商业交易将向新空间转移。

基于"时空塌缩"情景，最佳的商业策略就是做移动，把握住用户在现实与虚拟世界之间切换的最主要入口。

这三大规则对金融业的影响深远，产生了"去介质化、去中介化、去中心化"的互联网效应。金融服务领域的用户主权时代逐渐到来。

（二）互联网金融的强劲发展

目前，对商业银行冲击最大的环境变化当属互联网金融的强劲发展。大体而言，我国的互联网金融发展经过了以下三个阶段。

第一个阶段是 20 世纪 90 年代中期至 2005 年。20 世纪 90 年代中期，美国等主要发达国家出现了互联网技术热潮，互联网技术逐步在交通、通信、商业、金融等传统行业普及和扩散。在这一背景下，我国金融业也开始在资金清算、风险管理等方面尝试应用。20 世纪 90 年代末期，随着电子商务的出现和网络购物的兴起，我国出现了以网络为依托的第三方支付平台。2001 年，互联网泡沫破灭后，互联网技术热潮短暂退去，但互联网技术的行业扩散仍在继续。商业银行等传统金融机构纷纷开发自身的门户网站，并提供转账支付等简单的在线金融服务。总体来看，这一阶段是互联网金融的萌芽期，互联网技术远未达到"改造"传统金融的程度。

第二个阶段是 2006—2011 年。这一阶段是我国互联网金融的酝酿和成

长期。新的金融模式开始出现，如网络借贷。电子商务的日益普及推动第三方支付平台迅速发展。然而这一时期互联网金融的发展较为无序和混乱。网络诈骗、网络非法集资等案件频发。这一阶段的标志性事件是中国人民银行于 2010 年 9 月颁布实施《非金融机构支付服务管理办法》。第三方支付这一互联网金融的重要模式进入规范化的发展轨道。

第三个阶段是 2012 年至今。互联网金融模式在 2012 年开始出现了一系列新变化。平安保险集团率先联手阿里巴巴集团和腾讯，开创了在线保险公司的先河。2013 年后，互联网金融更是呈"井喷式"发展，第三方支付的规模继续扩大，基于互联网的创新型基金销售平台、P2P 融资和众筹融资等互联网金融模式均呈飞速发展之势。为此，2013 年甚至被业界人士称为"中国互联网金融元年"。"理财神器"余额宝上市两周就吸金 66.01 亿元；互联网门户巨头新浪也已获得第三方支付牌照，开始发行"微博钱包"；京东商城则对外宣布成立金融集团，融 360 的 3 000 万美元融资案例让互联网金融领域的创业者心动不已；苏宁银行、阿里银行或真或假的传闻一再牵动人们的神经……一个个未来金融的新格局正随着互联网金融的发展壮大逐渐成形，互联网金融的强劲发展必将对商业银行传统信贷业务产生颠覆性影响。

二、互联网金融对商业银行业务经营的影响

在互联网技术的推动下，近年来，互联网业、金融业和电子商务业之间的跨界融合日渐深入，已经形成新的"互联网金融"蓝海，具有巨大的潜在市场。以阿里巴巴的蚂蚁金服为代表的新兴互联网金融业态在支付、结算和融资领域内的种种"举措"给商业银行的传统经营管理带来了巨大挑战。

（一）互联网金融对商业银行资产业务的影响

1. 互联网金融对商业银行贷款业务的影响

互联网金融，尤其是网络借贷平台的迅速崛起，使银行的贷款业务受到来自两个方面的冲击：其一，以 P2P 为典型代表的借贷中介平台。该模式不仅为个人和企业提供了更加便捷的投、融资渠道，还提升了信息发布与匹配的速度，提升了整个社会的资金配置效率。其二，以"阿里小贷"为首的小额贷款平台。此类型小额贷款主要针对电商平台的消费者，将消费行为与借贷款行为有机地结合起来，更易满足客户需求，因此对客户具有较强的吸引

力，使商业银行贷款业务在客户流失的同时，所面临的竞争也愈加激烈。

2. 互联网金融对商业银行投资业务的影响

商业银行进行证券投资的基本目的是在一定的风险水平下使投资收益最大化，与此同时，也是为了充分利用商业银行所持有的资金，分散资金持有风险。近年来，互联网金融的迅猛发展冲击着传统金融市场的格局，加剧了金融市场的风险。诸多网络新兴金融产品不断涌现，但由于市场准入门槛过低、相关监管不力等原因，许多新颖的金融产品存在严重的信用风险和法律风险。另外，网贷平台资金链断裂的案件层出不穷，多家 P2P 网贷平台资金链曾先后出现问题，涉及贷款余额数亿余元。

（二）互联网金融对商业银行经营模式的影响

大数据和云计算给消费者和商家都带来了很大的便利。未来消费者可以通过平台数据对商品和商家进行筛选，从而找到适合自己、质量好的商品；商家也可以通过大数据对消费者的需求有更深入的了解，生产出市场需要的产品。阿里巴巴的余额宝被视为挑战传统商业银行的利刃，虽然其市场份额还比较小，但是在这一领域的创新无疑会给整个行业带来巨大的震动，余额宝后的各种"宝宝类产品"的出现就很好地说明了这一点。因为"宝宝类产品"的年化收益率普遍高于银行的存款利率。这样，投资者会选择收益率高的产品。尽管银行也推出了一些类似的理财产品，但是前期推出的理财产品门槛较高，已经造成壁垒效应。在新时代，人们对新兴事物的偏好对商业银行的发展极为不利。

在聚合涌现、成本趋零、时空塌缩的三大经济社会运行规则的作用下，依托云计算、大数据、社交网络等相关技术来实现资金融通的金融业模式日渐成熟。传统的商业银行物理网点模式似乎正在成为商业银行的负担，便捷的网络对实体商业银行更是一种挑战。现代金融呈现出"去介质化、去中介化、去中心化"的互联网效应，个人用户变得越来越强大，B2C 主导的业务模式正在向 C2B 主导的业务模式演进，金融服务领域的用户主权时代正逐步到来。互联网金融的业务主导权逐步由商业机构向用户转移，互联网金融开始以用户（不是客户）为中心开展协同共创，移动电话运营商的客户中心在微信、QQ 的用户中心模式下败北就是说明了这一趋势。

（三）互联网金融对商业银行负债业务的影响

1. 商业银行存款流失

随着人们投资理财意识的不断加强，持有闲置资金的客户逐渐更青睐将资金投放于理财产品而非储蓄。通过比较不难发现，网络理财产品不仅在收益方面具有优势，同时拥有着较高的流动性（以余额宝为例，投资者的持仓货币是可以随时赎回的）、较低的投资门槛（大多网络理财产品申请资金低至一元起）。因此，越来越多的客户将资金由商业银行转投向网络金融市场，导致商业银行的存款逐渐流失。

2. 商业银行开展存款业务成本与融资成本上升

为了减少金融理财产品对客户存款的分流，众多商业银行不得不制定出更多的优惠政策来吸引客户存款，同时与诸多互联网公司联合开发自己的线上理财产品，如工商银行的现金宝、中国银行的活期宝等。在诸多互联网理财产品中，商业银行为了形成竞争优势，不得不设定高于平均水平的回报率，商业银行为了留住客户，实现资金回流，背上了沉重的负担。

（四）互联网金融对商业银行战略思维的影响

与传统思维相比，互联网思维表现出不一样的鲜明特点，即跨界思维、平台思维和用户思维，金融服务需要充分吸收和借鉴互联网发展的思想精髓，融入自身的转型路径。传统商业银行业的互联网金融转型之路关键不是互联网技术的内部化，而是互联网思维的内部化；不是囿于现有产品和流程的互联网化，而是依托互联网把银行的金融服务与更多的行业跨界相融，实现价值链的延伸，形成全新的金融服务生态；不是单单依托功能和服务进行竞争，而是基于互联网金融服务平台的全方位竞争；不是为用户着想、替客户决策，而是"从用户的眼睛看世界"，从用户的体验来审视自身的产品和服务。转型的核心是在发挥传统金融服务优势的同时，超越思维定式的局限，打破对常规路径的依赖，实现服务和商业模式的重构。

（五）互联网金融对商业银行中间业务的影响

1. 为商业银行中间业务的发展提供了新的手段

在互联网金融发展越来越快的背景下，商业银行也趁势利用信息技术及网络平台扩大业务宣传，利用相关数据培育潜在的客户群，从柜台到网点的服务，业务开展效率大幅提升。同时，手机银行、网上银行、电话银行、自助服务终端等也为商业银行的收支付结算、业务咨询等中间业务活动提供了便利。

2. 推动了商业银行中间业务产品创新，完善了中间业务结构

金融市场在互联网技术的推动下日新月异，客户的需求也呈多样化发展趋势，为了满足客户的不同需求，商业银行对不同的客户群体进行了分类，并依据不同的类别设计了具有针对性的中介服务产品，如中国建设银行围绕客户的衣食住行等生活需求推出的"悦生活""惠生活"等中介结算平台，从而提升了中间业务的服务水平。

3. 中间业务引起了商业银行的重视

随着互联网金融的发展，资产与负债业务的利润空间被压缩，市场风险加剧，人们对金融服务的需求更加细化，中间业务低风险、高收益的优势凸显出来，并受到越来越多的商业银行的关注，中间业务也成了未来商业银行发展战略的重要内容之一。

（六）互联网金融对商业银行业务经营的影响

从互联网金融发展的具体形态来看，目前在全球范围内，互联网金融在三个方面对传统商业银行业务造成了强势冲击，甚至呈现出替代趋势。

1. 第三方移动支付替代银行传统的支付业务

以支付宝为代表的第三方支付、移动支付正在改变用户的支付方式，使顾客可以更方便地完成支付，传统的支付介质被新型支付方式所替代，银行的传统支付结算业务受到巨大的冲击。第三方支付是指具备一定实力和信誉保障的第三方企业和国内外的各大银行签约，为买方和卖方提供的支付服务。第三方支付在银行的直接支付环节中增加了第三方作中介，在通过第三方支付平台交易时，买方选购商品，款项不直接打给卖方而是付给中介，中介通知卖家发货，买方收到商品后，通知付款，中介将款项转至卖家账户。在缺乏有效信用体系的网络交易环境中，第三方支付模式的推出在一定程度上解决了网上银行支付方式不能对交易双方进行约束和监督的问题，极大地促进了电子商务的发展。

随着智能手机的普及，移动互联网将越来越多的实体、个人、设备都连

接在了一起，促进了支付产业的快速变革，基于移动互联网、NFC、HCE、Token、生物识别等各类技术的移动支付模式不断创新。移动支付是指用户使用其移动终端（手机、iPad）对所消费的商品或服务进行账务支付的一种服务方式。单位或个人通过移动设备、互联网或者近距离传感直接或间接向银行金融机构发送支付指令，产生货币支付与资金转移行为，从而实现移动支付功能。餐馆、超市、商场等应用场景不断丰富，线上、线下业务一体化发展加速，智能终端的普及和高速无线网络的投入使用让移动支付风起云涌，传统金融企业、互联网企业和各类资本都开始疯狂涌入这一市场。

中国第三方移动支付市场的发展速度惊人，已成为全球移动支付领域的先锋，这也意味着很少使用现金的生活方式形成了，日常购物，就餐，缴纳电话费、水电煤气费都可以借助于支付宝、微信支付来完成，投资理财、大宗购物也变得移动商务化了，未来第三方移动支付产业将面临爆发式增长。第三方移动支付的便利性和普适性将对传统的银行支付带来巨大的冲击。

为规范非银行支付机构网络支付业务，防范支付风险，保护当事人的合法权益，2015年7月31日，中国人民银行发布《非银行支付机构网络支付业务管理办法（征求意见稿）》，向社会公开征求意见。2016年7月1日，《非银行支付机构网络支付业务管理办法》正式实施，未实名认证的用户在余额支付、红包、转账额度等功能方面都会受到影响。出台该政策的目的在于让第三方支付不能扮演清算角色，且要回归"小额便民"的支付本质，同时减少备付金规模和沉淀，其实这是对第三方支付平台的业务扩张设限，有利于维护商业银行的支付清算功能。

2."人人贷（P2P）"替代传统银行贷款业务

"人人贷（P2P）"实质是一种"自金融"的借贷模式。依托互联网，每一种需求都会造就一个金融市场。中小企业、个人借款难的问题催生了P2P网贷的兴起。由于正规金融机构长期以来始终未能有效解决中小企业融资难的问题，而P2P交易平台直接连接了个人投资者和个人借贷者，互联网的用户聚合和高速传播的特点大幅降低了信息不对称和交易成本，从而促使资金供需双方都是个人的投融资模式成为可能。

P2P借贷模式下资源配置的特点是资金供需信息直接在网上发布并匹配，供需双方直接联系和匹配，不需要经过银行、券商或交易所等中介，即"去中介化"。这种资源配置方式给商业银行的吸收存款再通过贷款配置出去的经营模式带来了极大的挑战。商业银行传统的资源配置是间接融资方式,需要通过中介来完成,而互联网时代的人人贷则可以通过直接融资,供需双方直接联系和交易,不需要任何中介就可以完成,而且信息几乎完全对称,交易成本极低,交易可能性边界也极度扩大,这都给银行业带来了巨大的挑战。投资 P2P 平台的高利率回报以及通货膨胀的加剧吸引了大批的储蓄者将钱从银行里取出来投到 P2P 平台中,银行存款正在大量流失。

在 P2P 平台增长的同时,P2P 行业出现了一些"快、偏、乱"的现象,如规模增长势头过快、业务创新偏离轨道、风险事件时有发生等。随着监管政策出台,P2P 行业将面临快速洗牌,风控能力成为核心竞争力,而传统金融机构或将与 P2P 合作。

三、互联网时代商业银行的发展趋势

2015 年的《政府工作报告》提出实施"互联网 +"行动计划,标志着互联网开始跳出行业范畴,正式上升为国家战略,成为推动中国经济转型升级的一大新引擎。"十三五"规划建议提到要"规范发展互联网金融",这是互联网金融首次写入五年规划,它意味着互联网金融过去的发展受到了认可,未来地位将进一步得到提升。但是需要对过去互联网金融的发展状态进行"规范",对在前期发展中出现的一些问题要立规矩、定标准,要监管。

据美国统计机构的数据显示,2014 年 11 月 17 日,苹果 Apple Pay 正式推出,3 天时间内美国本土激活使用 Apple Pay 的信用卡数量就超过 100 万张。另有数据显示,2015 年上半年,中国农业银行发放信用卡 915 万张,是所有银行中的发卡冠军;蚂蚁金服的虚拟信用卡"花呗"上线仅 20 天,用户数就突破千万。两者相比较,金融发展的方向一目了然,面对互联网金融的冲击波,商业银行必须要转变发展思路。

(一)互联网时代商业银行的变革方向

与传统的商业银行经营模式相比,互联网金融支付便捷,大大降低了市场信息的不对称,资金供需双方直接交易,不需要经过银行、券商和交易所等金融中介,具有"开放、平等、协作、分享"的特质。互联网金融带来的不仅是技术和渠道的变革,互联网精神的宣扬与渗透还将使整个金融生态环境产生巨大的变革。外部环境的巨大变化迫切需要商业银行对自身发展进行

重新审视和调整,重新梳理经营转型的思路和方向。

面对互联网金融演进中的一个个挑战,商业银行应该以更加开放、积极的心态迎接互联网时代的挑战,将互联网思维融入传统金融模式中,把握机遇,加大与互联网平台、核心企业、电商运营商等相关方的合作深度,获取数据、客户、基础设施、行业经验等资源共谋发展。商业银行要充分吸收和借鉴互联网发展的思想精髓,将跨界思维、平台思维和用户思维融入自身的转型路径,必须制定出一系列谋变措施巩固自身地位,以在新的竞争格局中拔得头筹。

1. 经营理念上的变革

经营理念要实现由"产品中心主义"向"客户中心主义"再到"用户中心主义"的转变。互联网金融之所以得以迅速发展,追根溯源还是得益于用户的满意度,新金融模式凭借互联网平台的优势,针对用户快速变化的需求,有针对性地进行创新,使其比较有效地占有用户信息,因此,商业银行应加快转变服务意识,摒弃原有的产品推销式经营模式,树立以客户为中心的观念,充分利用电子渠道和各种信息技术手段,重新安排各种服务渠道,降低物理网点的作用,充分发挥电子手段,特别是互联网呼叫中心和移动技术的应用,网上银行、电话银行、手机银行、呼叫中心等各种基于信息技术的服务手段极大地改变了银行的服务手段和能力,使商业银行可以快速响应客户的需要,满足客户的差异化需求。根据用户细分,商业银行提供的金融产品在互联网尤其是移动互联网的用户端实现定制化部署,使用户可以自主决定在诸多移动金融服务中的个性选择和灵活下载,从而最大化用户体验。商业银行以用户(不是客户)为中心开展协同共创,提供的金融服务需要真正围绕用户的需求进行模式再造和创新。例如,阿里巴巴和腾讯通过各种各样的红包玩法,让用户的"零钱"都留在支付宝、微信中,从而改变用户的支付习惯。

2. 经营方式上的变化

经营方式要实现传统物理营销渠道和互联网营销渠道的有机结合。商业银行可以利用互联网金融模式,深度整合互联网技术与银行核心业务,拓展服务渠道,从以往前后台分离、集约化管理模式中跳脱出来,逐步转向一体化运营,将客户营销、产品定制、风险管控、财务处理等集中到 IT 层面统一设计。在大数据时代,未来企业或个人和金融机构之间的关系将是交易过程中的一个环节。例如，在京东商城上所有开店的公司都可以向京东申请短期贷款，所有贷款都不需要担保，因为京东有该公司在京东商城上的交易数据，京东根据这些交易信息评估贷款申请者的信用，贷款申请者交易的时间会成为信用衡量的维度之一。这已经超出了传统银行给企业贷款的基本模式，在阿里巴巴的平台上也是如此。

3. 业务体系上的变化

业务体系实现向聚集各类商业品种的"金融超市"式服务模式的转变。互联网金融的创新能力促使它能较快切入某一具体金融领域，然而由于经验上的匮乏，短时间内仅凭金融"门外汉"的互联网公司还不能做到将各类金融产品进行交错组合，这恰恰也是银行业长久以来积累的业务优势，所以为了完善服务方式，商业银行必须积极创新，将现有业务与在线金融中心、移动金融、电子商务、电子支付平台等新兴技术模式加以整合，以最终满足客户日益多元化的需求，实现"一站式综合金融服务"。

4. 战略导向上的变化

战略导向要实现商业银行与其他金融机构以有益合作代替恶性竞争的关系。商业银行要正确认识互联网金融公司与其自身的关系。例如，阿里小贷的成功得益于其拥有的海量客户数据信息，为商业银行在互联网时代的发展提供了样板。在大数据时代，商业银行应与互联网金融紧密结合，一方面推进银行本身的数据驱动发展方式，另一方面加强对互联网金融的风险把控，从而让两者保持互利共存的"竞合关系"。

但也应看到，传统商业银行模式在互联网时代仍具备不可替代的优势。实体银行具有资金实力雄厚、认知度和诚信度高、基础设施完善、物理网点分布广泛等特点，仍可建立看得见、摸得着的信任关系。如果实体银行与互联网银行得以并行，必将收获"1+1远大于2"的巨额利润。

（二）互联网时代商业银行的谋篇布局

1. 构建现代、创新的互联网思维模式

传统经济是以长周期、突破性创新为主，而网络经济被称为"创意经济"，表现为加速、频繁、持续的创新，新商业模式层出不穷，这要求商业银行要突破传统思维框架。从早期的门户、搜索、B2C、C2C和SNS网站到方兴未艾的团购、微博和LBS等，几乎每年都会涌现新热点，其中的细分模式更是令人目不暇接。新模式一出来，便迅速成为流行"标配"，不断被融入原有模式。PC 时代的创新速度被总结为摩尔定律（即集成电路上可容纳的晶体管数目大约每经过 18 个月便会增加一倍）。银行必须积极跟踪和深入研究这些互联网企业的发展趋势，寻找利益对接方式，同时融入网络世界的新思维，以客户需求为导向，突破原有思维框架，持续进行产品研发与创新。

2. 构建开放、分享的互联网金融营销模式

交互式、去中心化、定向精准营销使商业银行发生变革，将最新的互联网通信技术应用于企业与客户之间的线上沟通是未来的发展趋势。越来越多的企业使用 QQ、MSN、微博和 SNS 等为客户提供在线问题解答、业务办理、宣传企业形象、表达公司诉求、发布企业产品和收集客户意见。此外，视频通话在市场营销、售后服务与使用者教育方面也具有很大的应用潜力。目前在各媒体中，网络广告市场规模仅次于电视广告，超过了报纸、杂志、广播、户外广告。通过大量中小网站进行推广成为新媒体传播的重要特征，去中心化的世界更加扁平和多元。市场营销的复杂性增加，传统的大众营销正在向精准、互动、社群营销转变，包括搜索引擎、事件营销、互动营销、移动营销、E-mail 营销、体验营销、口碑营销、社交网络营销等。定向精准营销是指通过数据分析将用户行为和广告内容进行智能匹配，将广告发布到特定的用户面前，"广而告之"变成"窄而告之"。一些网站也会根据用户消费行为推荐相关产品，进行交叉销售，挖掘存量用户潜力。精准营销强调用户感知和准确区分用户，通过多重立体式的渠道提供个性化产品。同时，社区评价和口碑成为用户购买产品的重要依据。网络使用者需求更加小众，但前提是需要了解不同社区的用户行为特征。

3. 构建多元化的场景金融

金融需求有时是被生活场景创造出来的。我们应努力让金融融入百姓生活，尽可能地将金融产品应用场景化、使用便捷化，随着人们生活节奏的加快，用户时间碎片化，他们用专门时间接受金融服务的场景越来越少，在每一个需要金融服务的场景做到"触手可及"，提供与用户生活无缝连接、一气呵成的金融服务成为影响用户体验的关键，这需要金融机构以"用户的眼睛看世界"，以自我颠覆的勇气重新审视已有的产品，准确预料用户生活中每一个需要金融服务的痛点，沿着用户价值期望拓展金融服务和管理创新。

金融服务场景化就是要让银行服务在每一个用户身边。银行不再是用户要去的地方，而是用户可以随时享受到银行的服务。商业银行不仅要将银行产品和服务嵌入生活场景，还要塑造新的业务场景。在企业电子商务快速发展和个人网络化生存的趋势下，搭建银行自己的电商平台是创造业务场景的最好选择之一，也是银行实现从融资中介、支付中介向信息中介转型的有效路径。电商平台作为资金流、物流、信息流的跨界服务入口，搭建"金融＋消费"的服务生态可以实现用户的消费行为、销售数据、采购信息的统一汇集，将为商业银行的大数据应用提供丰富的信息来源和储备。

4. 优化风险管理，做好风险防控

金融的实质是风险管理和定价，互联网金融的本质是金融，互联网信息技术支持金融服务的关键点在于数据的挖掘。基于对用户交易记录、消费记录、还款记录等的掌握，互联网金融还可以实现更便捷的风险管理，完美地实现了网络平台、数据处理和金融业务的融合。在大数据时代，商业银行要借鉴互联网金融思维做好大数据战略布局，利用自身的优势，对结构化大数据进行集成、过滤、分析和挖掘，深入分析客户需求，为个性化金融产品设计、风险定价与风险管理提供高效准确的技术支持；通过大量精细化的数据提取和对比，为信用评级、贷款审批、风险评估等提供科学的判断依据。商业银行的互联网金融风险防控措施应根据风险来源的不同采取不同的模式。

（1）风险源于传统业务的风控

基于抵押品和投资项目现金流的信贷技术不再适用，这对商业银行互联网平台面对单笔金额小、总笔数众多的个人消费贷款时判断贷款用途、还款来源、偿还能力、防范套现等方面提出了更高的要求，在一定程度上增加了审贷成本和信贷风险。要想控制这一类风险，商业银行应大力发展移动化和场景化的信贷审批技术，将传统的侧重于借款人历史信息和资产状况的信贷审批技术转变为依靠大数据挖掘用户消费具体场所、业务和用途信息，结合消费场景降低信用风险。

（2）中间业务模式的风控

在财务和资本等资源增长乏力、风险资产扩张模式难以为继的今天，商业银行开始发展互联网金融业务，这种模式不仅可以为银行带来充足的现金流，还可以促进银行发行理财产品。但这种模式需要商业银行具有强大的客户群体和流量基础。银行应当发挥在产品设计、专业人才、风险控制等多方面的优势，充分运用大数据、云计算等互联网技术，为更多的高净值客户实现财富保值、增值的财富目标。同时，完成商业银行自身从销售单一类别的产品转型，为客户提供一站式综合金融服务和全方位资产配置方案，回归财富管理的本质。

（3）风险存在于贷款的风控

在风险全面向中小微企业渗透之后，商业银行应考虑如何有效防范和消化不良资产，又不降低服务效率。虽然当前商业银行资产质量总体可控，但中小微企业不良贷款增长较快的势头应该引起重视。控制此类风险的关键在于以下两点：一是传统金融与互联网金融风控手段相结合，建立有效的网络安全机制，确保大数据的安全性和准确性；二是充分运用大数据的特征，对中小企业还款能力和还款意愿进行较为准确的评估，建立良好的流动性风险、期限风险和信用风险预警机制，防止以解决中小微企业融资难为初衷的互联网金融最后造成普而不"慧"的局面。

互联网的发展几乎超出了所有人的想象。互联网金融，尤其是移动金融的快速发展，虽然尚未动摇传统银行业务的根基，但是对其经营理念带来了巨大的冲击。虽然关于现代金融的未来发展有各种各样的说法，但市场蕴藏着的巨大潜力无疑将会演化成开放分享的全新金融生态，互联网公司和主流的商业银行等金融组织都会找到适合自己的位置。未来可能是一个流变和共生的时代。商业银行和互联网公司在探索磨合中共生。在未来，互联网企业不一定淘汰传统商业银行，但新的商业文明一定替代旧的商业文明。

面向未来，金融与互联网的融合发展必将掀开金融史册崭新的一页，书写更加波澜壮阔的发展篇章。商业银行应积极拥抱"互联网+"行动计划，打造更加高效、更加普惠的金融模式，为"大众创业、万众创新"注入更多的金融活力。

四、区块链对商业银行发展的影响

区块链技术起源于早期学者对密码学网络支付与电子货币的探索。

就国内来看，2016年，我国工业和信息化部发布《中国区块链技术和应用发展白皮书（2016）》，首次给出了我国政府对区块链技术的官方定义[①]，总述区块链的本质为一种分布式的加密互联网数据库技术，这对我国区块链的发展具有重要的指导意义。2017 年，中国电子技术标准化研究院联合相关单位起草的国内首个《区块链参考架构》[②] 发布，成为区块链在各行业的应用规范。目前，已经有许多金融机构和 IT 企业积极投入区块链技术的探索研究领域并推动其发展，多国央行、交易所、国际投行及 IT 巨头纷纷涌入，针对区块链技术的投资和探索项目呈现爆发式增长。不同于比特币目前"灰色"的政策境遇，区块链技术的应用和开发得到了各国政府部门的支持和鼓励，如英国央行已组建区块链技术团队，并考虑发行电子货币的可能性；欧洲证券及市场管理局、美国商品期货交易委员会均在其相关会议上将区块链技术的应用作为重要讨论议题；新加坡政府正在努力将自己打造成"智能国家"，新加坡资讯通信发展局联合两家商业银行共同开发了首个票据金融方面的区块链，目前还在概念证明阶段；2016 年 2 月，我国时任央行行长周小川称，人民银行已部署重要力量研究探讨区块链应用技术。区块链技术的理论并不成熟，技术尚处于实验室论证阶段，技术标准的推出和技术转换尚需较长时间的实践。商业银行应积极加以关注，现阶段以研究和探索为主。

（一）区块链技术

2008 年，中本聪[③] 在《比特币：一个点对点的电子现金系统》中首先提出"比特币"，勾画了比特币系统的基本设计框架。2009 年，中本聪为该系统建立了一个开放源代码项目，正式宣告了比特币的诞生。

随着时间的推移，比特币的热潮逐渐消退，但是研究者们发现比特币底层协议的区块链技术是一个公开的分布式账簿系统，是一种数字经济的新式记账方法。区块链基于密码学技术，通过特定算法，依靠一定的共识机制

① 《中国区块链技术和应用发展白皮书（2016）》中对"区块链技术"的定义：区块链技术是利用块链式数据结构来验证与存储数据、利用分布式节点共识算法来生成和更新数据、利用密码学的方式保证数据传输和访问的安全、利用由自动化脚本代码组成的智能合约来编程和操作数据的一种全新的分布式基础架构与计算范式。

② 该单位为国际标准化组织 ISO/TC 307（区块链和分布式账本技术委员会）的国内对口工作单位，《区块链参考架构》参照国际标准和行业标准研制。

③ 2016 年 5 月，澳大利亚企业家、电脑科学家克雷格·赖特声称自己是"比特币之父"中本聪，但一些媒体和公众对他的身份深表怀疑。至今中本聪的身份仍然还是个谜。

（如比特币的工作量证明），点对点交易可以快速得到确认，信息存储在各节点，无须信任单个中心。每个节点通过保存一套完整历史数据库的副本，参与维护信息的安全性和准确性。区块链能验证、转移和记载任何可以通过一致数学算法转化成数据的事实。

在互联网的应用层中，HTTP是最重要的应用协议，只有依据HTTP协议，才能解决信息的点对点传输。没有HTTP协议，网站之间互相是找不到的。区块链是应用层里一个价值点对点传输的协议，它的价值与信息互联网中HTTP协议的价值是一样的。没有区块链协议，在没有中介帮助的情况下，不可能点对点地在互联网上完成价值传输。区块链本身就是一个互联网协议，这就是区块链在整个互联网模型中所处的地位。在网络层次上，区块链建立在IP通信协议和分布式网络两个技术基础之上。现有金融业大部分建立在电路交换技术之上，通过光纤专线直连，两个终端之间直接从物理上连接，这属于电路交换技术，而IP交换技术是完全建立在互联网上的交换。现有金融体系的核心技术都不是完全建立在IP通信网络基础之上的，而区块链技术是建立在IP通信技术基础之上的。因此，区块链技术使整个系统的安全性更有保障。

（二）区块链技术在金融领域的主要应用

在区块链的创新和应用探索中，金融是最主要的领域，现阶段主要的区块链应用探索和实践也都是围绕金融领域展开的。在金融领域中，区块链技术在数字货币、支付清算、智能合约、金融交易、物联网金融等多个方面存在广阔的应用前景。典型的应用包括比特币、莱特币等电子货币，更加安全公开的分布式记账系统、支付清算系统等。近年兴起的瑞波（Ripple）、以太坊等二代区块链技术将区块链推向了应用研发阶段。发达国家的清算所、存托所、交易所、投资银行、商业银行、经纪商等金融机构纷纷开始在跨境支付、证券交易结算和证券发行等领域推进应用探索。区块链技术在金融领域的应用主要有以下方面。

1. 数字货币

比特币是目前区块链技术最广泛、最成功的运用。在比特币的基础上，衍生出大量其他种类的去中心化数字货币，比较著名的有IXCoin、以太币、瑞波币、莱特币、狗狗币等。全世界前后产生过数千种数字货币，到现在还在运行的大概还有 700 多种。瑞士银行、德意志银行、桑坦德银行和纽约梅隆银行已经联手使用区块链技术开发新的数字货币系统。第一个层面是"货币"，即把简单的货币变为可编程货币，构建一种全新的、更安全的、更便捷的去中心化数字支付系统，如比特币等。在未来，数字货币面临的最大不确定性来自监管，目前国际各界对比特币的态度不一，美国、意大利、日本、新西兰等国家对比特币持较为积极的态度，而印度尼西亚、法国、英国等国对比特币持中立或否定态度。

2. 支付清算

现阶段商业贸易的交易支付、清算都要借助银行体系。这种传统的通过银行方式进行的交易要经过开户行、对手行、清算组织、境外银行（代理行或本行境外分支机构）等多个组织及较为烦冗的处理流程。在此过程中，每个机构都有自己的账务系统，彼此之间需要建立代理关系；每笔交易需要在本银行记录，与交易对手进行清算和对账等，导致整个过程花费时间较长、使用成本较高。与传统支付体系相比，区块链支付可以为交易双方直接进行端到端支付，不涉及中间机构，在提高速度和降低成本方面能得到大幅的改善。尤其是跨境支付方面，如果基于区块链技术构建一套通用的分布式银行间金融交易系统，可为用户提供全球范围的跨境、任意币种的实时支付清算服务，跨境支付将会变得便捷和低廉。

在跨境支付领域，Ripple 支付体系已经开始了实验性应用，主要为加入联盟内的成员商业银行和其他金融机构提供基于区块链外汇转账方案。目前，Ripple 为不同银行提供软件以接入 Ripple 网络，成员银行可以保持原有的记账方式，只要做较小的系统改动就可使用 Ripple 的 lnterledger 协议，同时银行间的支付交易信息通过加密算法进行隐藏，相互之间不会看到交易详情，只有银行自身的记账系统可以追踪交易详情，保证了商业银行金融交易的私密性和安全性。

3. 数字票据

国际区块链联盟 R3 区块链联盟联合以太坊、微软共同研发了一套基于区块链技术的商业票据交易系统，包括高盛、摩根大通、瑞士联合银行、巴克莱银行等著名国际金融机构加入了试用，并对票据交易、票据签发、票据赎回等功能进行了公开测试。数字票据的主要优势有：一是可实现票据价值传递的去中心化；二是能够有效防范票据市场风险；三是系统地搭建、维护及数据存储，可以大大降低成本。

4. 银行征信管理

目前，商业银行信贷业务的开展，无论是针对企业还是个人，最基础的考虑因素都是借款主体本身所具备的金融信用。商业银行将每个借款主体的信用信息、还款情况上传至央行的征信中心，需要查询时，在客户授权的前提下，再从央行征信中心下载信息以供参考。但这其中也存在信息不完整、数据更新不及时、效率较低、使用成本高等问题。

在征信领域，区块链的优势在于可依靠程序算法自动记录信用相关信息，并存储在区块链网络的每一台计算机上，信息透明、不可篡改、使用成本低。商业银行可以用加密的形式存储并共享客户在本机构的信用信息，客户申请贷款时，贷款机构在获得授权后可通过直接调取区块链的相应信息数据直接完成征信，而不必再到央行申请征信信息查询。

5. 权益证明和交易所证券交易

在区块链系统中，交易信息具有不可篡改性和不可抵赖性。该属性可充分应用于对权益的所有者进行确权。对于需要永久性存储的交易记录，区块链是理想的解决方案，可适用于房产所有权、车辆所有权、股权交易等场景。其中，股权证明是目前尝试应用最多的领域。2015 年 12 月 30 日，世界最大证交所之一的纳斯达克宣布，其合作伙伴 Chain.com 在对一位私人投资者发行股票时首次使用了纳斯达克的区块链技术交易平台 Linq，完成和记录了私人证券交易，该交易是区块链技术应用领域的一大进步。这对于全球金融市场的去中心化有着里程碑的意义。

6. 保险管理

随着区块链技术的发展，未来关于个人的健康状况、发生事故记录等信息可能会上传至区块链中，使保险公司在客户投保时可以更加及时、准确地获得风险信息，从而降低核保成本、提升效率。区块链的共享透明特点不仅降低了信息不对称，还可以降低逆向选择风险，而其历史可追踪的特点则有利于减少道德风险，进而降低保险的管理难度和管理成本。目前，英国的区块链初创公司 Edgelogic 与 Aviva 保险公司进行合作，共同探索对珍贵宝石提供基于区块链技术的保险服务。

国内的阳光保险于 2016 年 3 月 8 日采用区块链技术作为底层技术架构，推出了"阳光贝"积分，使阳光保险成为国内第一家开展区块链技术应用的金融企业。在"阳光贝"积分应用中，用户在享受普通积分功能的基础上，还可以通过"发红包"的形式将积分向朋友转赠，或与其他公司发行的区块链积分进行互换。

7. 金融审计

区块链的技术特点能够有效解决审计行业在交易取证、追踪、关联、回溯等方面的难点和痛点。德勤公司从 2014 年起成立了专门的团队对区块链技术在审计方面的应用进行研究，目前已与部分商业银行、企业进行合作，成功创建了区块链应用实验性解决方案。其开发的 Rubix 平台允许客户基于区块链的基础设施创建各种审计应用。普华永道自 2016 年宣布大举进军区块链领域研究，已经招募了 15 个技术专家探索和研究区块链技术，并与专门研发区块应用的 Blockstream、Eris 科技公司合作，寻求为全球企业提供区块链技术的公共服务。

8. 信息管理系统

区块链技术能有效提升金融机构中后台运营效率。一方面，区块链技术为中后台部门提供了非常好的效率提升工具；另一方面，区块链技术可以有效缩短管理系统开发的周期，降低开发成本和运维成本。

在实际应用领域，基于区块链技术的应用实验正在加速开展。例如，2015 年 9 月组建的国际最大区块链联盟 R3 区块链联盟，吸收了摩根大通、富国银行、高盛等 40 多家国际顶级金融机构组成"梦之队"，并与微软合作，致力于打造一个开源、通用、共享账簿的区块链联盟；2015 年，Linux 基金会联合全球超过 40 家金融、科技及区块链技术团队启动超级账本项目 Hyperledger，旨在构建一个企业级的开源分布式账本框架，使开发者能够根据特定行业需求打造应用平台和硬件系统，推进区块链数字技术和交易验证；世界上第一个开放的支付网络 Ripple 利用区块链节约了跨境货币支付 42% 的成本，通过这个支付网络可以转账任意一种货币，包括美元、欧元、人民币、日元或者比特币，简便、易行、快捷，交易确认在几秒以内完成，交易费用几乎是零，没有所谓的跨行异地和跨国支付费用，未来可能威胁到 SWIFT 的地位；纳斯达克推出区块链平台 Nasdaq Linq，通过此平台发股的发行者将享有数字化所有权。近来，越来越多的央行官员开始建议区块链技术可以被用于创造更多的中式数字货币，英国政府目前正在考察区块链的系统，在研究发行数字货币 RSCoin 的方案来解决其实时全额结算系统不稳定性问题。中国人民银行也部署了重要力量研究探讨区块链应用技术。

（三）区块链技术对银行业的变革性影响

银行业作为金融市场的主体之一，历经百年沧桑而屹立不倒，这必然有着其存在的必要性。如今，面对银行机构冗杂、审批交易流程手续复杂、信用受到质疑、新技术的冲击等问题，银行业必须警惕起来，积极寻找应对措施。

信用是金融的本质和核心，因此如何保证和加强信用的维护和管理就是金融发展的重中之重。区块链的运用将有效地降低成本，同时提高效率并增强信用度。区块链的到来更将革新整个办公和后台系统，依赖纸版文件的历史将一去不复返。正是基于区块链所具备的几种特性，这种技术给商业银行领域带来了变革性影响。

从银行成本控制和风险的角度来看，目前，数据库都是分别由各银行自己来运营和维护的。这样一来，不仅银行自己承担着数据库损毁、丢失所带来的风险，购置系统和维护成本还相当高。区块链不仅可以降低银行固件成本，还可以降低人力等软件成本的投入，且人力的减少还可以降低主观因素对数据客观真实性的影响。此外，传统银行业收集存款，再统一对外进行贷款，这样就难以撮合存贷款双方进行点对点的直接对应，而基于区块链的逐笔对应交易可以有效降低银行由于作为存贷款的中介而承担的不良贷款等相关风险。

从银行拓展业务和增强客户体验的满意程度的角度来看，当前，银行间信息共享较少，彼此拥有的客户信息和风险客户信息难以分享，银行和银企间不易互利互助、加强合作。而区块链则会建设一个银行、银企间可以分享信息的平台，如此一来，一方面银行搜集信息的成本会相对有所降低，另一方面银行还可以获得更多的客户资源。这可以增强银行间的合作，从而促进银行业的进步和发展。另外，银行业监管一直存在不足，银行、银企间信息交流不畅，风险客户识别能力较差，银行资产管理存在困难，而区块链恰恰可以通过信息共享、智能合约等手段为银行业发展助力。

（四）区块链技术对银行业的冲击

在比特币横空出世五年之后，其底层区块链技术才从小众自由派密码学专家与电脑黑客的实验，开始成为吸引高科技公司、跨国金融机构和创投基金的投资新热土。首先，区块链技术可以改变支付结算的底层基础设施和清算方式。目前，银行间的支付和清算依赖于支付清算中心的处理，需要经历发起支付、信息回馈、记账、交易对账、余额对账等一系列繁杂流程，因而完成整个流程所需时间较长、成本较高。如果通过建立区块链系统，或商业银行建立区块链联盟，商业银行就可以通过区块链技术进行点对点支付，从而绕开目前的支付中心。这种模式一方面可以使支付清算更加便捷，营运成本更低，且 7×24 小时不间断运作；另一方面也可以改变目前的支付收单分成模式，有利于商业银行获取更多的支付信息，提升商业银行在支付中的话语权。其次，清算组织的功能可能面临挑战。随着区块链支付技术的发展，商业银行未来将可能通过区块链技术直接进行点对点支付，清算组织的功能将会面临挑战。特别是在跨境支付清算方面，商业银行通过区块链技术可以省去代理行环节，实现点对点的对接，从而大幅降低业务成本和提升支付效率。目前，市场上已涌现了 Ripple、Abra、Bitspark、Align 和 Circle 等多种支付清算类应用。其中 Ripple 系统发展最为成熟，是目前唯一实现商业化的区块链应用。最后，可能出现新的大型区块链支付公司，改变现有的支付市场格局。大型的区块链支付公司可以为各商业银行支付业务提供基础设施支持服务，从而与现有的清算组织形成直接竞争，可能改变已有的支付市场格局。高盛和 IDG 近期投资的初创公司 Circle 就是这方面的典型代表，并且已从纽约州监管机构获得了第一张数字货币支付许可证。Circle 公司利用区块链技术为客户提供资金的免费即时支付，使其客户在任何地方都通过网络获得高效率、低成本的支付服务支持。此外，PayPal、Visa 和 Master Card 等国际支付巨头也在积极参与区块链技术的探索，试图将区块链技术为己所用，改善原有的支付模式。

支付是银行业最主要的职能之一。区块链技术对银行业的支付体系和支付职能的潜在影响是十分重大的。一方面，银行业可以利用区块链技术获得更高的支付效率，并有效降低成本；另一方面，银行业也需要对现有的体系和系统做出较大的调整，涉及的改变范围较广、层次较深。

（五）银行业应对区块链技术冲击策略

基于区块链特性和对商业银行造成的冲击，以商业银行为代表的中心化传统金融模式将会发生改变。在这个过程中，为了应对挑战，商业银行可以考虑从以下几点入手。

第一，商业银行应加快经营模式转型，拓展区块链技术应用场景。相比于互联网金融公司和其他金融机构对于区块链技术的高度重视，商业银行并没有体现出在新产品、新技术等金融创新领域中的领导地位和领先优势。P2P、区块链的特点就是去中介化、去中心化，这虽然对银行自身的传统业务构成了威胁，但也摆脱了高昂的交易成本，极大地提高了交易、清算效率。新技术的迅猛发展必将带来传统金融行业的颠覆。

第二，商业银行应以包容的心态接纳、研究、运用区块链技术，尽早占领技术积累和人才储备的战略高地，积极参与到国际银行、金融机构对区块链技术标准的制定和运用的计划中。目前，国际上重要的区块链联盟组织R3区块链联盟联合摩根大通、巴克莱银行、高盛集团、瑞士银行等40多家国际商业银行共同合作，为区块链技术在银行业中的使用制定行业标准和协议。2016年5月，中国平安也加入该联盟。商业银行可积极加入类似的相关组织，特别是金融领域的官方及半官方组织，强化金融同业交流及区块链行业应用交流。

第三，商业银行应充分利用区块链技术以有效控制信用风险。英国的《经济学家》杂志就曾将区块链比喻为创建信任的机器。这是由于区块链技术使交易信息完全透明、不可更改，因此可以极大地降低由信息不对称带来的信用风险和征信成本。

第四，商业银行应高度重视伴随区块链技术发展普及过程中随之变化的金融风险。在区块链的金融模式下，大量点对点的频繁交易将带来海量的网状数据信息，这就需要改变商业银行以往的风险管理模式，在风险监管制度、数据处理水平、风险监测水平方面都做出相应的调整。

第二章 商业银行管理路径研究

第一节 商业银行管理理论

一、商业银行资产管理理论

20世纪60年代以前，商业银行的经营管理活动运用的是资产管理理论，该理论是与当时银行所处的经营环境相适应的。当时，资本市场不发达，融资渠道单一，金融机构以商业银行为主，间接融资是经济活动中最主要的融资方式。一方面，这种金融结构使有现金盈余的经济主体只能选择将盈余资金存入银行，从而保证了商业银行有稳定的资金来源；另一方面，从商业银行的负债结构看，主要资金来源是存款，简单的负债结构使银行缺乏扩大资金来源的能动性。因此，银行为保持适度的流动性，自然应该将经营管理活动的重心放在资产业务上。资产管理理论认为，商业银行资金来源的规模和结构（即负债的规模和结构）完全取决于储户存款的意愿和能力，是银行自身无法控制的外生变量，银行无法主动扩大资金来源，而资产业务的规模和结构是银行自身能够控制的变量，所以，银行主要通过对资产规模和结构的管理来保持适当的流动性，实现其经营管理目标。

（一）资产管理理论的发展

在资产管理理论的发展过程中，先后出现了三种不同的代表性理论，即商业贷款理论、资产转移理论和预期收入理论。

1. 商业贷款理论

商业贷款理论是最早的资产管理理论，由 18 世纪英国经济学家亚当·斯密在《国富论》一书中提出。该理论认为，商业银行的资金来源主要是流动性高的活期存款，因此商业银行在配置资金时应着重考虑保持高度的流动性，商业银行的资金运用只能是短期的工商企业流动性贷款，而这种贷款是基于商业行为能自动清偿的贷款。由于该理论强调商业银行贷款的自动清偿，因而又被称为自清偿理论，同时，由于该理论强调商业银行发放贷款是以商业行为为基础的，期限较短，并以真实商业票据作为贷款的抵押品，因而又被称为真实票据理论。

商业贷款理论产生的背景是西方商业银行发展正处于起步阶段。首先，当时英国的产业革命刚刚开始，大机器工业尚未出现，占支配地位的还是工场手工业，并且当时商品经济不够发达，信用关系不够广泛，社会化大生产尚未普遍形成，企业规模普遍较小，扩大再生产主要依赖于内部积累，向银行的借款大多用于商业周转。其次，此时商业银行的经营管理水平不高，中央银行还没有出现，没有作为最后贷款人角色的机构能在发生清偿危机时给予援助。银行经营管理者不得不谨慎地保证银行的流动性，并且不惜以牺牲部分盈利为代价。最后，在早期金本位制下，银行的信用创造能力也受到限制，其原因在于除了受货币材料的限制之外，还受到贷款市场需求的限制。当时企业发展多数依靠自有资本，对银行贷款尤其是长期贷款的需求很小，因此派生出的存款较少。再加上当时人们还没有形成举债消费的习惯，对消费贷款的需求也很小。因此，银行家们都将经营管理的重点放在短期流动性贷款，这样既可以保证资金来源的充足，又可以保证资金运用的安全。

商业贷款理论首次提出了现代商业银行经营管理的一些重要原则。一是资金运用受制于资金来源的性质和结构，这一原则已成为商业银行进行资金运用所遵循的基本准则。二是该理论强调银行应保持高度的流动性，以确保商业银行经营的安全性，这为银行降低经营风险提供了依据。这些原则为商业银行稳健经营提供了有益指导。因此，时至今日，这一理论还具有一定的影响力，特别是在英美等国家，部分商业银行还是坚持将短期商业贷款作为主要的资产业务。

然而，随着商品经济的发展，商业贷款理论的局限性逐渐显现出来。首先，该理论忽视了活期存款的相对稳定性，导致银行资金过多地配置到收益低的短期自偿性贷款。尽管活期存款流动性较高，但根据"续短为长"的原理，在储户存取活期存款的过程中，总会存在一个相对稳定的资金余额，这部分资金可用于发放长期贷款且不会影响银行资金的流动性。其次，商业贷款理论忽视了贷款需求的多样性。商业贷款理论不主张发放不动产贷款、消费贷款、长期设备贷款和农业贷款，这使得商业银行的业务局限在十分狭窄的范围内，不利于银行自身业务的发展、盈利能力的提高和分散风险。最后，商业贷款理论忽视了贷款清偿的外部条件。以真实票据为抵押的商业贷款的清偿性是相对的，而不是绝对的。在经济衰退时期，票据违约现象相当普遍，从而使真实票据的自偿能力大大降低。商业贷款理论在18世纪至19世纪末流行了一个多世纪后，终因其存在难以克服的缺陷而被人们怀疑，取而代之的是第二代资产管理理论——资产转移理论。

2. 资产转移理论

第一次世界大战以后，由于西方资本主义国家迫切需要恢复经济，加之经济危机的爆发和蔓延，使得凯恩斯理论逐渐开始流行，政府干预经济的力度不断加大，这些国家的政府借款需求急剧增加，开始大量发行公债。于是，证券市场得到发展，这为银行获得流动性提供了一个新的途径，商业银行尝试把部分资金用于购买政府债券。与此相适应，资产转移理论应运而生，该理论是美国经济学家莫尔顿1918年在《政治经济学》杂志上发表的《商业银行及资本形成》一文中提出的。该理论认为，银行流动性的强弱取决于资产变现能力的高低，而保持资产流动性的最好办法是持有可转换的资产。这类资产具有信誉高、期限短、流动性强的特点，保证了银行在需要流动性时能迅速转换为现金。政府发行的债券就是典型的可转换资产。

资产转移理论仍然强调商业银行应该考虑资金的性质以保持高度的流动性，但可以放宽资金运用的范围。资金运用范围的扩大丰富了银行资产类型，突破了商业贷款理论对银行资产运用的局限，使银行在注重流动性的同时，扩大了资产组合的范围。资产转移理论是银行经营管理理论理念的一大进步。受到资产转移理论的影响，商业银行资产组合中的票据贴现和短期国债的比例迅速增加。

当然，资产转移理论也有其不足之处。资产转移理论过分强调银行通过运用可转换资产来保持流动性，忽略了银行的效益性。同时，可转换资产的变现能力会受市场环境的限制。如果市场需求旺盛，转换变现自然不成问题；如果市场需求疲软，转换变现就比较困难，银行资金的流动性也就得不到保障。当大多数银行都需要现金时，往往是市场处于危机之时，此时市场流动性紧张，证券价格大幅下跌，短期证券也有市场流动性风险。

3. 预期收入理论

预期收入理论产生于 20 世纪 40 年代，由美国经济学家普鲁克诺于 1949 年在《定期存款及银行流动性理论》一书中提出。该理论的基本思想认为，从根本上说，商业银行的流动性取决于贷款的按期还本付息，这与借款人未来的预期收入和银行对贷款的合理安排密切相关。如果借款人的预期收入有保障，期限较长的贷款也可以安全收回。因此，预期收入理论强调贷款偿还与借款人未来预期收入之间的关系，而不是贷款的期限与贷款流动性之间的关系。贷款期限并非一个绝对的控制因素，只要贷款偿还有保障，银行按照贷款的各种期限合理配置，使资金回收具有可控制的规律性，就可以保证银行的流动性。

预期收入理论产生的背景为第二次世界大战后，西方各国经济从战时状态转向恢复和复苏。从政策导向看，当时凯恩斯的国家干预经济理论在西方十分盛行，该理论主张政府应该扩大公共项目开支，进行大型基础建设项目；鼓励消费信用发展，以扩大有效需求，刺激经济发展，导致中长期贷款和消费贷款的需求扩大。从市场竞争看，随着金融机构综合化发展，商业银行与非银行金融机构的竞争日益激烈，迫使银行不得不拓展业务范围，调整资产组合结构，增加发放收益率高的中长期贷款。

预期收入理论为银行拓展盈利性的新业务提供了理论依据。它深化了人们对贷款清偿问题的认识，明确提出了贷款清偿来自借款人的预期收入，突破了传统资产管理理论依据资产的期限和可转换性来决定资金运用的做法，为促进银行贷款类型多样化起到重要作用。预期收入理论使银行家对保持流动性有了更新、更全面的认识，银行在贷款偿还有保证的前提下，可以主动进行银行资产的期限结构安排。银行可以依据借款人的预期收入，发放收益率高的长期贷款。当银行收回部分贷款后，如果流动性紧张，这些按期归还的本金利息就能及时满足银行资金流动性需要；当流动性充裕时，这部分资金又可继续用于贷款发放，使银行能兼顾其流动性和效益性。此外，预期收入理论还促使银行增强其参与企业经营活动的意识。由于贷款是按对企业预期收入的评估而发放的，为正确评估企业偿债能力，银行需深入了解企业的生产经营活动；为保证贷款发放后能安全收回，银行还需要关注企业利用资金进行生产经营活动的效率。这样银行就从局外人的角色转变为企业生产经营活动的积极参与者，有利于加强银企合作，提高银行在国民经济中的地位。

预期收入理论并不否认商业贷款理论和资产转移理论的科学性，但它为理解银行流动性和效益性的关系提出了新的视角，强调借款人的预期收入是商业银行选择资产投向的主要标准之一。预期收入理论的不足之处在于，对借款人未来收入的估计是基于银行主观判断的经济参数。事实上，随着客观经济条件及经营状况的变化，借款人实际未来收入与银行的主观估计量之间存在偏差，可能使银行面临较大风险。

总之，资产管理理论是一种保守的资产负债管理理论，它强调银行经营管理的重点是资产业务，强调流动性为先的管理理念。这种管理思想在 20 世纪 60 年代以前的一百多年里，对银行业发展起到了重要的推动作用。

（二）资产管理的方法

在资产管理理论的发展过程中，商业银行主要使用过三种资金管理方法，即资金池法、资金分配法和线性规划法。

1. 资金池法

资金池法的思想可以追溯到商业银行发展初期，但直到 20 世纪 30 年代的经济危机后才得到普遍运用。当时银行管理的主导思想是资产管理理论，以安全性为主、效益性为辅。资金池法的内容是银行将各种渠道的资金集中在一起，形成一个资金池，资金池中的资金被无差别地视为同质的单一来源，然后再将其分配到各种不同的资产上去，如图 2-1 所示。

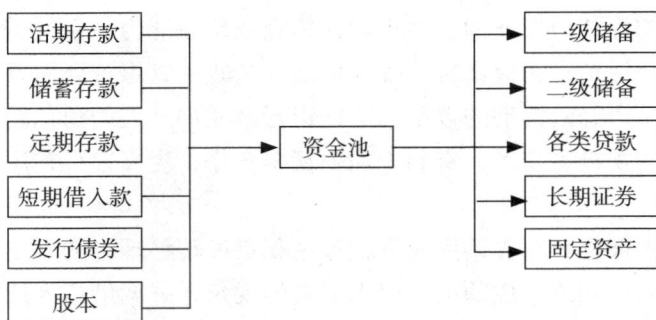

图 2-1　资金池法的示意图

首先，保证充足的一级储备。一级储备主要包括库存现金、在央行的存款、同业存款及托收中的现金等项目。一级储备之所以在银行的资产配置中具有最高的优先级是因为：第一，满足强制性的准备金要求；第二，满足银行日常支付和清算的需要；第三，应对意外的提存和意外信贷需求。一级储备流动性高，但收益率低。其次，保证二级储备，以应付可预见的现金需求和意外情形。二级储备由公开市场上的短期债券组成，如国库券、地方政府债券、银行承兑票据等。二级储备有一定的收益，同时具有较强的变现能力。再次，各类贷款。发放贷款是银行最主要的盈利来源。这需要银行深入研究市场，了解客户的经营状况和资金需要，由市场决定信贷资金的投向。但资金池法不把贷款结构看作是影响资金流动性的因素，因此贷款结构不在管理范围内。最后，长期证券。如果前三项资金完成分配后还有剩余，银行可以在公开市场购入长期证券。一方面，有助于银行提高盈利能力；另一方面，长期有价证券陆续到期有助于银行补充二级储备，为银行提供流动性支持。

这种方法的优点是简单易懂，管理成本较低。其主要缺陷有以下几个方面：一是仅从资产端考察商业银行的流动性，而忽略了负债端对流动性的影响；二是对生息资产的管理侧重于总量管理，而没有考虑贷款结构对流动性的影响；三是忽视了效益性是银行生存与发展的前提，过分追求保持流动性而缺乏对盈利能力的提升。

2. 资金分配法

资金池法似乎过多地强调了流动性，没有区分不同资金来源（如活期、定期、储蓄等存款种类和资本金）流动性的不同需要。因此，资金分配法在选择资产种类时，首先考虑的是负债结构的特点，因为银行在一定时期内所需要的资产流动性是与其负债的性质相关联的，资产的流动性应满足负债流动性的要求。为了使负债与资产的对称关系更加明确，资金分配法将不同来源的反馈依照不同的稳定状态分别进行管理，西方银行家为此而建立了若干个所谓"流动性—盈利性中心"，主要有活期存款中心、储蓄存款中心、定期存款中心和资本中心。在具体管理过程中，这些"中心"的资金分配是独立进行的，各个"中心"负债的稳定性与运用方向如下。

（1）活期存款中心

这部分负债的周转速度最快，随存随取，银行较难把握其稳定程度，要求对这部分活期存款保持较高的法定准备金比率。因此，活期存款中心的绝大部分资金应分配作为一级储备资产，余下的部分资金投放于短期的二级储备资产，极少量的剩余资金进行放款，不能把中心的资金用于购买长期证券或购置固定资产。

（2）定期存款中心

这部分资金只需要较低的流动性，准备金率也较低。所以，这个中心的大部分资金可投向盈利高的中长期贷款和有价证券，只有少部分用在一、二级储备资产上。

（3）资本金中心

银行资本金既不需要应付提现，也没有法定的准备要求，这是银行长期资金运用最稳定的资金来源，一般用于购置固定资产，如购买土地、建筑物、电子设备和其他设备等，剩下的余额可用作发放长期贷款及投资长期证券，以改善银行的盈利状况。资金分配法管理模式如图 2-2 所示。

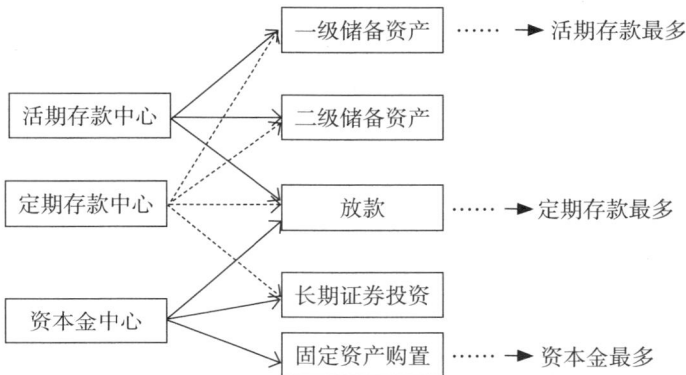

图 2-2 资金分配法管理模式

资金分配法直接根据负债来源的特点引申出资金分配的具体方向，通过资金周转速度和流动性两个环节把资产与负债有机地联系起来，保持了两者在规模与结构上的一致性。资金分配法的实际意义有以下几点：它能够清除银行为谨慎起见而保持的超额流动性，将多余的资金转化为盈利性资产，增加银行利润，既可以保证存户提存的需要，又可以使银行获得合理盈利。商业银行实行科学的资产负债管理方法是从资金分配法开始的，它的普遍应用为银行管理者进一步研究和创造更为先进、更为复杂的管理方法奠定了基础。但是资金分配法也有其局限性：首先，同一个负债中心的各类不同负债的周转速度也可能快慢不一，只用一个平均周转速度来代表某一大类存款中所有资金的周转速度，并据此确定资金的特定用途，可能引起许多问题。其次，这种管理方法只强调法定准备金和可能提取存款所需的流动性要求，而忽视了银行满足客户的贷款要求所应具备的流动性。最后，该方法也难以运用精密的定量分析。

3.线性规划法

为提高资金分配的科学性、准确性，许多商业银行使用复杂的数学模型，其中运用最广泛的是线性规划法。计算机在银行业务中的广泛应用使银行有能力计算这些复杂的数学模型。线性规划法就是预先选择目标变量的初始值，在一定的约束条件下，求解目标函数的最大值或最小值的方法。线性规划法在应用于银行资金管理时，通过确定一组资产负债规模，在一定的流动性和管理限制等约束条件下，使利润最大化。具体步骤如下。

（1）建立目标函数

银行通常以财富最大化为目标，但其用于确定目标函数比较困难，银行一般使用更常用的术语定义目标函数。一般常用资产收益率、净收益等作为股东财富最大化的近似表示，建立目标函数。

（2）选择模型中的变量

银行要考虑预测变量和决策变量，预测变量是银行不能控制的、由外部环境决定的因素，如利率、现金流量、存贷款种类等。决策变量是银行可以控制的试图优化其组合数量的资产和负债项目，如同业拆借、国库券、CDs、贷款、资本债券等。

（3）确定约束条件

银行在经营管理中，存在许多限制性因素，如法律限制、流动性要求、资本要求等。

（4）求解线性模型

当目标函数、变量、约束条件全部确定后，就可以运用数学方法，借助计算机进行求解。只有求出银行如何分配资金，才能使银行利润最大。

二、商业银行负债管理理论

商业银行负债管理理论产生于 20 世纪 50 年代末期，盛行于 20 世纪 60 年代。负债管理理论是以负债为经营重点，即以借入资金的方式来保证流动性，以积极创造负债的方式来调整负债结构，从而增加资产和收益。这一理论认为，银行保持流动性不需要完全靠建立多层次的流动性储备资产，一旦有资金需求就可以向外借款，只要能借款，就可以通过增加贷款获利。

负债管理理论历史上依次经历了由存款理论向购买理论和销售理论发展的三个阶段。

（一）存款理论

银行券理论出现在商业银行经营的早期，随着各国中央银行纷纷成立并收回货币发行权，货币的可兑换不再是人们关心的最主要问题，这时存款理论诞生了。这种理论认为，存款是商业银行最重要的资金来源，是存款者放弃货币流动性的一种选择，银行应当为此支付利息并保证存款的稳定和安全。该理论最主要的特征在于稳定性或保守性倾向，坚持从商业银行的安全性和流动性出发，根据所吸收的存款来安排商业银行的贷款等资产业务以保持资产的流动性，防止出现挤兑现象。虽然存款理论是在牺牲商业银行盈利性的前提下保持资产的流动性，但是也对商业银行的稳健经营起到了保障和促进作用，如存款保险制度、最后贷款人制度等的建立。

（二）购买理论

到了 20 世纪 60 年代，西方国家的经济金融环境发生了很大变化。一方面，金融市场迅速发展，出现了众多的非银行金融机构，它们与商业银行展开了激烈的竞争，其中包括资金来源渠道的竞争，商业银行为了谋求生存和发展，不能仅仅满足于对存款的管理，必须拓展新的资金来源。另一方面，西方国家在经历了 20 世纪 30 年代的经济大危机后，普遍加强了对银行业的管制，如美国的 Q 条例，规定活期存款不能支付利息，定期存款和储蓄存款的利率不能超过规定的上限。但到了 20 世纪 60 年代以后，各国普遍出现通货膨胀，市场利率上升，对银行的存款构成很大威胁，银行存款客户流失，迫使商业银行改变单纯的资产管理的做法，银行一改被动负债的不利局面，开始主动到市场上购买流动性，购买理论应运而生。购买理论的兴起标志着银行负债经营战略思想的重大转移。购买理论认为，银行对负债并不是消极被动和无能为力的，银行的流动性不仅可以通过加强资产管理获得，还完全可以通过主动负债来实现。银行没有必要再保持大量的高流动性的资产，而应将它们投入到高盈利的贷款或投资活动中，一旦出现流动性需要，随时可通过负债管理来提供。银行通过主动购买行为（主要包括同业借款、向中央银行融资、在金融市场发债等），不仅满足了流动性需求，还可以利用主动负债来不断适应盈利性资产的战略性扩张，从而摆脱了存款数额的限制，提高了的盈利率。购买理论使西方商业银行更富有进取精神，并进一步深化了对银行资金流动性的认识，也为银行扩大资金来源和资金运用规模创造了条件。

（三）销售理论

随着金融业竞争加剧，银行业大规模的并购不断，混业经营时代到来，银行逐步改变经营策略，努力通过多元化服务和各种金融产品来吸收资金，其结果是中间业务迅速发展。与此相适应，销售理论不再仅仅着眼于资金本身，它的立足点是服务，提倡创造金融产品，为更多的客户提供形式多样的服务，通过努力推销各种金融产品，如可转让存款单、回购协议、金融债券等，迎合客户需要，扩大零售银行资金来源，保证流动性，以提高银行的经济效益。销售理论始终包含着一种市场概念，其提倡的理念包括：客户至上；金融产品必须根据客户的多样化需要供给；任何金融产品的实质是帮助资金的运筹，其外壳或包装可能是其他形式的商品或服务；金融产品的推销主要依靠信息的沟通、加工和传播；销售观念不限于银行负债，也涉及银行资产，主张将两个方面联系起来进行系统的管理。以购买理论和销售理论为代表的现代负债管理理论对商业银行的影响十分明显，具体表现在以下几方面：第一，它改变了银行传统的经营管理理念，从以流动性为主的经营管理理念转化为流动性、安全性和盈利性并重；第二，改变了银行流动性管理的手段，银行的流动性管理从单一的资产管理转变为资产管理和负债管理同时进行；第三，增强了银行经营的主动性和灵活性，银行可根据需要主动安排负债，扩大资产规模，提高盈利水平。尤其是存款保险制度的推出更是激发了银行的积极进取精神，负债管理理论盛行一时。

三、商业银行资产负债综合管理理论

20 世纪 70 年代末至 20 世纪 80 年代初，金融管制逐渐放松，银行的业务范围越来越大，同行业竞争加剧，使银行在安排资金结构和保证获取盈利方面困难增加，客观上要求商业银行进行资产负债综合管理，由此产生了均衡管理的资产负债管理理论。

（一）该理论的主要特点

第一，综合性，即资产和负债管理并重。

第二，适应性，即根据经济环境的变化不断调整自己的经营行为，加强动态管理。

（二）该理论提出的基本经管原则

第一，总量平衡原则，即资产与负债规模相互对称，统一平衡。

第二，结构对称原则，即资产和负债的偿还期及利率结构对称。

第三，分散性原则，即资金分配运用应做到数量和种类分散。

（三）资产负债管理的主要技术方法

1. 缺口管理法

缺口管理法分为两种：一是利率敏感性缺口管理方法，基本思路是银行可以根据利率变动的趋势，通过扩大或缩小利率敏感性资产与利率敏感性负债之间缺口的幅度，调整资产和负债的组合及规模，以达到盈利的最大化；二是持续期缺口管理方法，具体做法是在任何一个既定时期，计算资产加权平均到期日减负债加权平均到期日的差额，即持续期缺口。如该缺口为正，则说明资金运用过多；反之，则资金运用不足，应根据外部环境进行调控。

2.利差管理法

利差管理法，即控制利息收入和利息支出的差额，以便适应银行的经营目标。其主要手段有两点：一是增加利差，即控制利息收入和利息支出的差额，以便适应银行的经营目标；二是创新金融衍生工具及交易方式，即运用金融期货、金融期权、利率互换等衍生工具，进行利差管理与资产的避险保值。

四、商业银行资产负债外管理理论

20 世纪 80 年代初，西方经济普遍出现衰退的情况，银行的经营环境更加恶劣，这些因素不可避免地会对银行利息的提高和业务经营规模的扩大产生抑制作用，从而导致银行存贷利差收益的日渐萎缩。因此，以利差管理核心资产负债的管理理论使银行难以摆脱困境。这样，资产负债外管理理论悄然而起，并被越来越多的西方商业银行尊崇为大力发展表外业务的重要理论依据。

（一）资产负债外管理理论产生的背景

20 世纪 50 年代以来，受金融自由化浪潮的冲击，加强风险监控成为各国金融管理当局和国际银行界的共同要求。《巴塞尔协议》的问世和实施动摇了长期负责表内资产结构的调整变动来防范信贷风险的传统理论和方法。商业银行表外业务的产生和快速发展既受内在原因的驱使，也是外部因素影响的结果。首先，国际上各国相继放松进入管制，银行业经营的自由化和国际化趋势大大促进了包括表外业务在内的金融创新的步伐；其次，市场竞争也促进了表外业务的发展，商业银行传统业务不但面临同行业的竞争，而且随着各国资本市场的发展，直接融资比重大大增加，商业银行传统的资产、负债业务日渐显现出"夕阳产业"的特征，因此商业银行被迫进行新的业务创新以创造新的利润来源；最后，表外业务创新是市场需求所致，由于利率和汇率频繁波动，企业和商业银行本身所处经济环境的不确定性日渐增加，这就对有效的风险管理产生了需求。因此，在银行业激烈竞争、银行存贷利差越来越少、非金融机构大规模介入金融业竞争的情况下，在大量衍生交易工具既可避险又可获利的优势吸引下，资产负债外管理理论兴起。

在资产负债外管理理论的发展过程中，出现了四种不同的理论假说：规避"监管税收效应"假说、与银行风险及风险负担有关的假说、由于信息不对称造成的"道德风险"假说、经济资本理论及其对银行经营目标的调整假说。

（二）资产负债外管理理论观点

资产负债外理论倡导从银行负债和资产业务以外的范围寻找新的经营领域以获得新的利润来源，认为存贷业务只是银行经营的主要途径之一，在其周围可以发展多样化的金融服务。表外业务是《巴塞尔协议》规定中的称谓，国际上通常将资产负债以外的业务都称为off-balance-sheet activities（缩写为OBSA），如信息处理、项目评估咨询、原资产负债表内业务向表外的转化等，同时却不影响资产负债表上的风险大小，而给银行带来盈利，如表2-1所示。

表2-1　银行表外业务一览表

类　　别	业务内容
理财业务	为客户提供财务分析、财务规划、投资顾问和资产管理等专业化服务活动
支付结算类业务	主要结算工具包括银行汇票、商业汇票、银行本票和支票；主要结算方式包括同城结算方式和异地结算方式；其他支付结算业务
银行卡业务	商业银行向社会发行的具有消费信用、转账结算、存取现金等全部或部分功能的信用支付工具，如贷记卡业务、准贷记卡业务和借记卡业务
代理类中间业务	商业银行接受客户委托，办理客户指定的经济事务、提供金融服务并收取一定费用的业务，如代理政策性银行业务、代理人民银行业务、代理商业银行业务、代收代付业务、代理证券业务、代理保险业务、代理其他银行银行卡收单业务等
担保及承诺类业务	商业银行为客户债务清偿能力提供担保，承担客户违约风险的业务，主要包括银行承兑汇票、信用证、备用信用证、各类保函等
交易类业务	商业银行为满足客户保值或出于自身风险管理需要利用各种金融工具（利率互换、期权、期货、远期利率协议）进行的资金交易活动，如外汇买卖、黄金交易等
投资银行业务	主要包括证券发行（一级市场）、承销、二级市场交易、企业重组、兼并和收购、投资分析、风险投资、项目融资等业务
资产托管业务	商业银行接受资产管理公司委托，安全保管所托管的全部资产，为所托管的资产管理公司办理资金清算、款项划拨、会计核算和基金估值。监督管理人投资运作
咨询顾问类业务	商业银行利用自身在信息、人才、信誉等方面的优势，收集和整理有关信息，并通过对银行和客户资金流动等信息进行记录和分析，形成系统的资料和方案后提供给客户，包括信息咨询业务、资产管理顾问业务、财务顾问、现金管理等
其他业务	包括保管箱业务和其他不能归入以上几类的业务，如储蓄连接保险、投资连接保险等

资产负债外管理理论认为，存贷业务只是商业银行经营的一条主轴，在其旁侧可以发展多样化的金融服务，扩展新的经营领域，从而开辟新的盈利来源。同时，提倡将原本属于资本负债表内的业务转化为表外业务，以降低成本。随着金融市场的发展和企业融资的日益"脱媒"，商业银行传统的信用中介职能正在逐渐削弱，其核心竞争力大大降低，而开展中间业务的商业银行不是以债权人或者债务人的身份出现，商业银行充当的是"服务中介"的角色。表外业务的服务面广、机动灵活，使银行的业务范围从信用业务扩展到各类非信用业务领域，在传统业务已经被瓜分完的情况下，为银行带来了新的利润增长点。

资产负债外管理理论主张，银行应从正统的负债和资产业务以外开拓新的业务领域，如期货、期权等多种衍生金融工具的交易，开辟新的盈利源泉。与传统业务相比，表外业务主要是商业银行接受客户的委托，以中介人的身份进行的代理业务，其主要风险由委托人承担，因此在同等盈利水平下，表外业务的风险比传统业务小得多，而商业银行表外业务中的一些衍生金融工具本身就是针对利率和汇率等的有效经济风险管理工具，通过适当运用这些避险工具，对于商业银行的稳健经营是非常有益的。

该理论认为，在知识经济时代，银行应发挥其强大的金融信息服务功能，利用计算机网络技术大力开展以信息处理为核心的服务业务。在我国金融行业对外开放的条件下，中资商业银行在较短时期内利用计算机网络迅速学习外资银行的产品和服务方式，并结合我国实际加以改善，力争尽快赶上外资银行的服务水平，这必将极大地推动我国银行业的产品和服务创新的进程。目前，随着对外开放和金融管制的放松，我们完全有理由预测在我国必将出现一次金融创新的高潮。

（三）资产负债外管理理论评价

资产负债外管理理论为商业银行从事表外业务提供了理论依据，面对银行业日趋激烈的竞争，资产负债外管理理论的发展有助于商业银行提高盈利水平，降低风险，改善服务，完善功能。资产负债外管理理论的优点具体体现在以下三点。

第一，资产负债外管理理论的发展可以减轻商业银行的经营风险。经济的波动会直接或间接造成银行体系的风险上升，资产负债外管理理论强调发展表外业务，表外业务具有高成本、低风险的特点，因此对商业银行而言，运用资产负债外管理理论是降低风险的有效途径。

第二，资产负债外管理理论的发展可以提高商业银行的盈利水平，可以为银行提供可靠且稳定的收入来源。

第三，资产负债外管理理论的发展容易促进商业银行改善服务、完善功能。表外业务服务面广、形式机动灵活，对客户的多样化需求反应敏感。商业银行通过开展表外业务，可以不断满足社会成员和经济发展的要求，从而完善其服务和功能。

同时，资产负债外管理也存在一些缺陷。由于资产负债外管理发展不完善，表外业务不仅使银行自身面临着极大的风险，还使整个金融体系随时可能遭受意想不到的冲击，因此在表外业务交易已经风靡全球，而且因为从事衍生品投机失效导致银行巨额损失或倒闭的案例时有发生的今天，加强对表外业务的管理更应该引起商业银行和金融监管当局的高度重视。

第二节　商业银行资本管理

一、资本的构成及功能

（一）商业银行资本的内涵

商业银行资本是一个较为复杂且不断发展的概念。银行资本可以从权益资本、监管资本和经济资本三个层面加以理解和定义。

1. 权益资本

权益资本是指从财务会计角度理解的账面所有者权益，即银行所有者在银行资产中享有的经济利益，是银行总资产与总负债账面价值的差额，也称会计资本或账面资本。这部分资本在银行资产负债表上以"所有者（股东）权益"的项目列出，代表着银行所有者（股东）对银行的控制权、收益权，对银行净资产的要求权，因此会计学意义上的银行资本项目与一般企业资本项目没有太大的差异。

2. 监管资本

监管资本是指银行已经持有的或是必须持有的符合监管法规规定的资

本。各国银行监管当局基于对本国银行业资本充足监管的需要，均对本国银行所拥有的符合监管口径要求的资本数量规定了最低标准，并根据构成监管资本项目的不同及其对抵御风险作用的差异，要求资本充足不仅需要资本数量适度，还包括资本结构合理。通常意义上所说的资本充足率中的"资本"即指"监管资本"或"法定资本"。用公式表示即为：

$$资本充足率 = \frac{监管资本}{风险加权资产}$$

3. 经济资本

经济资本是指银行抵御风险、吸收损失必须拥有的最低资本需要，是基于银行全部风险之上的资本，因此又称为风险资本。它是一种虚拟资本概念，并非真正的银行资本，是一个算出来的数字。其计算公式如下：

银行的经济资本 = 信用风险的非预期损失 + 市场风险的非预期损失 + 操作风险的非预期损失。

同时，经济资本又具备资本的消化风险损失的性质，这种性质以经济资本不超过实际资本为前提。与实际资本比较，经济资本是银行确定风险边界的基础。以此为基础确定的风险边界既能有效控制风险，又能充分考虑银行的业务发展和资本扩张。

（二）三种资本概念的联系

权益资本是建立在财务会计原理基础上的资本概念，可以从一般财务会计角度去解释强调产权性质。而监管资本是建立在财务会计和银行业一般的风险计量基础上的资本概念。其内涵主要反映了商业银行资本具有吸收和消化银行损失的功能，因此其外延宽于权益资本。通常情况下，监管资本等于权益资本加上具有资本性质的债务工具的数量。经济资本是建立在财务会计和特定银行自身的风险计量基础上的资本概念，其真实数量等于特定银行自身非预期损失金额。与会计学意义上的权益资本和监管资本最根本的不同之处是，经济资本并不基于任何会计规则、监管政策、融资策略或资产负债结构，而是基于银行自身正常经营活动所面临的真实风险量。

三个资本概念之间的数量关系可以理解为：经济资本≤权益资本≤监管资本。监管者认为，银行资本的主要功能在于吸收和消化损失，因此建立在经济资本上的监管资本的外延要宽于权益资本。从未来发展趋势上看，经济资本与监管资本的主流趋势是收敛和一体化的。另外，监管资本中的核心资本基本与权益资本等同。因此，监管资本也可以视为广义的权益资本，与权益资本具有相同的特性。

（三）商业银行资本的功能

一般来说，商业银行资本具有三种基本功能。

1. 营业功能

资本是商业银行成立、正常运转和发展壮大的必要前提和保证。营业功能是指资本不仅能满足监管机构对商业银行提出的从开设时领取营业执照到营运过程中的最低资本要求，还是其自身开设之初的铺底资金和经营过程中的营运资金，如租赁或建造营业场所、装备办公用品和雇用员工等。银行成长壮大后，还可以通过追加资本为增设分支机构、添置和改善办公设施、扩大营业场地等提供资金支持。同时，资本也是银行树立公众信心和市场声誉的基本物质条件。资本雄厚的银行往往享有较高的声誉，在公众心目中树立起对本银行充分的信赖，以吸引客户将资金存入银行，有利于扩展银行其他业务。

2. 保护功能

保护功能有两层含义。第一层是指商业银行的资本通过弥补经营过程中发生的损失，为银行免遭被兼并、倒闭和破产提供保护。理论上，银行经营过程中的全部风险损失可分为三类：可预期损失、不可预期损失和异常损失。除了异常损失之外，可预期损失和不可预期损失都要求被补偿或消化，以维持银行的稳健经营。在实际操作中，可预期损失主要以损失准备金的形式被计入银行经营成本，或在银行提供的产品价格如贷款利率中予以补偿，而不可预期损失则只能通过银行资本予以覆盖（资本与风险的关系如图2-3所示）。第二层是指资本能提升社会公众对商业银行的信心，使存款人对存入银行的款项有安全感，避免在经济不景气时出现公众挤提存款导致银行面临挤兑危机的现象，也可以使借款人在经济不景气时有能被满足贷款需求的保障感，有利于维护银行在整个社会中的形象。

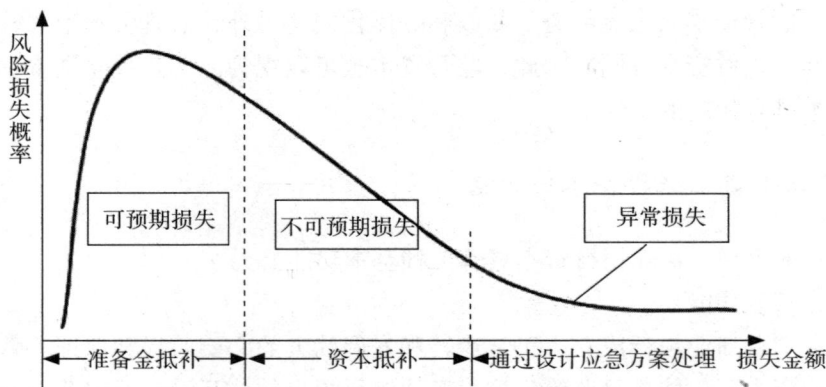

图 2-3　银行资本与风险损失的关系

3. 管理功能

管理功能是指资本为监管当局提供了控制银行风险的管理杠杆。各国金融监管当局都对银行资本制定了具体的规定和要求，如新建银行的最低资本额、新设分支机构的最低资本额及资本与贷款、投资的比率等。金融监管当局对银行设置的最低资本要求实际上起到了限制商业银行片面谋求发展而盲目扩张经营规模的作用，因为它要求银行的资产扩张一定要有某种比例的、昂贵的自有资本的支持，不允许完全运用负债资金从事经营。银行资本充足与否也是能否获得金融监管当局认可与信任的重要因素。

二、商业银行资本充足性管理

（一）资本充足性的含义

资本充足性是指银行的资本应保持既能经受坏账损失的风险，又能正常运营，达到盈利的水平，这是衡量一家银行业务经营情况是否稳健的一个重要标志。

资本充足性包含两方面的含义：一是银行资本能够抵御其涉险资产的风险，即当这些涉险资产的风险变为现实时，银行资本足以弥补由此产生的损失；二是对于银行资本的要求应当适度，如果过高会影响金融机构的业务开展及其资产的扩张。

商业银行资本不是越多越好，因为银行资本越多，资本成本也越高。商业银行资本充足的真正含义是资本适度，既包括量的适度，又包括资本构成的合理，这样可以降低经营成本和风险，增强筹资的灵活性。

由于最适度资本量受到多种主客观因素影响，不能准确无误地测量出来，因此，许多银行简单地将一定程度上高于法定最低限额的资本作为最适度资本量。

规模大小不一的各家银行的最适度资本量是不同的，小银行信誉低、业务种类少、负债能力差，因此要保持较高的资本资产比率。同一家银行也应根据经营环境和自身经营状况的变化，适时调整资本持有量。当贷款需求很大时，银行可适当降低资本持有量，或通过不同渠道筹集。

（二）银行资本充足性的衡量

目前，对资本充足性的衡量主要根据管理会计原则，广泛地使用比率形式，这也是《巴塞尔协议》重点推荐的方式，这些比率形式主要分为两大类：一类称作负债比率或传动比率，包括资本与存款比率和资本与负债比率；另一类称作资本比率或风险资产比率，包括资本与总资产的比率和资本与风险资产的比率。

1. 资本与存款比率

资本与存款比率一般定义为资本和银行存款总量的比率。

这一比率的相关概念大约出现在 20 世纪初，由于造成流动性危机的原因是贷款和投资的变现能力不足，存款在被运用之前没有风险，因此这一指标不够科学。

2. 资本与负债比率

一般定义为资本和银行负债总量的比率。

银行负债总量为总的存款或表现在银行资产负债表上的债权或产权要求。通过对负债比率的控制，银行的监管者可以有效地控制银行在既定的资本金来源的情况下扩展其经营的能力。这一比率的最大优点是简明。对于银行来说，它允许最大的操作灵活性，因为它不对银行的资产组合结构强加限制；对于监管者来说，它不要求对个别银行经营的有关风险做出任何事先判断。然而，这一比率也存在一些弊端。首先，这个比率难以把那些不具完全信用风险的表外账户的活动放到资本充足性上来体现，因此银行只需通过金融创新把业务移到表外账户上，就能够轻易地绕过资本管制；其次，它无法体现资产组合的风险，又不对银行的资产组合结构加以限制，诱使银行选择高风险、高收益的资产。这些弊端导致许多国家纷纷寻求建立在加权风险资产上的更加完善的资本充足管制手段。

3. 资本与总资产比率

资本与总资产比率一般定义为资本和银行资产总量的比率。

银行资产总量表现在银行资产负债表上的资产。这一比率弥补了资本存款比率与资本负债比率等指标没有考虑资金运用不足的问题，但该指标没有考虑资产结构。经营保守的银行的资产大多是短期证券和短贷，风格积极的银行则相反，本指标无法反映上述区别。因此，风险资产比率就作为一种更为有效的监管手段应运而生。

4. 资本与风险资产比率

资本与风险资产比率一般定义为资本和风险加权资产的比率。

风险资产是指不包括第一级、第二级准备金在内的资产，如贷款、证券投资等。在风险资产比率中，监管者对不同类型的资产规定不同的风险权重，如作为第一级、第二级准备金的现金、同业拆借和短期国债没有风险或风险很低，不必用资本做保障，风险权重为零，这使得同样规模的资产可以对应不同的资本量，或者说同样的资本量可以保障不同规模的资产，资本的保障能力随资产风险权重的不同而异，因此克服了传统负债比率将表外业务和资产风险因素排除在外的缺陷，鼓励银行持有低风险资产。然而，风险资产比率也存在如下一些弊端。

（1）资产风险权重的确定存在一定程度的主观随意性，它们是监管者在既定业务范围内对损失的可能性的估价。虽然这种估价是基于历史经验的，但是在建立个别权数时，它还是不可避免地包含相当程度的主观判断。

（2）这种方法通常假定资产组合中风险与资产数量之间存在线性关系，但是一些实证研究表明，这种关系往往是非线性的。

（3）该指标未考虑不同种类的风险资产所承担的风险大小的差异。

（4）该指标未考虑资产组合中风险的分散效应，当选择较佳的资产组合时，非系统风险可以被有效地分散掉，这也导致计算的风险资产和真实的风险资产之间存在偏离。

5. 纽约公式

纽约公式又称资产分类比率法或资产结构比率法，它的基本思想已被《巴塞尔协议》所采纳。该方法20世纪50年代由纽约联储设计，根据商业银行资产风险程度的不同将资产分为六类。

（1）无风险储备，包括库存现金、同业拆借、短期国债等第一类、第二类准备金，不需资本做担保。

（2）稍有风险的资产，如5年期以上公债、政府机构债券、优质商业票据和高信用担保贷款等，要求有5%的资本保障。

（3）普通风险资产，指除了公债之外的证券投资与证券贷款，要求有12%的资本保障。

（4）风险较高资产，对担保不足、信用较低的债务人贷款，要求有至少20%的资本保障。

（5）有问题资产，逾期贷款、可疑贷款、股票、拖欠的债权等，损失概率极大，要求有50%的资本保障。

（6）已亏损的资产和固定资产，要求有100%的资本保障。

6.综合分析法

上述方法都仅从资产或存款数量与结构这一方面来评估，实际上影响银行所需资本量的还有银行监管水平、收益与留存结余、资产与负债结构的流动性、银行满足客户需求的能力、股东信誉等因素，综合分析法力图将这些因素都考虑进来，但本方法难以准确量化，主观性较强，现多与其他方法结合使用。

（三）银行资本充足性的管理

20世纪70年代，西方商业银行的业务经营出现了国际化的趋势，各国金融机构间联系日趋紧密，银行资本充足性管理的出现是为了保证西方商业银行经营的安全性，平等参与国际竞争，维护世界金融体系的稳定。1987年12月，西方十二国通过了"资本充足性协议"：一是确定了资本的构成，即商业银行的资本分为核心资本和附属资本两大类；二是根据资产的风险大小，粗线条地确定资产风险权重；三是通过设定一些转换系数，将表外授信业务也纳入资本监管；四是规定商业银行的资本与风险资产之比不得低于8%，其中核心资本对风险资产之比不得低于4%。《巴塞尔协议》是国际清算银行（BIS）的巴塞尔银行业条例和监督委员会的常设委员会——"巴塞尔委员会"于1988年7月在瑞士的巴塞尔通过的《关于统一国际银行的资本计算和资本标准的协议》的简称。该协议第一次建立了一套完整的国际通用的、以加权方式衡量表内与表外风险的资本充足率标准，有效地遏制了与债务危机有关的国际风险。

1996年，《关于市场风险资本监管的补充规定》要求商业银行对市场风险计提资本。1998年开始全面修改资本协议，资本充足率、行业监管和信息披露构成了新协议的三大支柱。2004年6月，巴塞尔银行监管委员会正式发布了《统一资本计量和资本标准的国际协议：修订框架》，简称《巴塞尔新资本协议》或《新资本协议》，下文称《巴塞尔协议Ⅱ》。

《巴塞尔协议Ⅱ》是在过去十多年国际银行业的竞争规则《巴塞尔协议》基础上修订而成的。该协议将国际银行业的风险监控范围由单一的信用风险扩大到信用风险、市场风险、操作风险和利率风险，并提出"三个支柱"：一是最低资本要求，二是监管当局对资本充足率的监督检查，三是市场纪律/信息披露。其中，最低资本规定即核心资本充足率不低于4%，资本（包括核心资本和附属资本）充足率不低于8%。

《巴塞尔协议Ⅱ》经过近十年的修订和磨合于2007年在全球范围内实施，但正是在这一年爆发了次贷危机，这次席卷全球的次贷危机真正考验了《巴塞尔协议Ⅱ》。显然，《巴塞尔协议Ⅱ》存在顺周期效应、对非正态分布复杂风险缺乏有效测量和监管、风险度量模型有内在局限性，以及支持性数据可得性存在困难等固有问题，因此，次贷危机以来，巴塞尔委员会不断修订和完善《巴塞尔协议Ⅱ》。经过修订，该协议已显得更加完善，对银行业的监管要求也明显提高，如为增强银行非预期损失的抵御能力，要求银行增提缓冲资本，并严格监管资本抵扣项目，提高资本规模和质量；为防范出现类似贝尔斯登的流动性危机，设置了流动性覆盖率监管指标；为防范"大而不能倒"的系统性风险，从资产规模、相互关联性和可替代性评估大型复杂银行的资本需求。2010年9月12日，由27个国家银行业监管部门和中央银行高级代表组成的巴塞尔银行监管委员会就《巴塞尔协议Ⅲ》的内容达成一致，同年11月在韩国首尔举行的G20峰会上获得正式批准实施，全球银行业正式步入《巴塞尔协议Ⅲ》时代。

（四）我国对银行资本充足性的管理

进入20世纪90年代，我国金融业开始对外开放，也着手按国际惯例建立自己的资本充足标准。从1993年起，我国首先在深圳经济特区进行试点，接着央行制定了一系列法规对资本充足率进行了规定。1995年，《中华人民共和国商业银行法》原则上规定资本充足率不得低于8%。1996年，我国又参考"资本充足性协议"的总体框架制定了《商业银行资产负债比例管理监控、监测指标和考核办法》，在规范商业银行资产负债比例管理时，对计算信用风险资本充足率的方法提出了具体要求。1997年7月1日起执行《我国商业银行资产负债表内项目的风险权数》用以计算风险资产总额。

　　虽然《中华人民共和国商业银行法》原则性规定商业银行资本充足率不得低于8%，但我国现行监管法规一直未对资本不足的银行规定明确的监管措施，并且在资本充足率计算方法上也放宽了标准。为进一步落实《中华人民共和国银行业监督管理法》，2004年3月1日，我国开始全面实施《商业银行资本充足率管理办法》（以下简称《办法》）。该《办法》借鉴"资本充足性协议"和即将出台的"巴塞尔新资本协议"，制定了一套符合我国国情的资本监管制度。建立完整的资本监管制度、修改现行的资本充足率计算方法，有利于强化对商业银行的资本监管，健全商业银行资产扩张的约束机制，为货币政策的实施奠定坚实的微观基础。

　　2009年8月3日，中国银监会根据巴塞尔会议发布的《新资本协议框架完善意见》等文件，就商业银行实施新资本协议"一口气"发出七项监管指引，向社会公开征求意见。这七项监管指引内容涉及多个方面：银行资本充足率的计算、监督检查，资产证券化风险暴露监管资本计量，银行账户利率风险管理，市场风险资本计量内部模型法监管等，监管部门的目光投向商业银行经营的核心部分——资本充足率。

　　2013年1月1日，我国开始实施《商业银行资本管理办法（试行）》（以下简称《资本办法》），商业银行应于2018年年底前全面达标。我国银行业稳步实施新的资本监管标准，不仅符合国际金融监管改革的大趋势，还有助于增强我国银行业抵御风险的能力，加快商业银行经营管理的战略转型。

　　《资本办法》整合了《巴塞尔协议Ⅱ》和《巴塞尔协议Ⅲ》在风险加权资产计算方面的核心要求，扩展了风险覆盖范围，提高了监管资本的风险敏感度，合理设计了各类资产的风险权重体系，允许符合条件的银行采取内部评级法计量信用风险的资本要求，同时要求所有银行必须计提市场风险和操作风险的资本要求。《资本办法》还明确了商业银行内部资本充足评估程序、资本充足率监管检查等内容，规定银监会有权增加高风险资产组合和高风险银行的资本要求，并依据资本充足率水平对商业银行实施分类监管，采取一整套具有针对性和操作性的差异化监管措施。

总体来看，《资本办法》在资本要求、资本定义、风险加权资产计量和全面风险治理等各方面都保持了与国际新资本监管标准的基本一致。它不仅涵盖《巴塞尔协议Ⅱ》提出的以"三大支柱"为基础的资本监管体系，还规定了与《巴塞尔协议Ⅲ》一致的资本定义及标准，明确了全面风险治理架构和审慎资本监管要求。

（五）资本充足性的监管标准

1. 资本充足率

根据《商业银行资本管理办法（试行）》（中国银监会令 2012 年第 1 号），资本充足率是指商业银行持有的符合规定的核心资本与风险加权资产之间的比率。资本充足率反映了商业银行在存款人和债权人的资产遭到损失之前，该银行能以自有资本承担损失的程度。规定该项指标的目的在于抑制风险资产的过度膨胀，保护存款人和其他债权人的利益，保证银行等金融机构正常运营和发展。商业银行核心一级资本充足率、一级资本充足率和资本充足率分别不低于 5%、6% 和 8%；留存超额资本 2.5%；逆周期超额资本 0 ~ 2.5%；系统重要性银行附加资本要求，暂定为 1%。新标准实施后，正常条件下系统重要性银行和非系统重要性银行的资本充足率分别不低于 11.5% 和 10.5%；若出现系统性的信贷过快增长，商业银行需计提逆周期超额资本。商业银行需要于 2018 年年底前全面达到相关资本监管要求，并鼓励有条件的银行提前达标。

因此，资本充足率监管可以说是整个银行业监管体系中最重要的指标，是银行持续经营的基本保障，即如果资本充足率低于监管要求，面临的是较为严重的监管措施，如果持续恶化，核心一级资本低于 5.125%，则会触发其他一级资本工具（一旦触发，如优先股会被强制转为普通股），直至监管部门认定其生存问题启动二级资本工具转股或重组，以致强制资产出售等。我国自 2013 年 1 月 1 日起开始施行《商业银行资本管理办法（试行）》，同时废止自 2004 年 3 月 1 日起施行的《商业银行资本充足率管理办法》。

2. 杠杆率

杠杆率是指商业银行持有的、符合有关规定的一级资本净额与商业银行调整后的表内外资产余额的比率，即：

杠杆率=（一级资本－一级资本扣减项）/调整后的表内外资产余额 ×100%

从监管指标而言，杠杆率实质上是一种监管指标精确性的倒退，巴塞尔委员会过去几十年一直致力于设计风险敏感的监管指标，并鼓励银行自行开发内部模型以更加精确地识别计量风险，从而降低资本要求。2008 年金融危机暴露了这种过度追求所谓精确风险计量的缺陷，部分银行杠杆率大约只有 2%（据此核算其资产是一级资本的 50 倍以上），但核心资本充足率依然只有 10%，然而危急时刻的压力情景同样能导致这些低风险权重资产发生亏损。所以引入杠杆率概念，即无论银行如何设法降低其资产的风险资本要求，也不能将资产负债表扩张得太厉害。我国国内对该指标的监管法规主要是银监会令 2015 年第 1 号文的《商业银行杠杆率管理办法（修订）》，该办法规定，商业银行并表和未并表的杠杆率均不得低于 4%。

对于杠杆率低于最低监管要求的商业银行，中国银监会及其派出机构可以采取以下纠正措施：

（1）要求商业银行限期补充一级资本；

（2）要求商业银行控制表内外资产增长速度；

（3）要求商业银行降低表内外资产规模。

对于逾期未改正，或者其行为严重危及商业银行稳健运行、损害存款人和其他客户的合法权益的，中国银监会及其派出机构可以根据《中华人民共和国银行业监督管理法》的规定，区别情形，采取下列措施：

（1）责令暂停部分业务、停止批准开办新业务；

（2）限制分配红利和其他收入；

（3）停止批准增设分支机构；

（4）责令控股股东转让股权或者限制有关股东的权利；

（5）责令调整董事、高级管理人员或者限制其权利；

（6）法律规定的其他措施。

除上述措施外，还可以依法对商业银行给予行政处罚。

三、《巴塞尔协议》

《巴塞尔协议》全称为《关于统一国际银行的资本计算和资本标准的协议》，是国际清算银行（BIS）监督委员会于 1983 年提出的，这是一套完整的、衡量银行表内和表外风险的资本充足率标准。它之所以被称为《巴塞尔协议》是因为该协议是在瑞士的巴塞尔通过的。

最初，国际上并没有十分重视对金融机构的监管，直到美国富兰克林国民银行和前联邦德国 Herstatt 银行倒闭。1983 年，巴塞尔委员会提出了第一个监管原则《巴塞尔协议》，并在 10 个成员国之间实施。

后来，越来越多的非成员国也加入其中，自觉遵守《巴塞尔协议》，特别是那些国际金融活动参与度很高的金融机构。在国际交往中，《巴塞尔协议》逐渐成为国与国之间进行交易时必须遵守的不成文法律。1988 年，巴塞尔委员会将《巴塞尔协议》发展为《巴塞尔资本协议》。《巴塞尔资本协议》有三大支柱：资本充足率、行业监管和信息披露。

该协议规定，银行的核心资本充足率不能低于 4%，总资本（核心资本 + 附属资本）充足率不能低于 8%。这就是众所周知的最低资本充足率要求。该协议统一了国际银行业的资本充足率标准，有助于消除各国银行间的不平等竞争，成了各国银行监管的统一准则。《巴塞尔协议》被誉为国际银行业的"神圣公约"。截至 20 世纪末，全世界有超过 130 个国家采纳了这一"神圣公约"。

（一）《巴塞尔协议》对资本的定义

1. 核心资本

核心资本是判断资本充足率的基础，由三部分组成。

（1）永久的股东权益，包括已发行并完全缴足的普通股股本和永久性非累积优先股。

（2）公开储备，指以留存盈余或其他盈余（如股票发行溢价、未分配利润、组成普通准备金和法定准备金的证券增值而创造的新增储备）形式反映在资产负债表上的储备。

（3）对于综合列账的银行持股公司，还包括其不完全拥有的子公司中的少数股东权益。

2. 附属资本

（1）非公开储备

非公开储备是指不在资产负债表上公开标明的储备，与公开储备具有相同质量。但因没有公开于资产负债表，所以不能作为核心资本。

（2）重估储备

重估储备源于对某些资产价值重估以反映其真实市值，或使其相对于历史成本更接近于真实市值。重估储备产生的渠道有两种：一是对记入资产负债表的银行自身房产价值的重估；二是以历史成本计价的长期持有的证券价值的重估。巴塞尔委员会认为，在包括附属资本之前，应对重估储备的账面价值和市价之间的差额打55%的折扣，以反映价值波动风险和增值后缴税可能性。

3. 普通准备金 / 普通呆账准备金

普通准备金 / 普通呆账准备金是防备损失设立的准备金。如果是为已确认的损失或为某项特别资产下降而设立的准备金，由于不能用于防备，目前还不能确定的损失，故不能列入。

4. 带有债务性质的资本工具

带有债务性质的资本工具具有股本和债务双重性质，能在不必清偿的情况下承担损失，《巴塞尔协议》规定须符合以下要求。

（1）无担保、从属和缴足金额的。

（2）未经监管当局事先同意不能赎回。

（3）得用于分担损失。

（4）除非银行盈利不敷支出，不能推迟支付其股息。

《巴塞尔协议》认为，累积性优先股、美国的强制性可转换债务工具可列入。

5. 次级长期债务

次级长期债务包括普通的、无担保的、5年以上的次级债务资本工具和不许赎回的优先股。这类工具由于期限固定，通常不用于分担继续从事交易的银行的损失，因此比例要严加限制，规定不能超过核心资本的50%。

规定了两级资本后，《巴塞尔协议》还指出，下列内容应从资本中扣除。

（1）从核心资本中扣除商誉。

（2）扣除没有综合到银行集团的资产负债表中的、对从事金融活动的附属机构的投资，以避免同一资本来源在一个集团中重复计算。

（二）表内的资产风险权数

《巴塞尔协议》规定的商业银行资产负债表表内各类资产的风险加权比

率。根据规定，商业银行资产负债表内的资产可分为五类风险权数不同的风险资产，其具体划分如下。

1. 权数为 0% 的风险资产

0% 风险资产，即无风险资产，包括：①现金；②以本币为面值的对本国中央政府和中央银行的债权；③对经济合作与发展组织（即 OECD）国家的中央政府和中央银行的债权；④用现金或用 OECD 国家中央政府债券作担保，或由 OECD 国家的中央政府提供担保的债权。

2. 权数为 10%（各国根据情况自行决定）的风险资产

即对国内政府公共部门（不包括中央政府）的债权和由这些部门提供担保的贷款。

3. 权数为 20% 的风险资产（低风险资产）

20% 风险资产包括：①对多边发展银行（国际复兴开发银行、美洲开发银行、亚洲开发银行、非洲开发银行、欧洲投资银行）的泛债权，以及由这类银行提供担保，或以这类银行发行的债券作抵押品的债权；②对在 OECD 国家内注册银行的债权以及由 OECD 国家内注册银行提供担保的贷款；③对在 OECD 以外国家注册的银行余期在一年期内的债权和由 OECD 以外国家的法人银行提供担保的余期在一年之内的贷款。

4. 权数为 50% 的风险资产（半风险资产）

即完全以居住用途的房产作抵押的贷款，这些房产为借款人所占有使用，或由他们出租。

5. 权数为 100% 的风险资产（全风险资产）

100% 风险资产包括：①对私人机构的债权；②对 OECD 以外国家的法人银行余期在一年以上的债权；③对 OECD 以外国家的中央政府的债券（本币面值者除外）；④对公共部门所属的商业公司的债权；⑤行址、厂房、设备和其他固定资产；⑥不动产和其他投资（包括没有综合到资产负债表内对其他公司的投资）；⑦其他银行发行的资本工具（从资本中扣除的除外）；⑧所有其他的资产。

（三）表外项目的信用转换及风险加权

巴塞尔委员会认为，飞速发展的银行表外业务本身包含着巨大的风险，因而必须将它们纳入衡量资本充足与否的框架中。同时，委员会也意识到对表外业务风险估测相当困难，尤其对于表外业务额尚小的国家来说，采用复杂的分析法和详细繁复的报告制度并不合理。因此，《巴塞尔协议》提出采用"信用转换系数"把表外业务额转化为表内业务额，然后再根据表内同等性质的项目进行风险加权，再与表内业务得出的风险加权资产额加总，最后的总额才是银行风险加权资产的实际额。

《巴塞尔协议》将银行的表外项目分为五大类，同时，对前四类表外业务分别规定了各自的信用转换系数，而第五种与外汇和利率有关的或有项目由于比较特殊，因此采用了特别的处理方法。

1. 100% 信用转换系数的表外业务

（1）直接信用替代工具，如一般负债保证（包括为贷款和证券提供财务保证的备用信用证）和承兑（包括具有承兑性质的背书）。

（2）销售和回购协议，以及有追索权的资产销售（此类资产的信用风险仍在银行）。

（3）远期资产购买、超远期存款和部分缴付款项的股票和代表承诺一定损失的证券。

2. 50% 信用转换系数的表外业务

（1）某些与交易相关的或有项目（如履约担保书、投标保证书、认股权证和某些为投标特别交易开出的备用信用证）。

（2）票据发行融通和循环包销便利。

（3）其他初始期限为 1 年期以上的承诺（如正式的备用便利和信贷额度）。

3. 20% 信用转换系数的表外业务

短期的有自行清偿能力的与贸易相关的或有项目（如有优先索偿权的装运货物抵押的跟单信用证）。

4. 0% 信用转换系数的表外业务

类似初始期限为 1 年期之内的，或者是可以在任何时候无条件取消的承诺。除此之外，《巴塞尔协议》还提出，各国可以根据本国市场业务的不同做法，在有限的范围内把特定的表外业务划入上面所列出的八项业务之内。

5. 与外汇和利率有关的或有项目

由于在这类项目的交易中，如果交易对方违约，商业银行损失的仅仅是重新安排和替换现金流动的替换成本，而不是交易合同所代表面值的信用风险，所以有必要对这类项目进行特殊处理。《巴塞尔协议》提出了两种评估利率合约与汇率合约风险的方法，供各国选择。

（1）现时风险暴露法

运用这种方法计算利率合约和汇率合约风险时主要按两个步骤进行：第一，按照合约的市场价格计算出所有带正值的利率合约和汇率合约的替换成本总额，这是因为只有银行所标合约为正值时（即银行处于有利地位时），才有重置成本可言；如果商业银行处于不利地位，那么交易对方违约反而对银行有益，此时不存在重置成本。第二，根据合约的剩余到期日，以账面本金毛额乘以表2-2所列的核算系数，便可求得未来的信用风险额。

表2-2　现时风险暴露法换算系数

剩余到期日	利率合约换算系数	汇率合约换算系数
1 年以下	无	1.0%
1 年及 1 年以上	0.5%	5.0%

也就是说，按现时风险暴露法计算出来的利率合约或汇率合约的表内风险资产对等额 = 账面本金 × 换算系数 + 现时重置成本。

（2）初始风险暴露法

这种方法要比现时风险暴露法简单，它剔除了合约中的市价成分，仅根据特定合约的种类及其到期日（不是剩余到期日）确定换算系数，然后用账面本金乘以换算系数便可求得表内风险资产对等额。该方法的换算系数见表2-3。

表2-3　初始风险暴露法换算系数

到期日	利率合约换算系数	汇率合约换算系数
1 年以下	0.5%	2.0%
1 年及不足 2 年	1.0%	5.0%
以后每加 1 年递增	1.0%	3.0%

对于汇率合约来说，其到期日是初始到期日，而对于利率合约来说，

《巴塞尔协议》规定各国有权选择到期日是初始到期日或剩余到期日。

运用以上五种方法计算出表外资产的表内资产相应额之后，还要根据交易对方的性质确定相应表内资产的风险权数，求出这些表外资产的风险加权资产额，才可用于资本充足比率的计算。

（四）计算公式和比率要求

在以上对银行资本进行分类，对不同银行表内资产设立风险权数，以及对表外业务设立信用换算系数的基础上，我们便可以对银行的资本充足比率进行计算。概括起来，《巴塞尔协议》中规定的计算公式主要是：

$$表内风险资产 = 表内资产额 \times 风险权数$$

$$表外风险资产 = 表外资产额 \times 信用换算系数 \times 表内相对性质资产的风险权数$$

$$风险资产总额 = 表内风险资产 + 表外风险资产$$

$$一级资本比率 = \frac{核心资本}{风险资产总额} \times 100\%$$

$$二级资本比率 = \frac{附属资本}{风险资产总额} \times 100\%$$

$$资本对风险资产比率 = \frac{核心资本 + 附属资本}{风险资产总额} \times 100\%$$

$$= 一级资本比率 + 二级资本比率$$

《巴塞尔协议》的目标是，到 1992 年年底，国际大银行的资本对风险加权资产比率应达到 8% 以上，其中核心资本至少要占总资本额的 50%，即一级资本比率最低应为 4%。这样，商业银行便可对自身资产、资本及表外业务进行分析，从而计算出资本对风险资产的比率及其他比率，评估是否达到《巴塞尔协议》的标准。

四、商业银行资本的筹集与管理

在银行资本的筹集管理过程中需要解决的主要问题是应该通过什么途径来筹集银行资本，如何权衡各种筹集银行资本方式的利弊并做出最佳选择，在银行资本筹集管理的过程中需要注意些什么。关于商业银行通过什么途径来筹集银行资本的问题实际上已经在分析银行资本一般构成的过程中得到解决，即通过股份资本、债务型资本与其他资本等基本途径来筹集。关于在银行资本筹集过程中如何权衡利弊并做出最佳选择，以及相关的问题可以在下面的分析与阐述中得到解决。

（一）筹资途径选择

无论商业银行选择什么筹资途径（通常是选择发行普通股份途径），它都必须筹集到足够的开业资本。因为具备一定数量与质量的开业资本是商业银行设立的先决条件。商业银行的开业资本必须与银行的经营宗旨、经营规模、业务范围与服务项目相适应，至少要满足国家金融管理当局所规定的最低注册资本数额、最低货币资本限额与最低外汇资本限额的要求。商业银行选择发行普通股份途径来筹集开业资本时，一般要将普通股份先出售给予与银行关系最密切的投资者（通常是银行创办者），然后才能将普通股份出售给予与银行关系比较密切的投资者，如果普通股份发行的数量比较大，则可以将一部分普通股份出售给社会公众。商业银行坚持这样的普通股份发行顺序是十分必要的。否则银行创办者的初衷就难以实现，因为这涉及银行投票权与控制权的问题。商业银行选择发行普通股份途径来筹集开业资本的另外一个关键问题是如何合理地确定普通股份的发行价格。发行价格是否合理，通常可以看它是否有利于普通股份的发行，是否能够被投资者所接受来判断。如果发行价格不合理，商业银行难以顺利筹集到足够的开业资本，即使发行出去了，也会影响到普通股份在二级市场上交易价格的稳定性，从而有损于银行的社会形象。如果发行价格合理，商业银行还要考虑是否有利于形成一定的资本盈余，尽管获取资本盈余并不是商业银行发行普通股份的主要目的。

商业银行应该选择发行股份资本形式作为筹集银行资本的主要途径，因为银行可以获得永久性使用的银行资本。银行股份资本通常可以分为普通股份与优先股份。由于普通股份持有者与优先股份持有者享有的基本权利极不相同，而且发行普通股份或者发行优先股份筹集银行资本各有利弊，因此银行在股份资本的筹集管理过程中需要做好以下工作：第一，在正确权衡发行普通股份与发行优先股份利弊的基础上做出最有利于银行的选择。这种选择通常是以发行普通股份作为主要的筹资途径，以发行优先股份作为辅助的筹资途径。第二，注意协调与处理发行普通股份与发行优先股份两种途径的关系，以利于银行股份资本的形成。具体做法可以概括为"扬长避短"。例如，为了充分发挥发行普通股份的优点并克服其缺陷，银行可以考虑发行一些非参与性普通股份；为了充分发挥发行优先股份的优点并克服其缺陷，银行可以考虑发行一些累积性优先股份、可转换优先股份、可赎回优先股份与参与性优先股份等。总之，既要发挥发行普通股份的主渠道作用，又要尽量避免由此产生的各种负面影响。第三，银行在通过发行普通股份筹集到银行资本以后，要及时促成银行所发行的普通股份上市交易并采取措施保持交易价格的稳定。因为投资者购买普通股份是以它可以流通转让为前提的，而普通股份流通转让的先决条件是国家金融管理当局允许它上市交易。保持普通股份交易价格的相对稳定对商业银行同样十分重要，因为普通股份交易价格在一定程度上反映了银行经营管理的状况、银行信誉程度、投资者对银行的认同与银行股东权益的实现等。

（二）《巴塞尔协议》与商业银行资本的管理

《巴塞尔协议》是自 20 世纪 80 年代以来引起世界各国金融界高度关注的、划时代的文件，它对各国银行的监管和发展具有深远意义，也是对传统资产负债管理的突破。我国表示按《巴塞尔协议》监管我国的金融业。《巴塞尔协议》的实质是要求对国际性银行实行资本风险管理，通过资本充足的标准比率来监管和衡量各国的商业银行。《巴塞尔协议》对银行资本管理起着重要作用，具体表现在以下几个方面。

1.《巴塞尔协议》规范了银行监管标准

《巴塞尔协议》着重从定义资本和风险资产两个方面做出明确规定：一方面将资本定义为核心资本和附属资本两类，并严格规定了两类资本的构成和限制条件；另一方面将银行资产按照规定的风险权数换算成风险资产，因此计算资本与风险资产比率，协议要求国际性银行在 5 年过渡期的资本充足率达到 8%，其中核心资本达到 4%，通过资本充足的标准比率目标监管和衡量国际性银行，以迫使各国银行按照统一标准调度资本与资产结构，增强资本实力，减少风险资产规模，规范其经营行为；若达不到统一标准比率，在国际金融业务中将受到歧视与限制，使其在国际竞争中处于不利地位。

2.《巴塞尔协议》深化了银行管理模式

《巴塞尔协议》的实施使银行以资本充足率替代资产规模成为衡量其实力与信誉的首要标志。这一转变使银行从传统的资产负债管理走向风险资产管理。这是对传统的银行资产负债管理理论与模式的突破。

资产负债管理注重资产与负债之间的配套，以资产与负债的双向调整来满足不断扩张的资产需求，但它忽略了资产与资本的关系，易形成低资本、高负债的高风险经营方式。这不仅会给银行经营带来隐患，还会造成国际银行之间的不平等竞争。

《巴塞尔协议》设计的以资本充足率作为银行监管的核心，其实质是对各国银行实行风险资产管理模式。通过风险资产的管理，银行必须保持资本适宜度，强调风险资产与资本两者之间的关系，从而自觉控制风险资产与总资产的比例，维护资本与风险资产比率，由此来约束其过度扩张，同时迫使资产运用向低风险倾斜。

（三）《巴塞尔协议》扩展了银行监管的范围

《巴塞尔协议》的监管范围由资产负债表内业务扩展到了表外业务，资产负债业务是银行业在激烈的市场竞争与自身利益驱动下发展起来的，由于银行业务负债成本的不断上升，资产与负债之间利差的缩减造成盈利水平下降，各国银行为了生存与发展，大力拓展金融创新业务，如担保、回购、中介等，此等业务一般不反映在资产负债表内，传统的银行监管只针对表内项目。事实上，表外业务也会给银行业务带来风险。为此，巴塞尔协议把表外项目也纳入风险管理中，风险换算系数换算成表内项目，再与资本结合计算资本充足率，这样便把银行业务全部纳入监管框架之中。

（四）债务型资本筹集管理需要特别注意的问题

第一，必须十分明确债务型资本的性质。债务型资本是介于银行股份资本与银行存款负债之间的一种附属债务，是银行非永久性资本。债务型资本的性质决定了发行资本期票与资本债券不能作为商业银行筹集银行资本的主要渠道，而只能作为筹集银行资本的辅助渠道，同时在商业银行资产负债平衡表中的资本项下也不包括银行二级资本。

第二，要特别注意关于债务型资本计量的限制，这对于通过发行资本期票与资本债券来筹集银行资本是十分关键的。不同国家的金融管理当局对债务型资本的管制态度是不同的。有的国家就不允许将债务型资本计算为银行二级资本。即使在允许将资本期票与资本债券计算入银行二级资本的情况下，金融管理当局也会规定许多具体的限制条件。其中最主要的限制就是在债务型资本计量时将其打折扣。这种折扣主要体现在两个方面：一是银行二级资本数额在银行资本总量中所占比重不得超过银行一级资本数额的50%；二是银行债务型资本的折扣率的高低取决于资本期票与资本债券偿还期限的长短，即偿还期限越长，计算为银行资本的比例就越高。

第三，是否利用发行资本期票与资本债券的方式来筹集银行资本，通常要根据金融管理当局的管制规定与银行本身的具体情况，在充分权衡利弊之后做出决定。同时为了扬长避短，银行可以考虑除了发行资本期票与资本债券以外，发行一种有可能转换成普通股份的"可转换资本期票"或者"可转换资本债券"来筹集债务型资本。

（五）银行其他资本筹集管理需要注意的问题

第一，虽然其他资本的筹集不是商业银行筹集银行资本的主要渠道，但它在银行资本的筹集过程中占有不可忽视的地位。

第二，银行在其他资本的筹集过程中，对有些其他资本的筹集不必加以选择，而只需按金融管理当局的规定进行管理。例如，营业盈余必须按照金融管理当局的硬性规定提留，当然商业银行也可以参照国家的有关规定按照更高的比例提留，银行储备也必须按照金融管理当局规定的最低限额提取。

第三，在银行其他资本的筹集过程中，有些其他资本的筹集是必须根据银行本身的实际情况来加以选择与管理的。例如，资本盈余的获取。资本盈余实际上就是银行发行普通股份的溢价部分。银行能够溢价发行普通股份固然是好的，但普通股份的发行价格并不完全由银行自己来决定。即使银行能够在发行普通股份的定价过程中起主导作用，银行也要考虑到普通股份的发行价格是否有利于股票的发行、股票市场交易价格的稳定与维持银行较高信誉等问题。再如，留存盈余的提留。虽然留存盈余是商业银行筹集银行资本的重要渠道，但是否留存盈余和留存多少盈余却是需要进行慎重考虑与合理选择的。留存盈余必须经过股东大会表决通过。股东在决定是否留存盈余和留存多少盈余时必须进行留存盈余与新股发行的比较分析，只有在有利于银行股东与银行本身的条件下才能考虑留存盈余。同时要结合国民经济运行状况、银行经营规模、银行信誉维护、国家税收情况与股票市场价格等因素进行综合分析，只有在利大于弊的前提下，并且具备抵销各种不利因素影响措施的条件下，商业银行才可以提取留存盈余作为银行资本。

第四，关于银行其他资本的其他来源，即所谓的"银行持股公司债券"与"售后租回"，能否成为银行筹集银行资本渠道的关键，在于它是否具备存在的先决条件。即使在"银行持股公司债券"与"售后租回"已经存在的情况下，商业银行一般也很少采用这种方式来筹集银行资本，因为它是在特定条件下产生的一种特殊的筹资方式。

第五，需要强调指出，商业银行在进行银行资本筹集管理的过程中，需要注意各种不同筹资方式之间的有机联系并加以综合运用。对于已经筹集形成的银行资本，需要注意各种不同性质的银行资本应该在全部银行资本中占有的适当比重，以保持银行资本结构的合理性。同时需要注意将银行资本筹集管理与银行的设立、开业、经营、发展的全过程有机结合起来。在银行资本总量管理方面，应该做到银行资本持有量与最佳银行资本需要量保持动态的平衡。

第三节 商业银行理财业务管理

一、商业银行理财业务概述

（一）商业银行理财业务的内涵

理财业务是当前商业银行推出的重要金融产品之一，它将客户资金、客户关系、管理与投资等多个方面更加紧密地联系在一起，向客户提供更为专业和全面的理财服务。当然，理财产品能够很好地反映出一家银行的业务水平，是商业银行转向全方位多功能银行的必要条件。全球最著名的咨询管理公司麦肯锡公司曾对银行行业发展方向做了预估，预测 2020 年理财产品将成为银行吸引顾客的重要产品。

目前，国内不同学者对商业银行理财业务内涵的理解是不一样的。第一种观点认为，商业银行理财产品是商业银行自行开发、设计、销售或与合作机构共同开发并代为销售的资金投资与管理计划。这些资金投资与管理计划通常是由商业银行为了在基于潜在目标投资者的细分上，更好地对特定的目标客户群所提供的进一步服务，通常情况下投资得到的收益要比银行存款的利率高，但是它的投资所具有的风险是由投资者或者是投资者与商业银行依据约定的方式来承担的。第二种观点认为，商业银行理财业务是商业银行根据客户要求，围绕着客户的实物性资产、现金流收支状况，还有客户收入、投资与消费和风险承受能力，制定一套能实现个人资产收益最大化的理财产品。一些国外商业银行早已把个人理财业务视为零售业务的重要组成部分，并且研发出更成熟的产品、理财服务、理财管理与操作。个人理财业务也可以针对处于不同人生阶段的人来进行个人财务安排，既能满足个人投资回报与风险的不同要求，又能满足个人资产的保值增值。依据《商业银行个人理财业务管理暂行办法》规定，个人理财业务指的是商业银行为个人客户提供的财务分析、财务规划、投资顾问、资产管理等专业化服务活动。第三种观点认为，理财业务是商业银行利用自身所处的经济枢纽地位、先进的科技设备和营销理念，为社会公众提供咨询、委托、保管组合最佳投资方案，通过存款结构方案和设计远期目标方案帮助客户实现最佳投资回报率的综合性业务。其中，个人理财是指在对个人收入、资产、负债等数据进行分析整理的基础上，根据个人对风险的偏好和承受能力，结合预定目标运用诸如储蓄、保险、证券、外汇、收藏、住房投资等多种手段管理资产和负债，合理安排资金，从而在个人风险可以接受的范围内实现资产增值最大化的过程。由此可以看出，现代意义的个人理财不同于单纯的储蓄或投资，它不仅包括财富的积累，还囊括了财富的保障和安排。财富保障的核心是对风险的管理和控制，也就是当自己的生命和健康出现了意外，或个人所处的经济环境发生了重大不利变化，如恶性通货膨胀、汇率大幅降低等问题时，保障自己和家人的生活水平不至于受到严重影响。第四种观点认为，商业银行理财业务由商业银行自行设计和发行，然后通过分析和预估客户的财富状况，根据客户的需求协助客户选择理财产品，将募集到的资金投资到相关经济市场，或者购买一些金融产品。银行得到投资收益后，根据合同约定，把收益分配给投资人的一种投资行为。金融产品就是根据不同的投资者、不同的投资方式和偏好，拓展出各种各样的理财产品，从而得到相应的效益。商业银行以理财产品这种方式为工具，在向客户提供理财服务的同时获取利益。

为了之后研究的顺利进行，我们有必要对商业银行理财业务的内涵有自己合理的认识。本书认为，目前个人理财所包含的范围较广，针对研究的方向不同，所产生的认识也是各有各的说法。笔者所探讨的商业银行理财业务属于商业银行的一项中间业务，又称财富管理业务，是商业银行利润的重要组成部分。从国际上成熟的个人理财服务来看，商业银行理财业务是指商业银行运用获得的客户信息与创造的金融产品，再综合分析客户的财务状况、风险承受能力、个人偏好的情况，了解客户的需求，帮助客户个人制定合理的、科学的、全面的财务管理目标、计划，最终以金融产品来完成客户资产的合理使用，以实现个人资产的保值增值。其间，银行在为客户提供满意服务的同时也为自己带来了丰厚的利润。根据相关学者的研究，在营业实践中，商业银行为更好地规划和发展理财业务，通常将其分为结算类业务、咨询类业务、个人贷款业务等不同的类别。而从这些内容上来看，笔者认为现代的银行理财业务不同于现有信托业务和零售业务或者投资业务，它更像是一种全新业务，虽然具有信托类产品的特点，但其业务受理的并非单纯的投资，而是资产的保值与合理使用，尽可能减少金融风险。理财业务在生活中越来越多地受到认可，商业银行能够用它提高风险对冲，有利于银行间的合理竞争，同时获得客户忠诚度，也顺应了社会发展的需求。

（二）商业银行理财业务的种类

随着利率市场化的加快推进与互联网金融等新技术的冲击，传统业务赖以生存和发展的客观基础发生了根本性转变。按照不同的参数，商业银行理财产品有以下五种分类方法。

1. 按货币分类

按货币来分，商业银行理财产品分为人民币理财产品、外币理财产品和双币理财产品。

2. 按风险和收益类型分类

按风险和收益类型划分，商业银行理财产品可以分为保证收益型产品、保本浮动收益型产品、非保本浮动收益型产品。这几类理财产品均面临着市场风险、流动性风险和汇率风险（外币产品）。一般来说，保证收益型产品的投资风险小于保本浮动收益型产品与非保本浮动收益型产品。

（1）保证收益型产品是指产品到期后，银行承诺向投资者支付本金及固定收益的银行理财产品，包括固定收益理财产品和有最低收益的浮动收益理财产品。固定收益类理财产品的收益是在合同中写明了的，如年化收益 5%，无论实际投资标的盈利如何，银行均承诺到期还本付息；有最低收益的浮动收益理财产品一般是在合同中约定一个收益的区间范围，如 3% ～ 5%，而最终的收益落在哪个点上，取决于实际投资获益的情况。这里的 3% 即是银行保证支付的最低收益。

（2）保本浮动收益型产品是指产品到期后，向投资者保证本金安全，本金以外的投资风险由投资者自担的一类银行理财产品。本金保障的前提是产品持有到期或产品提前终止，如果提前赎回，则不仅不能保证本金安全，还可能得支付相应的违约金或手续费。另外，如果是外币产品，也不保证兑换成人民币后的本金安全。

（3）非保本浮动收益类产品指商业银行根据约定条件和实际收益水平向投资者支付收益，并不保证投资的收益和本金安全的一类银行理财产品。由于发行机构不承诺理财产品一定会取得正收益，有可能收益为零，甚至有可能收益为负。该类产品的投资风险完全由投资者承担。

3. 按投资对象分类

根据投资对象划分，商业银行理财产品大致可分为债券型、信托型、资本市场型、挂钩型及 QDII 型产品。

（1）债券型理财产品是指银行将资金主要投资于货币市场，一般投资于个人无法直接投资的央行票据和企业短期融资券，还有同业拆借、短期证券市场、债券衍生市场目标的理财产品。债券型产品的主要投资对象包括短期国债、金融债、央行票据、协议存款等期限短、风险低的金融工具。

（2）信托型本币理财产品主要投资于商业银行或其他信用等级较高的金融机构担保或回购的信托产品，也有投资于商业银行优良信贷资产收益权信托的产品。

（3）资本市场型理财产品主要指投资于股票、债券、基金的理财产品。

（4）挂钩型本币理财产品也称为结构性产品，有的产品与利率区间挂钩，有的与美元或者其他可自由兑换货币汇率挂钩，有的与商品价格，主要是与国际商品价格挂钩，还有的与股票指数挂钩，本金用于传统债券投资，而产品最终收益率与相关市场或产品的表现挂钩。

（5）QDII 型本币理财产品是指银行将客户委托投资的人民币资金兑换成美元在境外投资，到期后将美元收益及本金结汇成人民币后，将本息分配给客户的理财产品。

4. 按投资期限分类

按照期限划分，银行理财产品一般可以分为超短期产品（委托投资期限一个月以内）、短期产品（委托投资期限 1～3 个月）、中期产品（委托投资期限 3 个月至 1 年）、长期产品（委托投资期限 1 年以上）、开放式产品（产品可以每天或者在约定的日期申购、赎回）。

通常情况下，期限越短，流动性风险越小，反之，则流动性风险越大。对流动性要求较高的投资者可以选择开放式产品，期限较短的产品或含有提前赎回条款、可质押贷款等条款的产品，通过提前赎回、质押贷款等方式获得流动性。

5. 按设计结构分类

按照设计结构划分，银行理财产品分为单一性产品和结构性产品。商业银行单一性理财产品是指投资单一标的的理财产品。商业银行结构性理财产品是指交易结构中嵌入了期权之类的金融衍生产品的理财产品。由于金融衍生产品一般是保证金交易，可以小博大，商业银行结构性理财产品风险和收益率比商业银行单一性理财产品更高。

（三）商业银行理财业务的特征

1. 商业银行理财业务的一般特征

商业银行理财业务包括技术性和服务性两个方面的性质。金融产品的无差异化现象在其易模仿性的影响下已经变得越来越普遍，然而对于服务而言则并不是这样，它的存在与技术性并无必然关系，也没有生命周期性的限制，商业银行理财业务的优良收入与经营行为的方式是其得到客户信任的、独特的服务模式。商业银行理财业务具有以下一般特征：一是理财产品是由商业银行自行开发设计并发行的，凸显了商业银行在设计和投资方面的主动性和自觉性；二是商业银行理财产品是制式产品，其合同的制定有严格的要求和统一的标准。三是按理财产品约定的用途进行投资和管理，无论是银行还是信托公司，都必须遵守资金使用用途的规定，在中途不能随意变更。

2. 国（境）外商业银行理财业务的特点

发达国家或地区的个人理财业务比我国个人业务历史更加悠久，种类繁多，它们可以混业经营，个人理财业务产品包括广泛的金融产品。个人理财业务具有范围广、风险低、批量大等优势，在商业银行发展中发挥了很重要的作用。国（境）外商业银行个人理财业务的主要发展特点有以下几个方面。

第一，以"市场为导向、客户至上"的营销观念。"一对一"式对客户进行服务，尊重客户的隐私权，提供高雅舒适的营业环境，设备先进，功能完善，可以为客户提供各种理财服务。国（境）外银行的普遍营销理念是银行所有的任务都是为了让客户满意，一个真正以客户为基础的企业通过寻找目标市场，充分了解市场需求，积极做出回应并提供相应的产品或服务，从而最终实现其财务目标。随着竞争的日益加剧和消费者购买行为的转变，国（境）外商业银行已经逐步树立起了以客户为导向的营销理念。在这种营销理念指导下，国（境）外银行十分看重客户的消费心理，并想以此实现对客户的最佳服务。这种营销理念使国（境）外商业银行个人理财业务不断发展并成为银行的主要盈利业务。

第二，多功能型个人理财服务。除了一般性理财服务——存款、贷款、基金之外，商业银行还能为客户提供商事合作、资金安排、税务代理、电子银行等服务。国（境）外商业银行通常将差异化服务看作个人理财业务发展的基本思路和基本经营方式。国（境）外商业银行能够根据不同客户的年龄、职业、收入、家庭等情况开展专业理财咨询，能够为客户提供符合自身特点的个性化理财方案，并帮助客户实现财务目标，这是国（境）外商业银行个人理财业务的普遍模式。在这样针对个人的理财模式下，银行将发现并满足客户在人生各个阶段的不同理财需求，将这种合作关系作为个人理财经营的重要原则，也是国（境）外商业银行个人理财业务个性化的主要体现。

第三，信息科技应用普遍，建立起了综合化、立体化服务网络。国（境）外商业银行一个显著的特点就是将信息科技与理财业务相结合。在国（境）外，信息科技在个人理财业务中的应用相当广泛，这就对银行个人理财业务的拓展起到了推动作用。银行机构与客户实现沟通手段的多样化，不但包括传统的营业网点、ATM 等方式，而且客户还可以通过互联网、E-mail、电话、无线接入设备等诸多方式办理账户查询、转账等理财业务。国（境）外银行信息技术的客户关系管理系统应用广泛，银行能够通过数据库对客户的信息实行较为全面的管理和一定深度的分析，为客户提供个性化、定制的理财服务，这样就使面对客户提供个性化的理财服务成为可能。国（境）外商业银行在网络化技术上更是不惜成本，重点投入建设先进的自助服务系统，以便提高管理效率。国（境）外商业银行拥有先进的自助服务系统，为客户提供方便与快捷的个人理财服务。比如，恒生银行香港分行，该网点的自助银行服务区都在一楼，自助理财设备种类齐全，包括多台存取款机、多功能柜台机、查询机、上网电脑、电话、存折打印机、支票处理机、外币自助兑换机、自助金库等，可以通过自助服务系统来办理存取款、查询、转账、挂失、打印、缴费、兑换、汇款等银行柜台业务，很好地代替原来传统柜台服务。

第四，完善的营销管理体系。普通营销人员在银行中所占比例较高，普遍重视对客户的投资目的、风险偏好的研究，重视产品的营销策略组合，力求最大限度满足客户需要。对于商业银行而言，理财业务究其根本就是一个分销渠道。理财业务中的客户关系管理又被称为数据库营销，其根本就是商业银行通过对数据库的挖掘，进而对市场进行细分，针对不同的客户实行差别化的营销策略，从而达到商业银行和客户双赢的目的。占客户群 20% 的优质客户往往能够实现总利润的 80%，相比而言，大量的客户带来的只是较大业务量，并不是利润。现在的情况是客户资源缺乏，理财人员的能力有限，这就使商业银行越来越重视优质客户的价值，越来越将优质客户作为发展的重点。国（境）外先进的商业银行在个人理财业务方面业绩突出，其客户关系管理制度起着相当重要的作用，目前这种客户关系管理制度越来越健全，商业银行与客户建立起了连续的关系，这种客户关系管理制度的完善使国（境）外商业银行能够与客户达成长期合作，有利于稳定客户资源，防止客户资源的流失。

第五，理财人员专业化，综合素质较高。在国（境）外商业银行，个人理财业务的业务人员普遍综合素质较高。理财规划师的各种认证考试、行业组织也很多，高水平、专业化的从业人员逐步成为推动个人理财业务发展的重要方面。理财人员能够熟练掌握证券、基金、法律等多个方面的专业知识，银行个人理财业务的专业性较高。同时，国（境）外商业银行十分注重对理财人员的培训，在人员的培训上花费了大量的时间，目的就是提高人员的综合素质，从而能够为客户提供更加高效、优质的服务。国（境）外商业银行的理财经理往往具有雄厚的金融背景、良好的人际关系和公关能力，他们会定期参加各种培训，以此来熟悉最新的理财产品，并能根据每个客户的财务状况及风险偏好，遵循个人财务策划执业操作规范流程，制定不同的投资策略及收益目标，并根据最新市场动态及时修正投资方案。

3.我国商业银行理财业务的特点

近几年，我国商业银行理财业务发展迅速，有关建设也日益完善，在金融业务中占有重要地位，纵观我国商业银行理财业务的发展，主要特点如下。

（1）理财市场需求潜力巨大

随着社会经济的发展，社会的财富格局也在逐步变化，居民的个人财富不断积累。我国经济不断发展，几年来我国居民的可支配收入也在不断增长，根据国家统计局资料显示（图2-4），2019 年全国居民人均可支配收入30 733 元，比上年增长 8.9%，扣除价格因素，实际增长 5.8%。全国居民人均可支配收入中位数 [①] 26 523 元，增长 9.0%。按常住地分，城镇居民人均可支配收入 42 359 元，比上年增长 7.9%，扣除价格因素，实际增长 5.0%。城镇居民人均可支配收入中位数 39 244 元，增长 7.8%。农村居民人均可支配收入 16 021 元，比上年增长 9.6%，扣除价格因素，实际增长 6.2%。农村居民人均可支配收入中位数 14 389 元，增长 10.1%。按全国居民五等份收入分组，中间收入组人均可支配收入 25 035 元，中间偏上收入组人均可支配收入 39 230 元，高收入组人均可支配收入 76 401 元。全国农民工人均月收入3 962 元，比上年增长 6.5%。

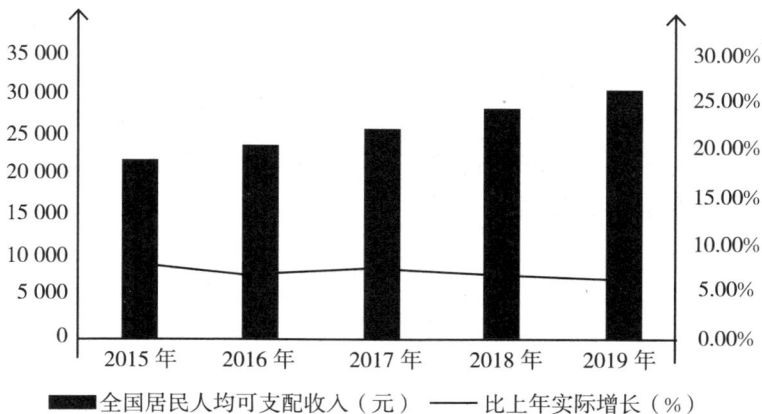

图 2-4　2015—2019 年全国居民人均可支配收入及其增长速度

---

① 　人均收入中位数是指将所有调查户按人均收入水平从低到高（或从高到促）顺序排列，处于最中间位置调查户的人均收入。

（2）商业银行理财产品丰富

近年来，随着我国商业银行个人理财业务不断发展，理财产品日益丰富，如人民币理财产品、外汇理财产品、开放式基金、信托产品等一系列理财产品涌入市场，这使得银行能为客户提供更多的选择方式，主要包括三大类的理财产品，一类是准货币市场基金类型的产品，主要投资对象为短期金融工具；另一类是结构性存款，是衍生金融工具和传统存款业务的结合；还有一类是固定收益组合理财产品，收益较为稳定。同时，随着理财市场的竞争加剧，各个商业银行纷纷向市场推出具有特色的理财产品，此类产品数量多，特点鲜明，极大地丰富了我国商业银行的理财产品。还有我国商业银行外汇理财市场日益活跃，在股市和金市的影响下，推出了一系列和股指、黄金价格挂钩的外汇理财产品，使得我国理财市场的品种得到了进一步的丰富。

（3）银行业理财产品存续及发行情况良好。

①理财产品余额总体保持平稳

银行业理财登记托管中心与中国银行业协会联合发布的《中国银行业理财市场报告（2019 年上半年）》（下称《报告》），对我国银行业理财产品的存续、发行、投资及收益做出了详细分析。《报告》认为，2019 年上半年，我国银行理财业务总体运行平稳，净值型产品存续与发行规模持续增长，同业理财规模与占比持续"双降"，新发行封闭式理财产品平均期限增加，理财资金配备以标准化资产为主，新发行理财产品以中低风险产品为主，呈现出稳健和可持续的发展态势。截至 2019 年 6 月末，全国共有 384 家银行业金融机构有存续的非保本理财产品，共存续 4.7 万只，存续余额 22.18 万亿元，产品余额近两年基本保持稳定。非保本理财产品余额在季度内呈现"前高后低"的变化趋势，如图 2-5 所示。

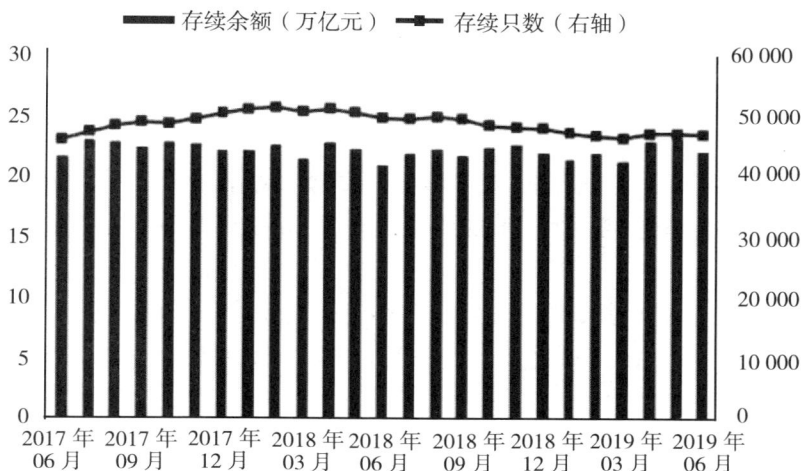

图 2-5　2019 年上半年银行业理财市场非保本理财产品存续情况

②发行机构以大型银行和股份制银行为主

报告显示，目前国有大型银行非保本理财产品存续余额为 8.13 万亿元，同比增长 3.77%，市场占比 36.68%；全国性股份制银行非保本理财产品存续余额为 9.08 万亿元，同比增长 7.53%，市场占比 40.94%。

城市商业银行和农村中小银行非保本理财产品存续余额虽有增长，但是市场占比低，并非主流。

③开放式产品占比较高

目前，银行理财开放式非保本理财产品存续余额为 14.97 万亿元，占全部非保本理财产品存续余额的 67.51%；存续余额同比增长 2.63 万亿元，增幅为 21.34%。

开放式产品全年累计募集资金 47.91 万亿元，占非保本理财产品募集总金额的 86.16%，占比同比上升 3.18 个百分点；封闭式产品全年累计募集资金 7.69 万亿元，占非保本理财产品募集总金额的 13.84%。

封闭式非保本理财产品存续余额为 7.21 万亿元，占全部非保本理财产品存续余额的 32.49%。就发行情况来看，新发行封闭式非保本理财产品加权平均期限为 185 天，同比增加约 47 天。

新发行 3 个月（含）以下封闭式产品累计募集资金 1.38 万亿元，同比减少 2.23 万亿元，降幅为 61.71%；占全部新发行封闭式非保本理财产品募集资金的 17.95%，占比同比下降 16.62 个百分点。

④净值型产品发行力度不断加大

《报告》还指出，"资管新规"和"理财新规"发布后，我国银行理财净值化转型有序推进，净值型产品存续余额及占比持续增长。

截至 2019 年 6 月末，净值型非保本理财产品存续余额 7.89 万亿元，同比增长 4.30 万亿元，增幅达 118.33%；净值型产品占全部非保本理财产品存续余额的 35.56%，其中，开放式净值型产品占全部净值型产品比例为 82.84%。

净值型产品累计募集资金 21.82 万亿元，同比增长 10.11 万亿元，增幅为 86.39%；净值型产品募集资金占全部非保本产品募集资金的 45.39%，占比较上年同期上升 17.77 个百分点。

⑤产品投资性质以固定收益类为主

截至 2019 年 6 月末，固定收益类理财产品存续余额为 16.19 万亿元，占全部非保本理财产品存续余额的 72.99%；混合类理财产品存续余额为 5.92 万亿元，占比为 26.68%；权益类理财产品占比为 0.32%，而商品及衍生品类理财产品占比较少。

⑥同业理财规模与占比"双降"

截至 2019 年 6 月末，同业理财存续余额 0.99 万亿元，首次降至 1 万亿元以内；同比减少 0.77 万亿元，降幅为 43.69%，较 2018 年年初减少 2.27 万亿元，降幅达 69.67%；占非保本理财产品存续余额的 4.45%，较 2017 年年初的 23% 下降逾 18 个百分点，"资金空转"现象明显减少。

（4）银行业理财产品投资资产及收益情况良好

报告指出，如果从资产配置情况来看，截至 2019 年 6 月末，银行非保本理财共持有资产余额 25.12 万亿元。

其中，存款、债券及货币市场工具的余额占非保本理财产品投资余额的 66.87%。债券是理财产品重点配置的资产之一，在非保本理财资金投资各类资产中占比最高，达到 55.93%。

在非保本理财持有的债券资产中，国债、地方政府债券、中央银行票据、政府机构债券和政策性金融债券占非保本理财投资资产余额的 7.84%。

商业性金融债券、同业存单、企业债券、公司债券、企业债务融资工具、资产支持证券和外国债券占非保本理财投资资产余额的 48.09%。

《报告》还指出，2019 年上半年，非保本理财产品累计兑付客户收益

4 801 亿元。其中，公募产品累计兑付客户收益 4 556 亿元，占全部非保本理财产品累计兑付客户收益的 94.90%。

从分机构类型来看，国有大型银行累计兑付客户收益 1 585 亿元，占比 33.01%，全国性股份制银行累计兑付客户收益 2 068 亿元，占比 43.08%。

从收益率上看，上半年封闭式非保本产品按募集金额加权平均兑付客户年化收益率为 4.61%，同比下降约 34 个基点。2017 年下半年以来，封闭式非保本理财产品加权平均兑付客户收益率大致呈先上升、后下降的态势，与债券市场利率走势大致相符。

（5）理财业务风险基本可控

商业银行理财业务的风险总体上可以控制。银行理财产品基本完成了全流程的集中登记，应持续性地提高理财产品登记的数据质量，也应进一步加强理财产品的透明度。在理财资金投资的资产中，绝大多数是优质资产，风险比较低，与之对应的风险等级为"四级（中高）"和"五级（高）"的理财产品募集的资金在整个市场上只占有 0.55%。尤其是在商业银行理财产品实行了集中登记的方式之后，一般个人类的商业银行理财产品的注册码都是不同的，而且这些可以在中国理财网上查询到，这可以在很大程度上避免假冒产品的生成。相比许多 P2P 理财产品，银行的理财产品基本可以控制，而且银行属于实体行业，银行的发展和经济的发展息息相关，理财产品的定价也是和国家政策、经济发展相联系的，银行的理财产品定价都会在一个合理可控的区间内，而网上的一些理财产品都是通过高收益来诱导投资的，无论在哪投资，收益和风险都是成正比的，理财的风险控制可以衡量一个理财产品的好坏。目前，我国商业银行的理财产品基本都实现了联网查询，每一个理财产品的发售都有一个十分严格的产品说明书，有严格的资金流向控制，以保证每一笔理财产品的安全。

然而，我国商业银行理财业务缺乏高素质理财人员。我国商业银行理财业务涉及多个领域，如股票、债券、基金、保险、信托、外汇等，因此对理财业务从业人员有较高的专业知识要求，已明确从业人员的资格认证、专业知识、学历水平、职业素养、相关限制、法律责任。目前，各大商业银行的理财经理还只是初级阶段的水平，大多数还只是针对人民币理财业务。我国商业银行理财专业人员要具备相应的理财知识、行业经验、管理能力、法律修养，充分了解理财方面的法律法规和监管规则，理解所推介产品的理财风险，遵守职业道德，但我国商业银行目前还缺少这样的理财经理。

（6）投资者的风险意识薄弱

理财非存款，产品有风险，投资需谨慎。理财也存在风险，我国大多数居民对银行的信任度极高，认为只要把钱放到银行就肯定是安全的，对理财的风险重视度还不够高。银行的理财产品分保本和非保本、稳定收益和浮动收益，不是所有的理财产品都可以实现本息收回的，我国居民在购买银行的理财产品时，往往忽略风险，或是认为风险极低。由于每个人对风险的承受能力不一样，银行理财专业人员需要通过风险测试，以及通过客户的年龄和资产状况进行判断。

（四）商业银行理财业务发展历程

1. 国外理财业务发展进程

在西方发达国家，个人理财已得到迅猛发展。据统计，在过去的几年中，美国的个人理财业务每年的平均利润率高达 35%，年平均增长率达 1%。早在 1994 年，美国花旗银行 34 亿美元的总收入中有 18 亿是个人理财业务的收入。可以说，个人理财业务早已成为国外商业银行业务领域最重要的组成部分。西方商业银行经营的理财业务种类繁多，尤其是在各国纷纷打破分业经营的限制，实行混业经营以来，理财金融产品日新月异、层出不穷，包括存款账户服务、银行卡服务、信托服务、交易结算服务、私有权益投资服务、贷款销售服务、证券销售服务、保险服务、其他服务等。在发达国家和地区，总部位于英国的汇丰银行和总部位于美国的花旗银行，个人理财业务开展得比较好，也比较典型，它们也是国际上公认的提供优质个人理财服务的银行。

商业银行理财业务在瑞士最早出现，随后在美国兴起并发展成熟，之后在欧亚等发达国家和地区得到了迅速传播与推广。目前，理财业务已成为世界各大银行的主要业务之一，国外个人理财业务的发展从整体上看，大致经历了三个阶段。

（1）第一个阶段：初创期

理财业务的初创期大致时间为 20 世纪 30 年代到 20 世纪 60 年代。1929年 10 月，股票大跌，证券业被袭击得面目全非，这时资本市场给保险业带来了发展的机遇。同时这种大冲击使得个人开始考虑自己的资产配置和个人的财产规划。在这种状况下，一些推销员在推销自己的保险产品的同时，也开始做一些个人的资产配置和财产规划，为客户提供更安全、更稳定的理财咨询服务，他们普遍被称为"经济理财员"。尽管他们最初的目的是推销自己的产品，却成了现代理财的萌芽，并且有很强的生命力。从根本上来看，在这一时期，人们并没有对个人理财业务的概念有一个明确界定，个人理财业务是以保险产品和基金销售为主要形式。在该阶段中，通过雇用理财人员为客户做一个全面的理财规划服务的观念尚未形成。

（2）第二个阶段：扩张期

理财业务的扩张期是其形成与发展阶段，大致时间为20世纪70年代到20世纪80年代。随着社会对财务策划和相关专业人士需求的日益明显，为了向社会输送一些这样的专业理财师，1969年，国际理财规划师协会应运而生。随着商业银行竞争加剧、业务转型压力和金融创新的活跃，个人理财业务也开始从过去的以产品销售为中心逐步转向全方位了解客户和分析其财务状况、财务需求，并进一步融合了负债管理、资产管理，促进了理财业务向个性化和多样化发展。真正意义上的理财思想的出现是在"金融经济"的时代。随着经济的不断发展和家庭收入的不断增加，居民的可支配收入比重越来越大，对资产配置的需求开始增加，更多家庭开始考虑自己的整个资金链，对资产的考虑更加深入和长远。因此，一般的金融产品的推销模式已经不能满足人们的需求，人们需要的是更专业、更全面的理财规划服务。

（3）第三个阶段：稳定成熟期

在20世纪90年代中后期，经济回暖，个人理财业务日趋成熟，理财业务模式已从销售金融产品获取佣金为主转变成帮助客户实现其生活、理财目标。各个发达国家也相继打开金融管制的界限，商业银行、投资银行和保险公司可以相互进入对方的领域，银行的产品线得到了丰富。随着衍生金融产品品种的不断创新和扩大，商业银行可以为客户提供一站式的综合性金融服务，满足各种风险收益特征客户的需求。理财规划师逐渐得到社会认同并有了相关的考试制度。同时，理财业务开始成为一个独立的金融行业，理财规划师这种专业的技术人员成为金融市场上必不可少的一类人，成熟之后的理财规划师的主要业务是帮助客户实现其生活、财务的专业咨询，并能够通过一个规范的服务流程帮助客户有效地控制风险，从而防止客户利益受损。

在个人理财业务的迅速发展下，国外商业银行通过扩大自身优势、加大科技创新等方式，逐步提高自身竞争力，积极地进入个人理财市场，个人理财行业的竞争日益加剧。在欧美、日本等个人理财业务较先进的地区，大概有以下几类金融机构在个人理财市场中竞争。一是投资银行。摩根士丹利、德意志银行、汇丰集团、瑞银集团等综合性的投资银行是个人理财市场中的重要参与者。他们不再局限于以公司客户为主要目标市场，而是通过降低服务对象的资产数量标准，将那些拥有大量财富的个人客户纳入服务对象，以此来增加公司的服务项目，获取更多的利润。二是私人银行。作为西方个人理财业务的前身，私人银行一直存在并发展。传统意义上的私人银行是面向高净值人群，定位于极端富裕阶层的。鉴于为极端富裕阶层的客户提供服务的成本是很昂贵的，为了充分利用丰富的经验和广阔的品牌影响力，私人银行逐步开始向下开拓市场空间，将服务范围或者目标市场延伸至不断增加的大众富翁阶层。例如，英国的巴克莱银行虽然拥有自己的私人银行，但它仍然面向大众富裕群体推出了"贵宾银行"服务。三是新兴银行、理财门户网站。随着以互联网为代表的信息技术的广泛应用，以网上银行、在线理财业务为主的新兴银行和理财门户网站成为个人理财市场的新兴力量。新兴银行和理财门户网站能够充分利用网络的优势，以具有一定的财务知识、能够自主投资的新生代富裕阶层为目标群体，专门为其提供综合经济信息、网上投资、理财咨询等个人理财业务。

2. 我国理财业务发展进程

相较于国外银行个人理财业务，我国商业银行个人理财业务起步较晚，要清晰了解我国银行理财产品从少到多、从单一到多元、从简单到复杂的过程，感受产品创新对理财业务的强大推动力，首先要梳理我国银行理财市场的发展历程。整体来说，我国银行理财业务的发展主要经历了以下三个阶段。

（1）第一阶段：起步阶段

以外资银行产品、结构化产品、外币理财产品为主，2005年，五大国有银行开始全面开展理财业务。

2001年年底，我国正式加入WTO，做出了全面开放金融行业的承诺，成为我国金融业进行改革的最大外生动力，中国金融理财业务的发展也随之进入了一个新的时代。证券、基金、保险等投资市场虽然开始逐步形成，但影响甚微；金融市场的监管刚刚起步，尚存在诸多不足；受市场需求和监管两方面的影响，金融机构自身对产品的开发和创新动力不足，一些早期的理财产品，如证券投资基金和投连险还都处于尝试时期，金融机构为客户提供的理财服务普遍较简单。

2002 年以来，随着金融业对外开放程度的深化，市场竞争日益激烈，银行、保险、基金、信托、外汇等行业纷纷加大业务创新力度来提高综合竞争力。随着这些行业竞争意识的增强，相关金融产品与服务的社会宣传力度也不断扩大，公众对金融产品与服务的认知程度日益深化，金融理财市场初步形成，金融理财业务悄然兴起。从市场构成来看，证券投资基金获得了快速成长，资产规模进一步扩大，成了理财市场的主体；保险理财产品则由于"退保风波"而一度陷入停滞，经过三年低调的运行而逐步复苏；信托理财产品获得了巨大的发展，产品数量、种类和资金规模显著增长；经过两年整顿的证券公司在 2005 年 3 月才开始推出券商集合理财产品；银行理财产品由于收益率高于储蓄但风险较低而成为居民储蓄的替代选择，产品数量和资金规模迅速扩大，五大国有银行开始全面开展理财业务。

这一阶段，国内银行理财产品市场以外资银行产品、结构化产品、外币理财产品等为主，种类趋于多样化，设计创新有了明显突破。早在 20 世纪末，工商银行就推出了理财咨询设计、存单抵押贷款等理财顾问服务。2003 年，中国银行发行了我国首款外币理财产品——"汇聚宝"外汇理财产品；之后渣打银行、广东发展银行、中国民生银行和招商银行相继推出了大量外币理财产品。2004 年，光大银行推出了国内首款投资于银行间债券市场的"阳光理财 B 计划"，揭开了我国人民币银行理财产品的发行序幕；此后，中国民生银行、中信银行、招商银行等亦纷纷推出投资于央行票据、金融债券等金融资产的人民币理财产品，推动了人民币理财产品的发行。这一阶段，开展银行理财业务的机构较少，市场产品数量亦较少。据统计，截至 2005 年年底，约有 26 家银行开展了理财业务，当年理财产品余额约 2 000 亿元。

（2）第二阶段：探索阶段

商业银行自主发展理财业务。人民币理财产品占比迅速提升，资产配置更为灵活。受资本市场繁荣影响，推出的投资于新股申购和类基金理财产品深受市场欢迎，经历了早期的萌芽和兴起阶段，2006 年我国理财业务步入"快车道"，此后的两年多时间，我国理财市场逐步发展壮大。这一阶段是银行理财业务的探索阶段，各商业银行开始研究财富管理业务发展趋势及路径，总结财富管理经验，开始自主发展。面对日益旺盛的客户理财需求及存款市场的激烈竞争，各行不断加大理财产品的创新和发行力度，不断丰富和延伸理财品牌及价值链上的子产品。其主要特征：一是投资方式的多元化，投资于新股申购、信贷资产等金融产品的理财产品纷纷涌现，资产配置多元化。2006年6月，中信银行首倡人民币理财产品利用信托模式进行新股申购投资模式（双季理财3号），人民币理财资金进入交易市场。二是理财产品运作模式丰富，部分银行推出类基金理财产品及短期理财产品，深受市场欢迎。三是商业银行"跑马圈地"，获取大量理财客户，重视营销而忽略投资管理。

这一阶段，在内在需求与外部环境共同作用的情况下，各银行纷纷转变经营理念，银行理财业务也取得了较快发展。2006年年初，低迷多年的股市开始强势反弹，迎来难得一遇的大好行情，中国资本市场的爆发式增长及2006年6月第六次重新启动新股发行催生并直接助推理财业务快速增长。2005年，只有11家银行发售理财产品，发行数量仅有593种，募集资金有2 000亿元；2006年，发行银行比2005年增加了15家，发行数量翻了一倍，募集资金比2005年增加了一倍。2007年，有39家银行发行理财产品，发行数量为2 404种，募集资金比2006年增加了一倍。这一时期，理财产品之于社会公众的印象即"只要买就能赚，而且收益绝对高"，狂热的投资者支持理财业务一路走向巅峰至2007年10月。2008年，56家商业银行共发行银行理财产品4 456款，远高于2007年的发行数量，73款到期产品的平均到期收益率为4.52%，总体平均收益水平远高于定期存款利率。

银行理财业务繁荣局面的背后隐藏了诸多深层次矛盾。一是市场因素。这一时期，市场中理财工具总体较为匮乏，一旦出现回报好的理财产品，资金往往迅速聚集。无论是股票还是基金，上涨实际上是一种被资金"挟持"下的上涨，市场本身缺乏稳定性，泡沫的积聚以及后来的破裂最终导致不久以后的市场低迷。二是投资者心理因素。当时，投资者基于单一逐利目的而盲从选择。面对高回报，投资者收益期望持续膨胀。许多对于股票基金一无所知的民众经不住诱惑纷纷入市，很多投资者忽视投资潜在风险和内在价值，短期投资和一夜暴富的心态强烈，盲目跟风特征明显，进一步加快了市场泡沫的膨胀。三是金融机构自身因素。这一时期，多数金融机构自身的服务水平尚处于低端。不仅缺乏专业的产品设计人才，还缺乏专业的高端客户服务人员，使得其在合理引导投资者理性投资方面力不从心，从而客观上加剧了市场的虚假繁荣。

（3）第三阶段：腾飞阶段

人民币产品成为主流。银行顺应客户需求推出期限短、收益稳定、资金门槛不高的固定收益类产品。

经过投资损失的洗礼后，2009年，投资者信心回升，国内市场逐渐回暖，保守的投资倾向有所改变，股票、基金、房地产等投资方式占居民理财份额的比重不断扩大。2009年，共有6 824款理财产品到期，平均年化收益率为3.26%，比起2008年的4.52%的平均年化收益率来讲有明显的下降趋势，下降幅度近三成。储蓄、基金和一些风险低、期限短的银行理财产品仍是投资者的主要选择。自2009年起，人民币理财产品逐渐成为主流产品。国有银行则凭借其网点资源、客户资源、综合实力优势逐渐占据国内理财市场主导地位。投资管理日益受到重视，新股产品和权益类产品规模萎缩，全面的银行理财产品体系逐渐形成，且参与的金融机构众多。银行顺应客户需求推出期限较短、收益稳定、资金门槛不高的固定收益类产品。

这一阶段，银行理财业务的特点主要体现在以下两个方面：一是参与发行理财产品的银行数量、银行种类取得较大突破。截至2012年年底，全国有233家银行开展理财业务，涉及国家开发银行、5家大型银行、12家股份制银行、89家城商行、96家农村合作机构、29家外资银行及邮储银行。二是产品发行数量、规模呈高速增长态势。截至2012年年底，各银行共存续理财产品32 152款，理财资金账面余额7.10万亿元，较2011年年末增长约55%。

目前，我国银行理财产品主要是以短期，投资货币市场、债券市场、同业存款和债权类项目为主，这类资产风险相对较小。投向权益类资产的产品规模较小，且大多为高净值客户和私人银行客户理财产品。从全行业发展来看，商业银行仍然是发行主力，城市商业银行直逼国有银行；理财产品以非保本为主；人民币理财产品占据绝对主导地位，各类外币理财产品市场占比继续下降；超短期理财产品急剧萎缩，1至3个月期理财产品成主流；债券与货币市场类产品增幅减缓，组合投资类产品增长显著；单一结构性存款、信托贷款类产品向各金融同业参与转变，单一产品模式向组合类产品模式转变。

从当前国内财富管理市场来看，银行、信托、券商、保险、基金均不断加大财富管理业务的推动力度，但仍难以满足投资者需求。面对利率市场化的加速、金融脱媒现象的加剧，银行迫切需要转变经营模式和拓展收益渠道。面对竞争日益激烈的市场环境，唯有加快银行理财业务的创新步伐，以技术化手段为重点推进理财产品结构设计的创新；以渠道拓展和组合优化为重点推进理财资金运作范围的创新；以核心投资研究能力的提升实现产业金融、全投资品种、业务类型的覆盖；以工具优化为重点推进理财风险管理的创新；以品牌构建为重点推进理财产品营销的创新。只有通过负债结构与收益结构的转变，才能在同业竞争中立于不败之地。

二、商业银行理财业务发展现状

（一）理财能力状况

我国的个人理财业务目前还处于起步阶段，随着我国市场经济体制的发展，经济高速增长，居民收入水平也进一步提高，社会保障制度、住房制度、医疗制度等改革相继推出，在以上领域的支出中，个人或者是家庭承担的部分在不断加大，投资者逐渐开始寻求通过最优储蓄和其他投资工具的组合，使将来生活有所保证的同时扩大投资收益的来源。总而言之，经济的发展和各项体制的改革使人们开始更多地关注自己的财务状况，并做出妥当安排，以确保将来的财务自由和财务尊严，因此需要专业的理财规划人员提供专业化的服务。

随着外资金融机构的进入和相关金融创新产品的引进，金融市场的竞争也变得更加激烈，我国许多金融机构都将个人理财业务作为增强自身核心竞争力和扩大收入来源的关键，并大力开发和推出与个人理财规划有关的个人理财业务。近年来，我国商业银行以个人理财业务的创新和发展为突破口，并且普遍将这一业务视为在目前分业经营、分业监管体制下推动业务综合化发展的主要方向，个人理财业务的推广使银行、保险和证券等领域的交融进一步加深，也使商业银行资产、业务、收益和客户结构逐步优化。在内在需求与外部环境共同作用的情况下，各商业银行纷纷转变经营理念，银行理财业务也取得了较快发展。个人理财业务发展至今，逐步成为商业银行个人金融业务的重要组成部分。虽然个人理财业务尚处在发展的阶段，但由于其巨大的市场潜力，个人理财业务已被我国大多数商业银行作为发展的重点。

在全国性商业银行中，2020年第二季度理财能力综合排名前五的银行依次是兴业银行、中国工商银行、中国光大银行、华夏银行和中国银行（表2-4）。

2020 年第二季度，兴业银行表现优秀，运营管理能力和信息披露规范性均位列单项第一，发行和收益能力位居全国性银行三甲。综合来看，各单项表现优秀、稳健，助其综合理财能力维持在全国性银行第一位；中国工商银行在发行能力、投资者服务体系建设方面表现突出，两项均列全国性银行第一位，加之其他各项实力不弱，助其登上季度排名中的第二位；中国光大银行的运营管理能力、投资者服务体系和信息披露规范性单项得分在本季度排名中均位列前三，发行和收益能力得分位列全国性银行前五，助其位居全国性银行排名第三位。

在综合实力排名前十的全国性银行中，国有行和股份行数量比例为2∶8，股份行综合理财能力表现不俗。从市场表现来看，随着国有银行和部分股份制银行的理财子公司陆续获批开业并发行新产品，大型银行理财子公司的产品体系特色与产品布局方向日益清晰化，为我国理财业务独立化、专业化运作探明道路。

表2-4　2020年第二季度商业银行理财能力综合排行榜

排名	银行名称	发行能力得分	收益能力得分	运营管理得分	投资者服务体系得分	信息披露规范性得分	评估问卷得分	综合得分
1	兴业银行	24.47	15.34	24.00	16.18	10.14	94.48	90.97
2	中国工商银行	25.00	14.74	22.55	17.97	9.16	96.00	90.07
3	中国光大银行	22.91	14.95	23.38	17.71	10.04	98.00	89.88
4	华夏银行	21.54	14.97	22.96	17.96	10.02	99.00	88.6
5	中国银行	22.8	14.88	22.92	17.00	9.10	99.50	87.98
6	招商银行	24.48	14.70	21.73	17.02	9.71	91.00	87.97
7	中信银行	22.22	14.54	23.38	16.96	8.62	97.60	86.91
8	平安银行	22.18	14.59	23.10	16.72	8.81	98.60	86.73
9	渤海银行	21.44	15.79	20.97	17.30	9.97	97.80	86.7
10	广发银行	21.06	14.87	22.96	16.81	8.80	98.88	85.93
11	上海浦东发展银行	23.65	14.53	22.02	16.05	8.00	95.56	85.38
12	恒丰银行	19.60	15.73	21.93	16.01	9.06	98.60	83.96
13	浙商银行	19.61	14.65	21.84	16.41	8.72	98.20	82.93

排名	银行名称	发行能力得分	收益能力得分	运营管理得分	投资者服务体系得分	信息披露规范性得分	评估问卷得分	综合得分
14	中国建设银行	22.19	12.53	22.89	17.18	6.66	95.20	82.83
15	交通银行	22.02	14.73	22.04	16.26	6.45	93.88	82.74
16	中国邮政储蓄银行	22.23	12.55	22.71	15.66	8.25	94.60	82.72
17	中国民生银行	21.61	14.89	20.21	15.49	9.03	96.00	82.71
18	中国农业银行	21.70	13.57	13.90	15.53	6.47	73.00	71.35

（二）理财产品存续状况

1. 理财产品余额稳健增长

2019 年，银行理财产品存续余额整体呈现稳步上升态势。截至 2019 年年末，全国共有 377 家银行业金融机构有存续的非保本理财产品，共存续 4.73 万只，存续余额为 23.40 万亿元，同比增长 6.15%。受季度考核等因素影响，理财产品余额在季度内呈"前高后低"的变化趋势。理财产品月末存续余额最大值出现在 11 月，为 24.25 万亿元，如图 2-6 所示。

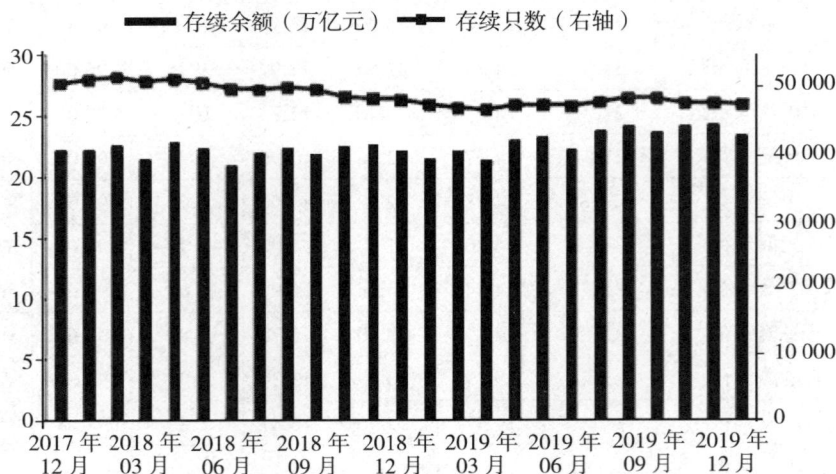

图 2-6　2019 年银行业理财市场非保本理财产品存续情况

2. 开放式产品占比较高

截至 2019 年年末，开放式理财产品存续余额为 16.93 万亿元，占全部理财产品存续余额的 72.36%，同比上升 4.72 个百分点；封闭式理财产品存续余额为 6.47 万亿元，占全部理财产品存续余额的 27.64%。

2019 年下半年，开放式产品占比明显上升。6 月末，开放式理财产品的占比为 67.52%，略高于 1 月末的 67.39%，到了 12 月末，占比上升至 72.36%，半年内上升了 4.84 个百分点，见表 2-5。

表2-5　2019年不同运作模式非保本理财产品存续余额情况

单位：万亿元

月　份	开放式	封闭式	月末余额合计
1 月	14.47	7.00	21.48
2 月	15.00	7.03	22.03
3 月	14.32	7.05	21.37
4 月	15.69	7.27	22.96
5 月	15.94	7.27	23.22
6 月	14.97	7.21	22.18
7 月	16.49	7.29	23.78
8 月	16.87	7.25	24.13
9 月	16.54	7.05	23.59
10 月	17.33	6.87	24.20
11 月	17.63	6.62	24.25
12 月	16.93	6.47	23.40

3. 净值型产品存续余额占比超四成

《关于规范金融机构资产管理业务的指导意见》《商业银行理财业务监督管理办法》发布后，银行理财净值化转型力度明显，净值型产品存续余额及占比持续快速增长，预期收益型产品明显减少。截至 2019 年年末，预期收益型（非净值型）产品存续余额 13.27 万亿元，同比减少 2.74 万亿元，降幅 17.13%。净值型理财产品存续余额 10.13 万亿元，同比增加 4.12 万亿元，增幅达 68.61%。净值型产品占全部理财产品存续余额的 43.27%，同比上升 16.01 个百分点。其中，开放式净值型产品占全部净值型产品比例为 81.13%。现金管理类理财产品存续余额 4.16 万亿元，占净值型理财产品存续余额的 41.04%，同比上升 1.93 个百分点。

从机构类型来看，全国性商业银行与城市商业银行的净值型产品占比相对较高，分别达到56.45%和45.69%；农村中小银行净值型产品占比相对较低，为28.94%；国有大型银行净值型产品占比为28.60%，占比最低，原因为部分净值型产品划转至理财子公司，若合并计算，国有大型银行净值型产品占比为34.71%。

4. 产品投资性质以固定收益类为主

根据《关于规范金融机构资产管理业务的指导意见》《商业银行理财业务监督管理办法》的要求，理财产品按照投资性质的不同分为固定收益类、权益类、商品及金融衍生品类和混合类理财产品。2019年年末，固定收益类理财产品存续余额为18.27万亿元，占全部理财产品存续余额的78.06%；混合类理财产品存续余额为5.05万亿元，占比为21.59%；权益类理财产品占比为0.34%，商品及金融衍生品类理财产品占比较少，见表2-6。

表2-6 2019年不同投资性质非保本理财产品存续余额情况

单位：万亿元

月　份	固定收益类	权益类	混合类	月末余额合计
1 月	15.66	0.08	5.74	21.48
2 月	16.15	0.08	5.80	22.03
3 月	15.55	0.08	5.74	21.37
4 月	16.71	0.08	6.18	22.96
5 月	16.89	0.07	6.26	23.22
6 月	16.02	0.07	6.08	22.18
7 月	17.72	0.08	5.98	23.78
8 月	18.00	0.08	6.04	24.13
9 月	17.86	0.08	5.65	23.59
10 月	18.51	0.08	5.60	24.20
11 月	18.81	0.08	5.36	24.25
12 月	18.27	0.08	5.05	23.40

（三）理财产品发行状况

从理财产品不同的发行主体来分析，我国投资者在境内投资的商业银行在商业银行理财产品市场上具有领先地位。

在 2004—2015 年间，外国投资者在我国境内投资的商业银行发行的理财产品的数量先是在 2008 年出现了极小的波动，减少了 2 款理财产品，接着是在 2013 年发行的理财产品数量再次减少，下降的幅度大约为 17%，但是之后产生了反弹现象。2010 年，国有控股商业银行大体上完成了理财业务的基本改造任务，并且国有控股商业银行理财产品的发行规模第一次超过股份制银行，排在第一位。2006 年，我国城市商业银行理财产品的发行数量震撼性度增加，并且在 2007 年城市商业银行理财产品的发行数量第一次超过国有控股商业银行，在 2014 年开始代替股份制商业银行占据商业银行理财产品市场的发行主体地位。造成这种结果的原因在于，外国投资者在我国境内投资的商业银行在我国成功加入 WTO 之后，逐步在我国境内推广开展多项业务，尽管一般情况下外资银行在管理能力和技术水平上具有先进水平，但是鉴于在国内的网点数量较少和在理财对象上更注重高端客户的培养，因此外资银行的发行规模通常都不大，竞争力不强。然而中资银行的理财对象不只包括高端客户，还包括低端客户，面向的范围更大，并且形成了一批忠实的客户群。

1. 开放式产品募集资金占比较高

2019 年，非保本理财产品累计募集资金 111.58 万亿元（包含开放式非保本理财产品在 2019 年所有开放周期内的累计申购金额，下同）。其中，开放式产品全年累计募集资金 97.65 万亿元，占理财产品募集总金额的 87.51%；封闭式产品全年累计募集资金 13.93 万亿元，占理财产品募集总金额的 12.49%。

2. 净值型产品募集资金与占比持续上升

《关于规范金融机构资产管理业务的指导意见》要求资管产品实行净值化管理，进而推动了银行理财打破刚兑、回归资管本源。2019 年，各银行业金融机构明显增加了净值型产品的发行力度，加强投资者教育，推动产品规范转型，净值型产品在市场上的影响力不断提升。2019 年，净值型产品累计募集资金 50.96 万亿元，同比增加 20.54 万亿元，增幅 67.49%；净值型产品募集资金占全部产品募集资金的 45.67%，占比同比上升 20.03 个百分点。

3. 新发行封闭式理财产品平均期限增加

2019 年，新发行封闭式理财产品加权平均期限为 186 天，同比增加约

25 天。新发行 3 个月（含）以下封闭式产品累计募集资金 2.43 万亿元，同比减少 2.78 万亿元，降幅 53.36%；占全部新发行封闭式理财产品募集资金的 17.45%，同比下降 11.65 个百分点，见表2-7。

表2-7 不同募集形式非保本理财产品发行与存续情况

产品类型	2019 年总募集金额 / 万亿元	2019 年总募集金额占比 /%	2019 年年末存续余额 / 万亿元	2019 年年末存续余额占比 /%
公募	109.73	98.34%	22.33	95.43%
私募	1.86	1.66%	1.07	4.57%
合计	111.58	100.00%	23.40	100.00%

从长期限产品的募集情况来看，2019 年，期限在 1 年以上的封闭式产品累计募集资金 0.97 万亿元，同比增加 0.47 万亿元，增幅 93.93%；占全部新发行封闭式理财产品募集资金的 6.96%，同比上升 4.18 个百分点。

长期限产品发行量的增加和短期限产品发行量的减少意味着自《关于规范金融机构资产管理业务的指导意见》发布以来，在监管部门和银行业金融机构持续的投资者教育下，投资者对长期限银行理财产品的接受度越来越高。与此同时，随着银行理财产品期限的增加，银行理财产品的流动性风险进一步下降。

（四）理财产品资产配置状况

从资产配置情况来看，标准化资产是银行理财资金配置的主要资产，债券、银行存款、拆放同业及买入返售等标准化资产共占理财产品投资余额的 67.56%，其中债券是理财资金配置的最重要的一类资产，截至 2017 年底，债券资产配置比例为 42.19%。

债券是理财产品重点配置的资产之一，在理财资金投资的资产中占比最高。其中，国债、地方政府债、央票、政府支持机构债券和政策性金融债占理财投资资产余额的 8.11%，商业性金融债、企业债券、公司债券、企业债务融资工具、资产支持证券、外国债券和其他债券占理财投资资产余额的 34.08%。

非标准化债券类投资配置比例并没有如市场所预期的那样大幅下降，2016 年年末占比 17.49%（大约 5.08 万亿元），2017 年中期占比 16.14%（大约 4.58 万亿元），2017 年年底占比 16.22%（大约 4.79 万亿元）。由此可见，非标资产配置规模和比例在 2017 年呈"先降后升"的趋势，2017 年整体上小幅减持。

权益类资产占比在 2017 年末达到了 9.47%，权益类资产的提升一方面源于金融监管下限制了银行理财对非标资产的配置；成本压力下减少了对部分现金、固收类品种的配置，而以往增加收益的主要渠道是非标，在非标监管趋严、规模收缩之后，需求就逐渐转移至权益及其他资产上；另一方面也是理财资金对权益市场预期乐观的一个体现。权益市场从 2016 年以来整体处于上行趋势，至 2017 年下半年开始对各类资金的吸引力显著提升。除权益类资产外，固收类资产占比整体下滑，还对应着理财整体投资多元化的倾向提升。

从资产配置上看，目前银行理财产品以标准化资产为主，其中债券资产配置比例为 42.19%。

（五）理财产品收益状况

个人类产品累计兑付客户收益占非保本理财产品近八成，可见，个人类理财产品是银行理财收益的主要贡献，将成为银行理财市场竞争的重要领域，同时个人类产品面向客户更多元化、需求多样化，银行需要提升投研能力以满足不同细分客群的理财需求。其中，国有大行和全国性股份制银行的累计兑付客户收益占比总和超 75%，银行理财市场呈现向头部集中的趋势，随着理财子公司的获批，大行依然率先落地，未来银行资管格局将呈现头部集中格局，大行和中小行都需提早布局，尤其中小行需要确定资管业务发展战略，进行合作代销或者成立独立子公司发展资管业务，如图 2-7 所示。

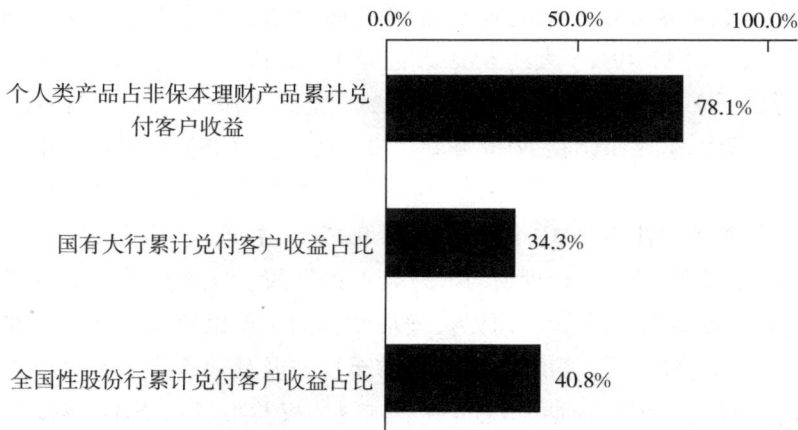

图 2-7　2018 年银行业理财产品收益情况

（六）理财业务监管情况

2015 年年底，我国银行方面的金融机构共有 591 家推广了理财产品业务，2016 年又新增加了 66 家。在我国银监会的引导和各个银行方面的金融机构的一致努力下，我国商业银行理财产品信息登记工作情况得到了很好的改善，优化了系统的管理，商业银行理财产品信息登记工作也更加严谨，使信息更加透明化。大致情况如下：一是加大力度提高商业银行理财产品信息登记工作的规范程度。银行方面的金融机构严格遵守我国出台的商业银行理财产品信息登记工作的政策，在其引导下积极加快理财产品的发展步伐，加深对理财产品信息登记工作的理解和认识，充分发挥商业银行理财产品信息登记工作的作用。二是要使商业银行理财产品信息登记系统更加优化。商业银行理财产品信息登记系统在 2015 年 1 月和 8 月分别实现了两次升级上线，使各类信息登记要素更加丰富，提出了资产管理计划的底层依照每周、每月穿透登记的要求，采取一系列的方式对客户端的功能进行优化。商业银行理财产品信息登记系统的升级加快了理财业务的发展，也有很多创新使理财产品的业务更加便捷。此外，还有相关监管部门提高其分析要求的现实状况。三是从整体上对商业银行理财产品信息登记系统数据的质量进行改革。2016年一整年一共有 3 次大范围的专题抽查与 12 次定期抽查。在这一年里，商业银行理财产品信息登记系统数据的质量得到了很大的提高，理财产品信息登记系统数据的质量抽查合格率将近 99%。四是组织开展多种样式的理财业务培训。2015 年，我国商业银行理财产品信息登记系统共计开展了 5 期培训活动。这些培训活动的开展，既深化了商业银行理财产品行业及其相关行业的从业人员对于理财产品信息登记工作的认识，又增加了相关从业人员对理财产品信息登记系统数据要素的了解，使理财产品信息登记工作更加及时、完整和准确。五是对中国理财网的功能进行不断优化。中国理财网是对我国商业银行理财产品信息进行及时公布的门户网站，应该不断地改善中国理财网网站的设计并优化它的功能。2015 年全年中国理财网一共完成了 10 次有关功能方面的升级，给客户提供了更加完善、方便的服务，使广大投资者可以更加便捷地查询相关的理财产品信息。六是保持对商业银行理财产品信息登记工作的日常监测，以此不断地更新理财产品信息登记系统的大数据，并且通过整理相关的理财产品投资方面的报告和相关统计的指标，分析并且研究理财产品信息方面的热点问题，对商业银行理财产品信息登记工作的监管部门所提出的问题以及制定相关的政策给予了很大的支持。

（七）理财业务市场状况

由于改革开放政策的实施，我国社会经济保持快速发展，尤其是我国人均收入有了很大提高。随着人们变得越来越富有，他们越来越关心自己的财富管理方面的问题，个人理财需求不断增长。如今，国内银行的平均储蓄率在较低的水平，人们希望商业银行能够推出新的、更好的和回报更高的个人理财产品和服务。不同收入群体对个人理财产品需求差异较大，商业银行应继续开展金融创新，研究和设计不同类型的金融产品和服务，以满足消费者的个性化需求。从供给的角度看，随着个人理财产品市场的竞争在利率市场化背景下的加剧，国内商业银行都在尽力推出各类金融产品，正在逐步形成和发展多元化的投资渠道。审核商业银行是否满足个人理财产品不断变化的需求，取决于它是否会继续创新，将新技术、新思维、新信息相结合，形成弹性供应。

1. 需求状况

居民个人或家庭是个人理财产品需求的主体，在不同的社会经济周期环境下，居民的金融需求是不一样的。人们的收入水平不同，对个人理财产品的需求也不同。个人理财目标不同，个人理财产品的投资组合选择也就存在差异。人们的金融知识水平不同，对个人理财产品的需求也会有所不同。人们的风险偏好不同，选择的个人理财产品也不同。年龄不同，人们对理财产品的理解和需求也不同。职业和阶层不同，人们对理财产品的需求也有很大的不同。如果想适应社会经济环境的变化，满足人们多样化和个性化的金融需求，商业银行必须继续创造新的个人理财产品。新事物通常是具有强大的吸引力的，在个人理财产品上进行创新就是挖掘和满足客户的潜在需求，并进行产品要素组合或营销模式创新，全方位满足客户多样化需求。

2. 供给状况

与国外相比，我国商业银行个人理财业务开展得较晚。1997 年，我国中信银行才首次推出个人理财这项业务，商业银行个人理财市场迈出了第一步。按照 2016 年银行年度报告，2016 年，我国进一步加大了对银行理财业务的监管和规范，更加精细化了，政策也越来越严，重点规范近几年过快且无序增长的表外理财业务。在这样的背景下，据不完全统计，2016 年，全国约有 452 家商业银行，发行的理财产品有 142 301 只。2016 年年末，实际存量规模 29.1 万亿元。理财数量上升，产品的基本规模也上升，由于市场的监督和限制，发行的数量和发行的大小表现出不一样的趋势。

2004 年，我国的金融产品市场开始发展。发展时间很短，许多方面尚不成熟，新产品供给较弱。特别是面对当前我国的居民金融需求多元化、增长快时，金融产品供给跟不上需求的发展与变化。例如，个人理财产品尤其是高端客户在银行的理财服务没有跟上。此外，我国的商业银行和其他金融机构的金融产品同质化非常严重，创新很少。虽然我国有大量的个人金融产品，但金融技术和知识含量是非常低的，或者只是直接模仿国外产品，或者机械地做一些简单的设计调整，自主创新的优秀金融产品很少。个人理财产品日趋同质化，缺乏差异化供给，缺乏创新。虽然我国的商业银行金融产品数量是相当大的，但同质化现象严重，并且金融产品的质量没有随着数量的增加而提高。国内金融产品供应模式相对简单，我国的金融产品销售模式几乎都是通过商业银行营业网点，金融产品供应还没有形成多层次的体系。我国的商业银行个人理财产品市场的供给和需求不匹配，这是一个错误的状态。这就要求银行提高金融创新能力，调查市场需求，深入市场调研，进行市场细分，充分利用现代金融技术，结合自身实力、设计特点，创新个人理财产品，以满足客户多样化需求。目前，我国经济保持平稳较快发展，人们的收入水平在未来将越来越高，财富的积累也越来越多，理财需求必然会上升，财务管理的知识也越来越受欢迎。可以预见，在未来几年，个人金融产品创新的消费需求非常大，理财产品也将更加个性化和多样化，因此居民对商业银行的个人理财市场提出的要求也会不断提高。由于人们需求的差异化对个人理财产品有着不同的要求，促使许多商业银行不停地创新自身的理财产品去适应市场，这些都将促使我国商业银行个人理财市场实现快速发展。

三、商业银行理财业务存在的问题

在互联网金融背景下，商业银行理财产品市场竞争日益激烈，可以预见，在未来将会有更多的竞争者加入其中。我国商业银行理财产品市场也会随之面临巨大的机遇和挑战，商业银行要想继续在国内理财产品市场占据领先地位，就必须认清商业银行理财产品的现状，找出自身存在的问题，并进行改善。

（一）商业银行自身问题

1. 产品同质化严重

目前银行提供的理财产品多为初级化产品，同质性严重，无论是工、农、中、建、交这五大国有控股商业银行，还是像招商银行这样的全国性股份制银行，抑或城市商业银行和一些外资银行，但凡一家银行推出一款销售较好的理财产品，其他银行就会纷纷效仿，于是一夜之间类似产品大量涌现。为打赢这场营销战，各银行纷纷在价格上做文章，从而掀起了各大银行间的价格大战。这既挫伤了部分银行创新的积极性，又将市场引入低端、无序竞争的旋涡当中。

2. 缺乏品牌优势

较强的品牌优势对银行个人理财业务的发展乃至银行整体效益的提高都有很大的积极作用，因为它能够帮助银行增强客户对其理财产品的信心，从而吸引客户对其产品进行投资。但是，我国商业银行的个人理财产品中大多都是很相似的，尽管有些银行为适应经济形势也创立了自己的品牌，但是这些银行之间的理财产品大多没有什么辨识度，本质上是一样的。一个企业的品牌效应对于它的长远发展相当重要，对于品牌优势的合理利用不仅能够帮助其更好地进入市场，还能够为其带来更多的客户资源，从而带来更多的业务收入。产品的种类单一、层次不够丰富，缺乏针对性，这样很容易产生恶性竞争，不利于理财市场的发展。现实中，虽然商业银行许多理财业务名称不一样，但本质是相同的，相似度极高，几乎无差异，缺少个性化，缺乏创新力，不能形成自身的特色品牌形象，阻碍了银行理财市场的创新发展。

缺乏品牌优势与我国的金融管理模式有很大关系，因为之前很长一段时间，我国银行实行分业经营，不能涉及证券、保险、基金。因此，银行除了存贷利差，只能代销基金公司、保险公司的产品，而这些代销产品只有手续费收入，没有明显的自身经营效益，个人理财的发展受到限制，个人理财的价值很难实现。这样就使银行很难扩展自己的理财业务。现在我国金融业仍处于分业经营的体制下，这将大大制约商业银行金融的创新空间，众多中等资产的商业银行发行的理财产品依旧是对组织存款采取简单的组合方式，我国商业银行理财产品的服务仍然停留在代销产品、咨询和普及易懂的理财知识等低层次上。商业银行由于受到分业经营体制的影响，使代客理财投资上的能力受到限制，遇到投资不适合理财产品市场行业情况的时候，银行的收益有很多会遭受损失。单一的产品往往会使理财产品市场不稳定，从而引起客户收益的不稳定。

3. 每一理财产品未独立建账核算

目前银行的理财产品都实行"资金池"管理模式，就是将所有理财产品募集来的资金都集中在一起，统一进行投资管理。银行并未对每一理财产品单独设立账簿，单独核算。当期限较短的产品到期时，就从资金池里提取资金，按照发行文本上的预期收益率进行兑付，同时，新发行产品募集的资金又注入进来。虽然不断地有产品兑付，又不断地有新的资金注入进来，循环往复，但单个产品与投资品之间并没有建立一一对应的关系，单个理财产品的投资业绩无法评价。若投资风险一旦变为损失，短期理财产品已经兑付，损失就只能由期限较长的产品来消化，这就造成了短期投资者获得了收益，而风险却由长期投资者来承担，即风险与收益不匹配的不公平现象。

4. 信息严重不对称

虽然监管当局一再要求银行在发行理财产品时要进行充分的信息披露，但银行在这方面做得却不尽如人意，导致投资者和银行间的信息不对称现象尤为严重。一方面是银行信息披露不充分，产品说明书表达极为含糊，对于资金的投资渠道、主要投资品种没有全面列举，或者表达宽泛；另一方面是投资者的风险识别能力和投资经验不足，这就导致投资者在购买时片面注重被银行大肆渲染的收益率，而对银行少有提及的风险鲜有关注，给投资者的财产安全带来了极大的隐患。另外，一些银行对产品在成立时和运作过程中的信息极少披露，投资者只能了解到产品到期时的粗略信息，因此即便一些投资产品已经出现了严重风险，等到投资者反应过来时，早已形成了损失，这也极大地损害了投资者的利益。

5. 没有细分市场

虽然商业银行的个人理财业务有了比较大的进步，发行的理财产品也越来越多，但是涉及的领域还是以基金、保险、贵金属等产品为主。银行在近年来也逐渐加大了适用于中高端客户的理财产品的开发，而对普通客户提供的理财业务却缺乏针对性，无法充分做到根据不同客户理财需求的特殊性对其进行相应的理财规划。在社会整体财富不断增加的背景下，农村市场也不断被更多的金融机构所关注。例如，农村信用社在近几年不断扩大宣传力度，吸引了大量的农村存款。中国邮政储蓄银行也紧紧抓住这一机会，在近几年加大农村网点的建设，逐渐开拓农村市场，现在几乎很多地方的乡镇上都分布着邮政银行的网点。一般商业银行的目标主要是针对中高端客户的开发与理财业务的拓展，忽略了农村这一潜在的且具有很大开发性的市场。

6. 服务技术系统滞后

互联网的快速发展和科技的日新月异促使智能化产品不断更新和成熟。信息化社会智能化科技渐渐改变着金融服务与理财方式。越来越多的客户选择便捷的网上金融服务，使得国有银行、股份制银行、外资银行、城市商业银行都在电子金融领域着重发力。而我国商业银行的电子科技却没有很好地应用到手机银行上，客户对手机银行的占比低于20%。银行业信息化建设一般需要电子化、信息化和知识化三个阶段。我国商业银行信息化建设起步整整落后于国际化银行几十年，现在基本上仍处于数据大集中的时代，我国商业银行面临的挑战是如何把数据转换成有用的信息。

商业银行的金融产品创新是要建立有效的金融服务技术体系。金融服务技术系统包括客户信息系统、客户分析系统、客户金融系统和客户关系系统四个方面。我国商业银行传统的信息系统模式基于业务和账户，银行不能全面了解客户的资产、负债等相关情况。离开金融服务、技术系统的支持，只能由客户经理在某些表格中对数据进行深入分析，很难得出分析结果，客户的意见和要求不能及时传递到银行部门进行快速的决议和有效的反馈。

7. 不当销售已成常态

利率市场化使得各银行都面临着巨大的挑战，在日渐艰难的生存环境下，各银行对自己员工的考核可谓变本加厉，理财产品的销售业绩是除拉存款之外的另一项重要考核指标。前面已经提到，银行间理财产品同质化严重，若要取得良好的销售效果，最为有效的方式就是降低定价，但是银行毕竟是营利性机构，降价也有底线，而且营销人员也没有定价权。因此，在营销过程中，为了取得好的业绩，营销人员使出各种不合规手段：①夸大宣传，特别是夸大收益，片面强调高收益，而对风险则鲜有提及；②在对客户进行讲解的过程中只讲收益率与银行存款的收益，将投资者引入二者具有相同风险的误区；③在没有充分分析客户的实际财务状况和风险承受能力的情况下，就对客户进行营销，见人就营销，对特性完全不同的客户也推销一样的产品，导致客户没有将资金投入到最适合自己的产品上。例如，目前银行的很多理财产品都是非保本型的，但营销人员一般不提及这一点，只片面强调高收益，导致很多老年人拿着自己的退休金去抢购，若最终亏损，不但严重损害了投资者的利益，而且对银行的声誉也将造成了不可挽回的损害。

8. 信息披露机制不健全

在实际购买过程中，商业银行客户的理财产品都是银行从业人员独自操作的，理财产品的各种经济数据都被视为银行内部资料，不对客户公示。在商业银行出售的理财产品中只有项目信息，没有产品详情、风险评级、产品档案等。已经发售的产品也没有相关的清算报告，产品的运行期报告更是片语皆无。客户无法对已购买的理财产品做出及时的决策，容易造成损失，导致系统性风险，也会减少银行理财综合能力的评分。事实上，我国的投资人多数还是关心到期以后资金与收益能否到账，很少有投资者因为没有收到报告而投诉的案例。

尽管银保监会对每个银行的要求是在合适的时间将商业银行理财产品的经营和收益的状况进行及时披露，但是很多银行只是不定时地在它们营业部的网点上就收益和到期兑付的状况进行简单的通知报告，很少会涉及银行的运作状况。从理财产品的运作来看，当商业银行总行有新的理财产品出现后，就会让下面每个支行开展宣传工作并且进行销售推广，再由下面每个支行等到募集的期限截止后或者销售的工作圆满完成后统一把全部的委托资金转给总行，在相关协议的条件下，总行采取相同的运作。所以，各个分支行对理财产品的详细经营运作的情况并不十分了解，更不用说让他们去给客户详细地介绍和解惑了，这使得其业务运作的透明度比较低。

（二）商业银行环境问题

1. 整体环境不理想

首先，理财常识普及度低。商业银行理财业务的发展时间还比较短，人们对理财的知识、理财的问题还不是很清楚，以至于一些人还停留在银行储蓄的理财阶段，客户反映日常生活中很少接触到银行理财的宣传，以至于对新的理财方式有陌生排斥感，认为个人理财的风险高，不愿意去尝试。

其次，理财市场封闭。在我国，金融机构都是分业经营的，资金在银行、证券、保险的市场受到限制，信息无法共享，理财工具单一。分业经营的模式使理财市场封闭狭窄，无法组合多种投资方式，无法实现银行证券业的优势互补，不利于各行业创新。行业封锁，缺乏竞争力，不利于理财市场的发展。

再次，缺乏正确的理财观。我国理财市场中存在两种主要的错误理财观，第一是把理财作为一种高收益的赚钱工具，忽视了理财的真正含义，也忽视了高收益背后的风险损失，被错误的理财观念蒙蔽了双眼。第二是错误地认为"鸡蛋不能放在同一个篮子中"，虽然这一说法可以分散风险，但对于广大投资理财者，他们不可能在应对完每天的工作之后，还有空余时间正确操作每一种理财方式，了解市场最新动向。多种市场的理财投资不仅不会带来收益，还可能造成资产损失，这也不利于促进商业银行个人理财业务的良好发展。

最后，投资市场的不完善。我国商业银行个人理财市场投资品种单一，无法有效地对市场进行细分变量，仅以客户财富规模作为服务划分标准，不能根据年龄、家庭生命周期、价值取向、风险偏好等因素对客户进行深入有效的细分，也就不能充分挖掘目标客户的潜在需求，制订个性化的理财服务方案。另外，由于我国实行较为严格的外汇管理政策，国内大部分个人投资者难以参与国际投资市场，金融投资市场可供投资的范围和品种较少，投资收益较低甚至于亏损。个人投资理财的操作空间有限，在相当程度上挫伤了人们参与投资理财的积极性。

2. 风险较多

依据风险管理理论，商业银行理财业务风险归类如下。

（1）法律风险

因为理财产品的结构比较复杂，所以在市场运行的过程中会有一定的法律风险。我国商业银行理财业务发展比较晚，相关法律也有很多不完善的地方。法律风险指的就是理财业务办理的过程中没有遵守相关的法律而导致可能会受到的理财收益损失，一旦发生，损失是无法估量的。同时，随着理财业务的不断发展，银行投资的范围越来越大，从债券市场和国债、金融债券向外汇市场发展到境外的理财产品和商业银行合作发展业务。这种创新虽然在一定程度上有利于我国理财业务的发展，但是也有一定的投资限定，我们必须要对产品投资有明确的规范，避免投资到违规的产品。

（2）市场风险

市场风险指的是汇率、利率、商品价格的变动而导致价值受到一定的损失。在发行理财产品的同时，商业银行会承诺有很高的收益率，但是当市场利率发生变动后，人们很难得到相应的收益。虽然受到相关政策和法律的约束，商业银行会将募集到的资金投资到等级很高的对象，但是也不能保证零风险。受到金融危机的刺激，很多商业银行的理财产品受到了负面影响，我国市场也在不断改革，以后投资货币市场的风险将会越来越大。外汇的理财产品会受到国际经济和各种政策的影响，因为商业银行的理财产品从募集到发行交易需要一定的时间，在这段时间内，如果国际市场发生经济波动或者相关政策的改变，很有可能会导致银行出现一定的亏损甚至负收益。而且商业银行会对发行的产品进行平盘业务，如果客户预先赎回，就会变成银行的业务，这就更加大了商业银行的理财风险。随着我国外汇金融市场的不断开放，我国商业银行理财产品受汇率风险的影响也在增加。随着我国外汇体制的不断改革，政策的变化会导致汇率发生改变。汇率的变化会给理财市场带来更大的风险，我国人民币的汇率在不断地浮动，人民币的升值更会增加收益的不确定性，如果投资理财产品的客户在人民币汇率变动之前操作，就会导致收益亏损。所以在汇率调整后，商业银行的业务量会短时间增多，同时投资外汇资产的规模就会缩小，这会对理财产品的发展产生很大的影响。

（3）操作风险

操作风险是银行发展理财业务时不可避免的，由内部人员的失误和系统不完善等很多内部因素造成。因为理财产品比较复杂和很多新技术的应用，导致每个业务都有可能出现操作风险，还有银行内部操作人员的变动和流动都增加了理财业务的操作风险。在理财业务的操作过程中，银行应该按照客户的需求，并分析客户的资产能力，为他们推荐相应的理财产品。营销人员应该坚持客户利益第一的原则，不能为了完成任务而向客户推荐不适合他们的理财产品。随着理财产品的不断创新，商业银行投资的方法和渠道也在增多，随之而来的就是各种各样的操作风险，包括理财产品的设计、风险没有充分提示、没有详细了解分析客户的情况等很多因素。就目前来看，由于我国商业银行把理财产品的销售作为重点，因此忽略了对银行内部人员的专业培养，这就使工作人员在业务操作过程中由于缺乏相关的知识而造成一系列的操作风险。

（4）信用风险

信用风险指的是一方没有根据合约中的约定承担相应的责任，导致另一方受到了一定的经济损失。商业银行理财业务的信用风险包括银行和客户两个方面，由于很多年以来我国银行的业务大多都是传统的存款，还有风险很低的业务，因此商业银行在我国投资者中的信用还是非常高的。但是如果为了吸引客户故意模糊合约中的收益，客户只要在业务中受到了收益损失，那么银行不仅损失的是一个客户，还会损失很多同样的客户，因为人们会相互传达，到时候银行将会受到不可估量的损失。信用风险的另一方就是购买理财产品的客户，商业银行对客户的实际情况做出准确的风险分析很困难，因为客户的资产和健康等很多因素都在不断变化，如果客户故意欺骗银行，那么将会产生相应的违约风险，也会降低自己的信用度。理财产品作为商业银行的一个新型的中间业务，包含流动性、市场、法律等方面多种类型的风险。在国际上，多数比较先进的商业银行成立了专业的机构对风险进行管理，通常遵循一种严谨正规的风险管理流程，而我国大多数的商业银行对于理财业务的管理依旧保持粗放型的状态，有很多中等资产的银行的风险管理在其技术和工具方面还不够先进，还有少数商业银行轻视风险管理甚至有的银行就不去考虑风险的影响。从结构性理财产品的角度来考虑，理财产品的种类越来越多，规模也日益扩大，银行还经常将募集到的资金投资到其他不同类型的有较高风险的领域。例如，面临黄金价格上涨的时候，银行大批量地发行和黄金挂钩的理财产品，面临能源价格增加的时候，则大批量地发行与能源挂钩的理财产品，具有较高收益的理财产品发行往往盲目跟随市场潮流。从短时间来看，此种行为或许可以提高客户的收益，但是由于理财产品结构的不完善或许会使风险太过集中，在这种情况下，如果市场出现波动，那么一定会出现收益为负甚至为零的现象。除此之外，对于银行归类的短期和高收益的理财产品来说，如果在未来一段时间内不能找到与其相适合的投资环境，那么将很有可能面临收益下降的风险。

3. 客观环境制约

分业管理的金融体制制约了理财业务的发展。我国金融业目前实行的是银行、信托、保险、证券等金融业务的分业经营、分业管理的体制。在分业经营管理的体制下，我国银行、证券、保险三大市场相互割裂，相关机构规定理财机构不能代替客户直接投资，而信托投资公司也不能从事储蓄支付、一般性贷款等常规银行业务。我国制度界定银行业也只是可以从事一定的信托业务，诸如信托、存贷款，银行不能涉足保险、证券、基金等。虽然我国金融分业经营的规定控制了业内风险，但制度也约束了创新，限制了个人理财的交叉发展。个人理财业务的发展空间受到限制，银行、证券公司和保险公司提供的个人理财服务均以本行业的业务为主，证券、银行、保险各自为自己的客户理财，市场相互之间断裂，资金相互之间无法快速流动，最后导致人们无法综合性地管理个人资产，这样也使理财服务永远只能停留在表面。分业经营、分业管理的体制导致我国个人理财业务只能在较低层面进行操作，基本上停留在咨询、建议或者投资方案设计等层面上，还不算是真正意义上的理财。虽然目前混业经营呼声不断，且已经开始着手设计混业经营的各项条款和方案，但目前我国金融机构仍然是分业经营。这种分业经营态势从以下两个方面制约了我国理财业务的发展：一是分业经营不利于向客户提供涵盖储蓄、投资、保障等功能的综合金融服务；二是分业经营也不利于合格理财规划师的培养。同时，内地商业银行的个人金融业务经营没有分析研究客户市场，不可能较准确地了解客户的需求及其变化。银行面对不同类型的客户实行无差别服务，这就使银行服务手段单一，客户整体层次偏低，优质客户比例较小，难以提高经营效益。

四、商业银行发展理财业务的策略

理财业务在我国商业银行的发展只有短短二十几年，虽然取得了不小的成效，但也存在许多亟待解决的问题。互联网金融的兴起与银行业的激烈竞争迫使商业银行寻求新的利润增长点。互联网金融条件下的理财市场具有广阔的前景，目前商业银行理财业务急需调整策略。发达国家商业银行理财业务的发展确实给我们提供了许多可借鉴之处，结合我国金融市场的基本情况，我国商业银行个人理财业务需要国家、银行和居民三方协作，可以分别在以下几个方面做出改进，作为未来商业银行理财业务的发展策略。

（一）理财规划策略：开发商业银行个人理财规划

个人理财规划方案的制定与实施不仅要科学和适中，还要对方案的整个实施过程进行全程跟踪，并在必要的时候对方案进行修订，只有这样才能使个人资产实现保值增值。

首先，理财方案的制定应根据每个人或每个家庭现有的经济状况、年龄和预期目标等因素，而不能将各种理财方式叠加，不同阶段应该有不同的理财规划，具体见表2-8。

表2-8　不同阶段的不同理财规划

年龄阶段	经济状况	理财规划服务
单身期	收入较低且开销大	节财型和资产增值型
家庭形成期	收入适中，消费需求大	消费信贷与理财业务结合
家庭成长期	经济状况达到高峰	资产增值计划
退休期	收入稳定但较低	养老规划

此外，理财方案的制定除了要指向具体的个人之外，还应该积极关注当时的经济和金融市场状况，也应该对未来一定时期内可能发生的变化加以预测。

其次，在理财方案的实施方面，应当重点做到全程跟踪、阶段评估。全程跟踪，即在方案征得客户同意并加以实施之后，应进行准确而连续的服务跟踪，以便于理财方案的修正，从而保证其高效性。阶段评估，即对全程跟踪提供的不同时间的具体数据进行评估，假如一份理财计划在实施后的首年度的跟踪报告中出现不理想的结果，我们就有理由对它做出修改。

（二）理财客户识别策略：建立和巩固客户与银行的联系，实行 VIP 和客户经理制度

所谓理财客户识别策略，就是通过银行各种渠道识别出潜在的目标客户，并及时关注客户，根据客户需求及时将其引导至理财客户经理处或合适的服务渠道，以便向客户提供理财产品的销售及差异化服务，逐步建立和巩固客户与银行持久的关系，为客户提供个性化的服务。

由于近年来金融产品的日益丰富和客户不断提升的金融服务需求，各商业银行之间的竞争日趋激烈，这也迫使各银行普遍实行以客户为中心、以市场为导向、以双赢甚至是多赢为目的的 VIP 和客户经理制度。这样有利于整合银行的各种资源，使其发挥最大效用，不断改进对客户的服务，提高客户的满意度和忠诚度，而传统的零售业务则是让普通的银行柜员向各种类型的客户提供几乎没有差别的服务。

（三）银行与互联网合作策略：加强银行与互联网的合作

越来越多的银行理财等业务可以在移动设备上及时办理，手机银行成为一个新的竞争市场，手机银行软件是否成熟成为一个银行的网上银行是否拥有更多客户，是否能办理更多理财业务的重要影响因素之一。

在互联网交易方面的大数据的有力支持下，通过互联网管理平台，商业银行以较高的效率与较低的成本对大量的信息数据进行了深入挖掘和分析，从而有利于评估金融风险、规避风险、分析顾客的需求。商业银行应当加快发展互联网新业务的进程，提升其服务能力与质量，加快融合线上业务和线下业务，重视建设客户群体，提升与顾客沟通的便捷度，对已有的客户进行巩固并发展新的客户。

为了更好地开展个人理财业务，商业银行需要改变目前单一的营业厅经营模式，借用电子科技，顺应时代潮流，完善网络设施，加快电子金融的深化，提升银行数据信息系统化。开发实用性好、功能多、安全性高的应用软件，并拓展客户的使用渠道，提升客户的使用积极性。所以，银行在未来电子银行发展方面仍有许多需要探索的问题，要尽可能把线下用户转移到线上，培养用户的使用习惯。这样也克服了物理网点较少的劣势，从而实现客户与银行的利益共赢。

从博弈论视角来分析合作问题，我们可以很全面客观地了解到合作有助于提高双方的收益率。作为一个理性的经济人，互联网理财产品和商业银行选择的策略就是合作。一是银行与互联网支付方面的合作，如今第三方支付已然成为互联网金融的重要组成部分，并且有着广阔的发展前景。到目前为止，人们广泛运用第三方支付平台，对传统银行的结算支付业务造成了一定的影响。若双方能够建立合作关系，保持良好的沟通和配合关系，共同致力于构建更稳定、更广泛、影响力更大、服务更好的第三方支付平台，一定能发展新顾客群，获得新增长点，从而实现双赢。二是贷款纠纷方面的合作。同传统金融业务相比，互联网金融的服务更加多样化，流程更加简单，服务更加便捷，数据分析更加彻底。然而在处理各种贷款纠纷时，互联网金融仍然处在起步阶段。不良贷款所产生的坏账非常少，但在互联网飞速发展的背景下，规模也在持续扩大。三是同监管机构方面的合作。在互联网金融的不断冲击下，商业银行面临着客户群逐渐流失的问题，从而限制了自身的发展。商业银行可以与政府部门合作，拓展新的业务，通过政府部门的可信度与保障，吸引新的客户群，将损失降低到最小。四是商业银行应加深和行业协会的合作。在互联网金融不断发展的今天，商业银行可以将自身优势与互联网平台相结合，取长补短，研发出能够与余额宝相媲美的理财产品，这样不仅可以吸引其他的消费群体，还可以满足中低收入者对理财产品的需求，从而减少这部分客户群的流失，在保证原有的客户基础之上拓展新的客户。

（四）银行的资源能力及市场定位策略

商业银行要使个人理财业务获得超越竞争对手持久的竞争优势，首先要从不同的角度（自身、竞争对手、外部环境）做好定位，再从基于用户的角度做好应变的重新定位，注重银行自身实力及竞争对手的比较，站在现在及潜在用户的角度做好优劣势分析（图2-8），维持竞争优势的持续时间，并不断建立新的竞争优势。

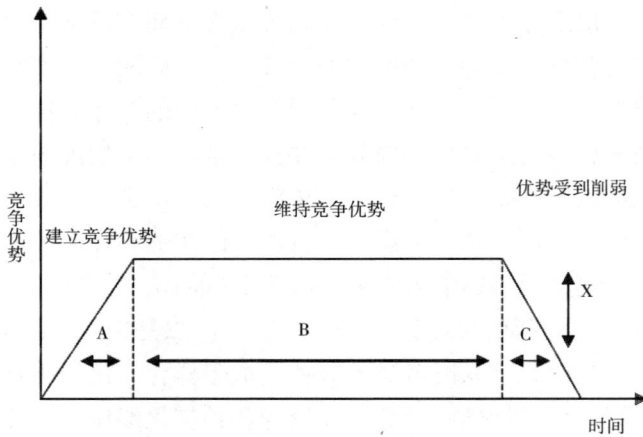

图 2-8　优劣势分析

正确认识到自身的资源和能力在外部环境变化时所面临的机会和威胁，并快速做出决策，增强自身的核心能力，创造成功概率高的机会，降低威胁的严重程度（图 2-9）。

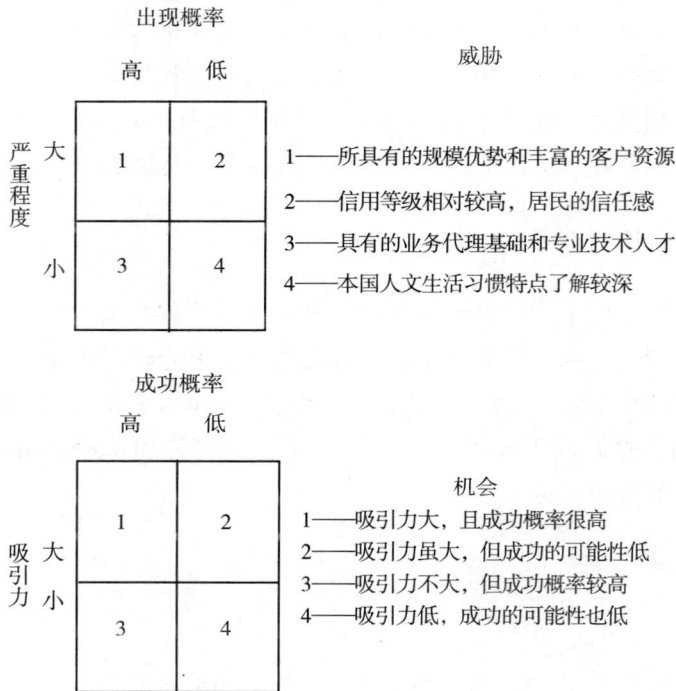

图 2-9　机会威胁矩阵

（五）提升服务质量策略

虽然商业银行每天都和钱打交道，但归根到底它就是一个服务行业，想要将理财业务办理好，必须提升银行的服务品质。当客户前来办理业务时，他们首先看到的不是银行的产品，而是银行的服务质量，银行应热情地接待每一位客户。在国内商业银行水平都相近的阶段，服务水平就会成为一个新的增长点，从而打破了银行业的现状。服务可以从每一个小的方面开始提升，在县城，国有银行是不会比当地的村镇银行有优势的，相反可能还会有不足之处。大型商业银行因为自身身份高，是世界百强企业，放不下身段，对于农村客户的服务就没那么热情。而中小城镇银行为了能同大型商业银行竞争，就会在服务理念上做出更多创新，从客户进入银行到离开，每一位银行从业人员都会尽心尽责地服务。大家都明白，客户也清楚，银行想要的就是每一位客户口袋里的钱能够存到他们银行里，在目前银行理财业务水平接近的情况下，满意的服务，以客户为中心的理念，自然让很多客户愿意将自己的资产存入他们的银行中去。因此，商业银行理财业务应该从基础做起，从服务客户的细节做起，让客户感受到银行的热情，感受到银行有能力、有信心，能全心全意地为每一个客户做好理财服务，能够让他们的资产保值增值，能够让他们在办理业务的过程中感到舒适，受到尊重。服务理念的提升是我国商业银行发展的基础与根源。不以客户为中心的银行是不会有发展的。

（六）加大宣传力度策略

在某种程度上，银行只有让客户对其理财产品有足够的了解，客户才更有可能对购买其产品产生兴趣。商业银行可以建立更专业的理财宣传与销售队伍，对前来咨询的客户做到最详细的解答，对于通过网络手段对理财产品进行了解的客户，银行可以主动联系他们，为其提供咨询服务，只有让客户知道自己需要的是什么，才会更加吸引客户来投资，这样一来，加大宣传力度才更有意义。例如，在一些有着发展潜力的社区开展理财讲座，还可以通过发传单等方式，主要是为了让广大居民了解他们需要的理财知识，进一步明白理财的重要性。同时，要把理财存在的利与弊、理财本身可能存在的风险进行详细说明，让客户自愿选择。

现阶段，广告依然是各银行扩大其理财产品知名度最有效的手段，它能够使银行理财产品的特征与优势最大限度地被人们所了解。商业银行在对理财产品投放广告时要做好全面的分析与调查，使其效果能够达到最好。商业银行在对其理财产品进行宣传时应加大对新媒体手段的运用，如微信、网站、微博等，新媒体具有传播速度快、传播范围广的优势，非常适用于理财产品的推广。在网络交易逐渐发达的今天，新媒体的运用还能够提高银行理财产品交易的效率，为银行降低成本，带来营业收入的增加，除了不断完善硬件设施，改善网点的环境条件和加大自主理财设施的建设之外，银行还可以加大对手机银行、网上银行的投资与宣传力度，多渠道地销售理财产品，为客户带来更舒适的理财体验。

（七）人才培养策略：大力培养商业银行理财人才

1. 建立内部培训机构，丰富理财人员知识结构

银行内部可以建立专门的理财人员培训机构，为理财人员提供各行业最前沿的业务知识和发展动向，定期举办专家讲座，对理财人员进行专业化、系统化的培训。培训的内容可以包括整体策划、营销理论、金融法规、财务分析、客户关系理论等基础知识，以及证券投资、保险、基金、外汇、信贷业务、银行卡、债券投资、税收计划、养老金规划等业务知识，为理财人员构架全面系统的知识结构。

2. 鼓励理财人员参与社会化的培训

理财策划是一项专业性很强、涉及范围很广的业务，内部培训需要投入很大的精力和财力，而且会有一定的局限性。因此，内部培训必须与社会化的培训有机地结合起来，形成相互补充的培训机制，鼓励理财人员参与社会统一的资格认证考试，如基金从业资格考试、注册会计师资格考试和法律职业资格考试等。

3. 与国际接轨，引入 CFP 专业资格认证标准

CFP 作为国际权威理财策划专业资格认证标准，有着成熟的运作机制和完善的培训内容，结合我国的实际情况引进 CFP，必将会对培育中国理财策划专业认证体系和培养中国理财专业策划人员具有一定的积极意义。

4. 采取措施留住人才

留住人才和培养人才是同样重要的。面对外资银行较强的人才竞争机

制，我国各银行需要尽快完善员工的福利待遇，为员工提供舒适的工作环境，使员工产生荣誉感和归属感，从而更有效地防范人才流失。

（八）加强商业银行理财业务风险管理策略

商业银行在开办理财业务时，一定要把风险防范放在第一位。由于我国商业银行的个人理财业务起步较晚，管理规范化、法律体系、员工职业道德等方面做得还不完善。在这样的情况下，我国商业银行就更需要对风险进行控制与防范，加强理财业务中的规范化管理，降低商业银行个人理财业务的声誉风险。在为客户提供服务时，理财工作人员应该按照相应条款规范自己的行为，严禁私下为客户进行相关交易的操作。对每一项新推出的理财业务，银行都应该结合实际情况制定相关操作细则，并且明确风险控制部门及其职责，不定期地对现有的理财业务进行审计，及时发现问题并解决问题。对于岗位责任体系，银行要进行细化，做好规范化管理，从而提升风险管理水平，提升银行个人理财业务从业人员的职业道德。理财人员在销售理财产品时，不能为追求业绩的增长而不向客户详细披露理财产品存在的潜在风险，或者故意夸大理财产品的预期收益。如果客户在对理财产品了解不深的情况下购买了该理财产品，一旦因市场原因，客户资金产生巨额亏损时，客户就会对银行理财业务甚至银行的其他业务失去信心。一旦客户对银行业务失去信心，那么银行就会面临巨大的风险。个人理财业务从业人员应该让客户对理财产品的各个方面都有一个详细的了解，如该理财产品的优势及劣势，该理财产品中的资金最终流向等。只有客户对理财产品的风险有充分的认识，才能在资金亏损时对银行依然信任，这样才能有效地降低银行的风险。银行要明确新推出的理财产品的界限，避免推出界限模糊的理财产品。由于我国银行实行的是严格的分业制度，法律禁止我国商业银行直接开展证券、信托服务，所以银行在推出新的理财产品时，应该仔细考虑是否与证券、信托业务划清了界限，只有严格遵守相关法律法规，才能使银行开展个人理财业务的风险降低。

从商业银行的角度来说，如果要想有效地控制理财风险，就必须提高商业银行的技术水平，建立先进的计算机处理系统。通过计算机系统对理财市场进行全面分析，银行还能了解客户的需求和理财规划，在计算机处理平台上对理财产品的需求、成本、利润进行全面详细的数据分析，这样就能有效地分析研究出风险控制的结论。银行通过计算机处理系统不仅能提高理财业务的运行效率，还能减少因工作人员的失误而造成的损失。在拓展新的理财业务方面，先进的计算机系统也能在风险预测和评估等很多方面提供帮助。商业银行还可以通过在营销方面的技术研究控制市场风险，根据不同客户的特征提供差异性的服务，因为不同的地区或者不同的环境，人们对理财产品的需求特征也不同，对于信用度比较高的客户要尽可能保证业务的长期合作，这样也能有效降低市场的风险。同时，要建立严格的资金运行机制，商业银行在选择投资对象时，要以保证客户的收益为原则，必须要全面调查投资对象的所有信息、利率变化和相关政策，这就要求银行的内部人员要有很强的专业技术能力，所以银行应该加强对从业人员技术能力的提高和培养，进一步提高在理财业务运作中的操作技术，进而有效减少理财产品的风险。从投资者的角度出发，提高自身对风险防范的意识是最重要的，投资者应该主动了解市场中的形势政策和最新的消息，掌握国家对理财市场颁发的相关法律，还要加强对理财知识的熟悉，要想在理财产品的投资中得到收益，必须要详细掌握理财投资的专业知识和理财市场中的投资规律，树立正确的理财观念。在投资理财产品的时候，投资者必须要详细了解产品的信息，包括合约中规定预期的收益、投资对象等很多情况。根据实际情况判断和选择自己是否真正适合这个产品，以及自身是否具备承担这个理财产品风险的能力。在投资理财产品以后，应该不断和银行相关人员进行交流，了解理财市场中的最新形势政策以及投资对象的变化情况。所以，投资者在理财业务中必须要增强自身的风险防范意识，才能将理财风险损失降到最小。

理财业务在飞速发展，逐渐成为商业银行重要的中间业务，目前理财业务面临着很多风险，前文主要分析了商业银行理财业务面对的四大风险，包括市场风险、操作风险、法律风险和信用风险，详细介绍了这些风险的来源和控制措施。银行如果要在理财市场得到很好的理财收益，就必须要面对和处理这些风险。一个国家金融发达的重要指标就是理财业务的全面完善。但是我国商业银行受到很多因素的影响，包括理财市场起步比较晚、国内外经济形势的动荡、相关法律政策的不完善等，都导致商业银行理财业务面临很大的风险。为了有效地控制和避免这些风险，商业银行必须建立全面的控制风险制度体系，我国也应该完善控制理财风险的相关法律。目前在控制这些风险的方面，我国商业银行还有很多问题，包括商业银行缺乏对理财风险的预防、欠缺风险控制的相关理论和制度，而且商业银行对于理财产品的设计有很多不足的地方，在拓展新的业务时，缺乏对理财市场的系统研究，包括国家的政策、理财市场的形势、理财产品面对的客户等很多方面。同时，银行在风险充分提示这方面也有欠缺，不能将产品全面的信息传达给客户，客户在不是非常了解产品的情况下，盲目地选择了投资产品，导致最后理财收益的亏损。商业银行理财业务在操作方面也有很大的风险，银行内部工作人员的失误会对理财市场实时形势的分析产生不利影响，银行内部风险控制机制的不足也会导致理财业务风险的产生。由于我国关于商业银行理财业务的法律还不够完善，因此目前理财市场会有很多违规行为，导致投资者和银行的纠纷越来越多，这严重阻碍了我国商业银行理财业务的发展，这些都是我国商业银行风险控制必须完善的方面。商业银行必须提高对风险管理的重视，加强对风险控制的管理，建立和完善理财风险控制制度体系，以保证客户投资的收益为原则，履行合约中的责任义务，同时遵守相关的法律政策。投资者也应该增强防范风险的意识，主动学习投资理财的知识，了解掌握国家相关的政策和理财市场的形势，树立正确的理财观念，最大限度地控制和避免风险带来的损失。我国商业银行理财业务近几年的发展非常迅速，无论是在理财产品的服务方面还是理财风险的控制方面都有很大的提高，只要我国商业银行在理财市场中不断探索，不断总结，吸取经验，建立全面完善的风险控制体系，我国的商业银行理财业务一定会更加健康、快速地发展。

除此之外，商业银行还要优化理财业务的内外环境。一是建立并完善客户评价体系。客户评价体系的缺失不利于我国商业银行个人理财业务的开展。为了解决这一问题，各商业银行应该建立起集中、统一的个人客户信息档案系统。同时，商业银行还要对储蓄卡、信用卡和以个人消费信贷为主的自然人贷款等信息进行整合，充实个人客户信息，并对这些信息进行标准化的管理。加强对银行客户信息的收集，进一步充实客户信息系统，使之包括现有客户信息和潜在客户信息，这样一来能够对个人客户的发展做出积极调整。银行还可以根据已建立起的个人客户信息档案，建立个人客户资信评估等级制，并根据个人客户档案中的信息，将客户分为不同类型，提供分层次差异性服务，形成个人金融理财业务的金字塔型客户结构。完善的客户评级系统不仅有利于商业银行个人理财业务的规范化，还可以提高效率，促进理财业务的全面发展。二是完善个人信用体系。在开展理财业务的时候，有效的个人信用体系是至关重要的，也是商业银行控制理财业务风险的主要前提。个人信用体系最重要的就是个人的信用制度，虽然现在还没有全面统一衡量个人信用的机构，但是银行在审核客户消费资格的时候为了避免发生风险，还是要做好信用的监测。商业银行要在内部业务中把客户的个人信息资料全部整理集中，在整个银行建立全面的个人信用数据库，对客户信用的情况也要有相关的预警系统。同时，国内所有的金融机构要建立信息交换制度，共享客户的信息，从而更加有效地提高银行做出决策的正确性。三是加强信息披露机制。信息披露机制和银行理财综合能力直接挂钩，银行信息披露制度的完善不仅有利于风险的管控，还有助于商业银行理财业务整体能力的提升。首先，要完善商业银行个人理财的相关法律制度，从制度上加强监管，减少风险，统一市场标准。同时要求商业银行对在售理财产品必须标出产品详情、风险评级、产品档案、运行期报告、已售出产品的相关清算报告等。对于无须风险评级的理财产品，监管部门也应有不同侧重。对于高风险高收益的理财产品，监管部门应要求银行提供更高风险理财产品的出售资格，标准可以是银行的技术水平、运营机制、理财人员的资质或者更明确的信息披露等。对于风险较低的理财产品，监管部门和银行则应防范系统性风险的发生。大量资金涌入银行的理财产品市场增加了系统的流动性冲击和风险。更值得担忧的是，目前银行理财产品中所谓的预期收益正普遍被投资者认为是承诺回报。事实上，中国银行的理财产品中只有13%能够达到预期收益，这意味着大多数的投资者正面临着长期亏损。如果出现流动性冲击，很大一部分理财产品所造成的损失可能会迁移到银行的资产负债表。因此，银行应加强与客户的交流，开设客户反馈信息功能，形成双向的信息披露。四是健全理财产品市场的管理体系。随着商业银行理财产品监管政策的进一步推出，在未来，商业银行理财产品市场将会面临一个较大程度上的调整，尤其是一些小规模的商业银行将会遭受更大的冲击。因此，本书对以后的监管政策提出以下建议：在保持合适政策力度的条件下，指导相关的金融机构开展符合规定的业务，以使理财产品市场保持可持续健康发展，同时要兼顾不同地方与机构存在不同，尤其是可以针对不同类型的银行采取不同的措施，以使政策层级更加丰富。理财产品的管理和营销在各个部门中的职责比较分散，没有对其进行有效整合，不利于营销效果的发挥，还增加了营销的成本。对此，银行应及早设立专门的售后服务和市场开拓部门，调整宣传广告部门和产品研发部门的工作方法和机制，所有的销售管理和策划工作由市场开拓部门负责，市场开拓部门的下一级是各分支行的销售部门，第三级是各分支行的销售部门建立起来的各小组，每个批次产品都和相应的人员相衔接。商业银行可以通过加强一个部门的团结与提高来带动整体部门的提高。部门之间制定推进交流与沟通的办法与条例旨在提高部门内部的亲和力和部门与部门之间的亲和关系，促使全员确立同一个发展方向的共识。针对大的问题，通过运用下发文件和召开正式会议等形式解决；针对小的方面，通过培训提高或技能针对某个问题展开讨论等形式解决。

第四节　商业银行贷款管理

一、商业银行贷款概述

贷款是银行最主要的经济功能之一，商业银行通过发放贷款将资金从盈余单元传递到短缺单元，从而使资金得到流转，达到增加可投资资金，促进经济发展的作用。同时，在部分准备金制度下，商业银行通过发放贷款创造流动性，是货币当局宏观调控中的重要角色。目前，大多数国家为银行主导的金融体系，即全国大部分融资主要通过银行类金融机构完成，商业银行贷款对金融经济的作用和影响相当巨大。

贷款业务是银行的主要资产业务，在资产负债表上占银行总资产的一半以上，带来的收益约占银行总收入的 50% ～ 70%。同时，信贷风险也是银行最大的风险之一，高比例的坏账率很容易导致一家银行遇到严重的资金困难。因此，贷款的质量和结构也是监管方重点关注的对象。监管机构通常对巨额贷款的文件和抵押仔细调查分析、对小额贷款抽样审核，以及对银行的信贷政策进行评估，确保信贷政策是健全的、谨慎的，保障公众的资金利益。

二、商业银行的贷款种类

（一）按贷款期限分类

按贷款期限分类，贷款可分为活期贷款、定期贷款两大类。

1. 活期贷款

活期贷款是指在贷款时不确定偿还期限，可以随时由银行发出通知收回的一种贷款，又称通知放款。

2. 定期贷款

定期贷款是指具有固定偿还期限的贷款。按照偿还期限的长短，定期贷款可分为短期贷款、中期贷款和长期贷款。短期贷款是指期限在1年以内（含1年）的各项贷款，短期贷款主要用于企业流动资金的需要；中期贷款是指在1年（不含1年）以上5年（含5年）以内的各项贷款；长期贷款是指期限在5年（不含5年）以上的各项贷款。

（二）按贷款的保障条件分类

按贷款的保障条件分类，贷款可分为信用贷款、担保贷款和票据贴现。

1. 信用贷款

信用贷款是指银行完全凭借客户的信誉、无须提供抵押物或第三者保证而发放的贷款。

2. 担保贷款

担保贷款是指具有一定的财产或信用作为还款保证的贷款。

3. 票据贴现

票据贴现是指银行应客户的要求，以现款或活期存款的方式买进客户持有的未到期商业票据而发放的贷款。

（三）按贷款的用途分类

按贷款的用途分类，贷款可分为流动资金贷款和固定资金贷款。

1. 流动资金贷款

流动资金贷款是为满足客户在生产经营过程中临时性、季节性的资金需求，保证生产经营活动的正常进行而发放的贷款。

2. 固定资金贷款

固定资金贷款是指银行向借款人发放的、主要用于固定资产项目的建设、购置、改造及其相应配套设施建设的中长期贷款。

（四）按贷款的偿还方式分类

按贷款的偿还方式分类，贷款可分为一次性偿还贷款和分期偿还贷款两种方式。

1. 一次性偿还贷款

一次性偿还贷款是指借款人在贷款到期日一次性还清本金的贷款，其利息可以分期支付，也可以在归还本金时一次性付清。

2. 分期偿还贷款

分期偿还贷款是指借款人按规定的期限分次偿还本金和支付利息的贷款。

（五）按贷款的质量（或风险程度）分类

按贷款的质量（或风险程度）分类，贷款可分为正常贷款、关注贷款、次级贷款、可疑贷款和损失贷款。这种贷款分类是世界上通常采用的方式。

1. 正常贷款

正常贷款是指借款人能够履行合同，有充分把握按时足额偿还本息的贷款。

2. 关注贷款

关注贷款是指借款人目前有能力偿还贷款本息，但存在一些可能对偿还贷款产生不利影响因素的贷款。

3. 次级贷款

次级贷款是指借款人的还款能力出现明显的问题，依靠其正常经营收入已无法保证足额偿还本息的贷款。

4. 可疑贷款

可疑贷款是指借款人无法足额偿还本息，即使执行抵押或担保，也肯定造成一部分损失的贷款。

5. 损失贷款

损失贷款是指银行在采取所有可能的措施和一切必要的法律程序之后，本息仍然无法收回，或只能收回极少部分的贷款。

（六）按承办贷款的银行数量分类

按承办贷款的银行数量分类，贷款可分为单独贷款和联合贷款。

1. 单独贷款

单独贷款是指由独家银行承办的贷款。

2. 联合贷款

联合贷款是指由银团共同承办的贷款，是承办行充分利用信用优势和信用建设成果，在贷款评审阶段或借款合同签订后，引导其他银行参与项目融资、承办行负责融资安排和受托管理的商业银行贷款。联合贷款不仅可承办金融巨大的贷款，还可分散贷款的风险。

（七）按贷款对象的主体性质分类

按贷款对象的主体性质分类，贷款可分为公司贷款和个人贷款。

1. 公司贷款

公司贷款是银行向企事业单位及机关、团体等经济组织发放的贷款。

2. 个人贷款

个人贷款是银行向消费者个人发放的贷款。

（八）按银行发放贷款的自主程度分类

按银行发放贷款的自主程度分类，贷款可分为自营贷款、委托贷款和特定贷款。

1. 自营贷款

自营贷款是指银行以合法方式筹集的资金自主发放的贷款。这是商业银行最主要的贷款方式，贷款风险和贷款本息的回收责任都由银行自己承担。

2. 委托贷款

委托贷款是指由政府部门、企事业单位及个人等委托人提供资金，由银行根据委托人确定的贷款对象、用途、金额、期限、利率等代为发放、监督使用，并协助收回的贷款。这类贷款银行不承担风险，通常只收委托人付给的手续费。

3. 特定贷款

特定贷款在我国是指经国务院批准并对可能造成的损失采取相应的补救

措施后，责成国有控股商业银行发放的贷款。这类贷款由于事先已经确定了风险损失的补偿，银行也不承担风险。

三、商业银行的贷款方式

贷款方式是指商业银行对借款人发放贷款要素选择的形式，亦称贷款的发放形式。我国专业银行向国有商业银行转化，实行以"六自"为主要特征的运行机制，要求对贷款资产的经营不仅自我承担风险，还要保证银行贷款经营利润的最大化。但是，市场经济是一种风险经济，高风险、高回报，它不仅是市场经济的普遍现象，还是一种国际惯例，使商业银行贷款在整个运行过程中都处在风口浪尖上。因此，正确选择贷款方式对于商业银行保持高质量、高效率的贷款资产十分重要。它是商业银行建立贷款资产风险管理机制和加强贷款资产风险管理的重要手段，是保证贷款资产安全的基本要素之一。

贷款方式分为信用贷款、保证贷款、抵押贷款和质押贷款等不同的贷款方式，他们在贷款的风险管理上各有所侧重。因此，需要分别了解各种贷款方式的要点。

（一）信用贷款方式

信用贷款是完全凭借借款人的信用而发放的贷款。其基本特征是借款人无须提供抵押品或保证人担保，仅凭借自己的信誉就能取得贷款。对于银行来说，这种贷款方式风险最大，因为一旦借款人不能履行债务责任时，银行便失去了按期索回债权的机会，甚至出现倒债。因而，只有借款人的信誉程度较高时，才能视具体情况适当采用信用贷款方式。

借款人的信誉程度较高是指银行与借款人之间有较长时间的借贷往来关系，在借贷往来关系中，借款人一般没有无故违约和逾期还款的问题，能够按期如数还清贷款本息，借贷双方建立并保持了密切合作和融洽的借贷关系，只有具备这些基本要素，才能表明借款人有较高的信誉。借款人树立的这种较高信誉是以其灵活的生产经营方式、优良的经营管理状况、雄厚的经济实力、旺盛的产品市场营销和稳健的财务收益能力为基础和保证的，信用贷款方式是银行的一种优惠贷款方式，它是商业银行为了占有和扩大原有信贷市场份额，稳定和招揽资信质量高、财力雄厚的优良客户的一种贷款管理技巧。虽然商业银行可以运用这种贷款管理技巧巩固和发展贷款资产业务，但它绝不意味着贷款要素的变异或非正常因素的渗入。

世界一些国家的政府金融机构因承担国家政策性贷款任务，这类贷款或数额较大、贷款期限较长，其他经济实力无力为贷款提供经济担保或抵押物，借款人自己也无力提供相应资产作为抵押物品；或贷款项目属于社会公共设施，社会效益虽好但企业经济效益不高，在这种特定的情况下，政府金融机构就要采用信用贷款方式发放贷款。

信用贷款方式是我国银行在计划经济管理体制下一直沿用的一种贷款方式，这种贷款方式是由当时的国家经济体制决定的。在计划经济管理体制下，银行和企业都是靠指令性计划安排进行经济活动的，企业向银行借款主要是依据计划，所以当时银行把贷款的计划性作为贷款的管理原则之一。银行与企业的资金都是公有资产，银行贷款被企业占压，长期拖欠不能归还，甚至有时可由政府决定核销贷款，不再归还，因此无贷款风险而言。在市场经济条件下，由于企业的不确定性因素增加，高风险的信用贷款大量增加，迫使银行逐步缩小信用贷款的比重，不断扩大担保贷款和抵押贷款，通过贷款方式选择与转换，达到最大限度地转移贷款风险和减少贷款风险损失的目的。

（二）保证贷款方式

保证贷款方式的要点包括以下三个方面：保证人的资格、保证的方式和保证期间。

1. 保证人的资格

不同的保证人，由于信用等级不同，对贷款风险的影响程度不同。《中华人民共和国担保法》（以下简称《担保法》）规定："具有代为清偿债务能力的法人、其他组织或者公民，可以作保证人。"可见，保证人可以是法人、公民，也可以是其他组织。从我国现行的法律规定看，下列组织不能担任保证人：第一，国家机关。由于国家机关属于国家和社会事务的管理机构，不具有直接从事经济活动的职能，其活动经费源于国家预算拨款，而保证行为是一种经济行为，因此，国家机关不得为保证人，否则，既有悖于国家机关的性质，干扰国家的经济秩序，又影响国家机关管理职能的行使。第二，企业法人的分支机构、职能部门。法人的分支机构、职能部门是法人的组成部分，不具有独立的主体资格，只能在法人授权范围内从事经营活动，当然，企业法人的分支机构有法人书面授权的，可以在授权范围内提供保证，企业法人的分支机构未经法人书面授权或者超出授权范围与债权人订立保证合同的，该合同无效或者超出授权范围的部分无效。第三，以公益为目的的事业单位、社会团体。因为这些单位从事的是公益事业，不是以经营活动为主要目的，而保证行为属于经营活动，并且这些单位的活动经费主要来自国家的预算拨款或者捐助，所以不具备从事保证的行为能力。

2. 保证的方式

保证的方式是指保证人承担责任的方式，依据《担保法》的规定，保证方式有两种：一般保证和连带责任保证。一般保证是当事人在保证合同中约定，债务人不能履行债务时，由保证人承担保证责任的，为一般保证。一般保证的保证人在主合同（借款合同）纠纷未经审判或者仲裁，并就债务人财产依法强制执行仍不能履行债务前，对债权人可以拒绝承担保证责任，因此，在一般保证中，保证人享有先诉抗辩权，仅在债务人的财产不足以完全清偿债权的情况下，才负担保责任，即一般保证的债权人请求保证人承担保证责任的，不仅须证明债务人不履行债务的事实，而且还应当证明已就主债务人的财产依法强制执行后仍不能完全受偿。当然，在下列情况下，一般保证的保证人不得行使先诉抗辩权：一是债务人住所变更，致使债权人要求其履行债务发生重大困难的；二是人民法院受理破产案件，中止执行程序的；三是保证人以书面形式放弃先诉抗辩权的。连带责任保证是当事人在保证合同中约定保证人与债务人对债务承担连带责任的。在连带责任保证下，保证人不享有先诉抗辩权，只要有债务人履行期届满不履行债务的事实，保证人的保证责任即发生效力。连带责任保证的债权人请求保证人承担保证责任的，只需要证明债务人有届时不履行债务的事实即可，而不论债权人是否已就债务人的财产强制执行，保证人均应依保证合同的约定承担保证责任。

3. 保证期间

保证期间即保证人承担保证责任的起止时间，保证人在该期间承担保证责任，过了该期间，即使债务人未履行债务，保证人也不承担保证责任。由此可将保证期间分为两种：约定保证期间和法定保证期间。前者是指债权人与保证人在合同中约定的保证期间，后者是指在当事人没有约定的情况下由法律直接规定的保证期间。无论是一般保证还是连带责任保证，约定保证期间都优先于法定保证期间，而且只有在没有约定保证期间的情况下才适用法定保证期间。

一般保证的保证人与债权人未约定保证期间的，保证期间为主债务履行期届满之日起 6 个月，在合同约定的保证期间和法定保证期间，债权人未对债务人提起诉讼或者申请仲裁的，保证人免除保证责任；债权人已提起诉讼或者申请仲裁的，保证期间适用诉讼时效中断的规定。连带责任保证的保证人与债权人未约定保证期间的，债权人有权自主履行债务期届满之日起 6 个月内要求保证人承担保证责任。在合同约定的保证期间和法定保证期间，债权人未要求保证人免除保证责任的，保证人免除保证责任。值得注意的是，在连带责任保证中，一旦债权人在保证期间内依法要求保证人承担保证责任，保证期间即行终止，此后，债权人对保证人的请求权直接适用诉讼时效的规定。

（三）抵押贷款方式

抵押贷款是指借款方向银行提供产权属于自己的财产作为还款保证，借款方不能按期还款时，银行有权处理抵押物，用以偿还贷款本息的一种贷款方式。在乡镇企业多元化高比例负债的情况下，由于抵押物资和财产不列入破产清算的范围内，因此较能保障银行贷款的安全。但是，在我国目前的情况下，抵押的物资大多数是借款单位仍需使用或参加生产周转，因而在抵押物的保管、封存等方面必须妥善处理。

1. 抵押物的种类

抵押物必须是有担保价值和能够转让的财产、物资，包括各种有价凭证，如包括债券、存单、股票、其他有价证券；房屋、建筑物、运输工具、机器设备（土地使用权也可以作为抵押）；产成品、原材料及其他物资。职工宿舍、食堂、学校、幼儿园等福利性设施，所有权有争议的财产，依法被封查、扣押或采取保全措施的财产，以及国家法律、法令禁止流通和不能强制执行的财产不能作为抵押品。

2. 抵押贷款的额度

有价证券根据票面金额作价，其他财物按现行市场价格作价，然后根据借款方的信用程度、贷款期限、投资风险及价格波动、折旧率等统筹考虑，一般为抵押物净值的 70%。

3.抵押物的保管

有价证券和证明财产所有权的证件（如代保管物资的收据、栈单等）交银行保管。实物抵押品由借款者按要求自行保管并出具银行代为保管的证件，在抵押期间不得擅自转移、出卖、重复抵押，保证抵押物的完整无误。

4.贷款协议书

抵押贷款应签订抵押贷款协议书，载明借款金额、用途、抵押物名称数量金额、保管方式及贷款难以归还时的处分办法等。如以原材料、产品等物资作抵押物，必须确定具体物资名称、数量、金额，不能以标的物不明确的"定额资产若干万元"作抵押。

5.抵押物的处理

贷款到期，借款方归还贷款本息后，银行将抵押物及物品的产权证书和财产保险单退还借款方，抵押贷款协议同时终止。

借款方不能加期偿还贷款时，应予催收，如无法归还时，应发出处理抵押物的通知，并依法处理其抵押物，处理抵押物所得的款项在支付处理费用和其他有关财产费用后，用于清偿贷款本息罚息，如有剩余退还借款方，不足偿还贷款本息的，银行有权向借款方索要。

（四）质押贷款方式

质押贷款分为动产质押贷款和权利质押贷款两种。

1.动产质押贷款

动产质押贷款是指商业银行以获得债务人或第三人移交的动产为条件而发放的贷款。与抵押贷款一样，商业银行为了保证贷款的安全，也必须重点审查质押物是否符合商业银行的要求（包括质押物的合法性、质押的数量和质量），特别是要注意动产的易保管性和流动性，因为在动产质押贷款中，质押物是由发放贷款的商业银行保管，是以占有来进行公示的，不需要登记，因此为了保证银行债权收回价值的最大化，质押物必须是容易保管、不易变质的动产。

2.权利质押贷款

根据我国《担保法》的规定，可作为质押物的财产权利包括以下几种：第一，汇票、支票、本票、债券、存款单、仓单、提单；第二，依法可以转让的股份、股票；第三，依法可以转让的商标专用权、专利权、著作权中财产权；第四，依法可以质押的其他权利。借款人以权利质押的方式向商业银行申请贷款，除了审查权利的真实性和有效性之外，若是以汇票、支票、本票、债券、存款单、仓单、提单出质的，应当在合同约定的期限内将权利凭证交付给商业银行，商业银行可在债务履行期届满后兑现或者提货，质押合同自权利凭证交付之日起生效；以依法可转让的股票出质的，商业银行与借款人应当订立书面合同，并向证券登记机构办理出质登记，质押合同自登记之日起生效；以有限责任公司的股份出质的，适用《中华人民共和国公司法》股份转让的有关规定；以依法可以转让的商标专用权、专利权、著作权中财产权出质的，商业银行与借款人也应当订立书面合同，并向权利管理部门办理出质登记，出质合同自登记之日起生效。

四、商业银行贷款管理目标

存、贷、汇三大业务是现代商业银行经营活动的重要组成部分。其中，吸收存款是手段，办理结算是纽带，发放贷款取得收入是目的。商业银行的生存与发展必须以利润的取得和积累为前提。在我国现阶段，对银行利润起决定作用的是贷款利息收入。因此，要提高银行的利润水平，就必须重视贷款业务的经营管理，明确贷款业务经营管理的目标。

（一）贷款规模适度

一个银行在一定时期能发放多少贷款，通常由银行根据负债资金来源情况及其稳定性状况、中央银行规定的存款准备金比率、银行自身流动性准备比率、银行经营的环境、贷款需求情况等因素决定。对于一家银行来说，适度的贷款规模既要满足商业银行稳健经营的需要，保持较强的流动性和安全性，又要最大限度地满足客户的贷款需求，争取更多的盈利。只有这样，才能做到既不违反国家政策，又能使有限的资金加以运用，获取最佳的经济效益。

（二）贷款结构均衡

贷款结构的均衡包含三个层次：一是贷款余额在一段时间内的各个时点上增减幅度基本平衡，没有大起大落；二是贷款余额与存款余额的增加或减少，在时间和幅度上大体吻合，保持资金来源与资金运用的动态平衡；三是贷款的到期日及其金额均匀地分布在一定时期内的各个时点上，提高贷款业务的流动性。只有这样，才能避免或因一时大量放贷而产生头寸不足、因短贷长占而产生长期资金来源不足、因资金使用不当而造成高成本存款闲置等问题。

（三）防御风险

对于任何一家商业银行来讲，都衷心希望所发放的任何一笔贷款到期均能按期收回。但贷款能否收回不取决于银行良好的愿望，关键是由借款人的信用和借款人对贷款的使用决定的。也就是说，贷款的风险是不可能完全避免的，而风险一旦发生，必然会给银行带来损失。所以，银行为了减少损失，就有必要加强对贷款风险的管理，尽量避免或减少贷款损失的发生。

（四）盘活存量

贷款的存量是指银行贷款在行业、企业之间的分布状况或组合方式，它有三种表现形式：一是信贷资金的部门分布结构；二是信贷资金的企业分布结构；三是信贷资金在流动资金贷款和固定资金贷款上的分布结构。盘活存量就是要克服信贷资金在部门之间、企业之间、流动资金和固定资金之间的不合理分布，从而使信贷资金按其运动规律和要求运转，提高资金使用效益，解决信贷资金供求不平衡的矛盾。

第三章　互联网金融对商业银行的影响

第一节　比较互联网金融与传统金融

一、互联网金融的内涵与模式

关于互联网金融的内涵，有学者认为它是一种区别于直接融资和间接融资的新兴的金融形态，在《互联网金融模式研究》一文中，有学者将其归纳为第三种金融业态。而另一种观点则认为，互联网金融并不是一种"新金融"，在《互联网金融到底有多新》一文中，有学者就指出，互联网金融的"新"仅仅只是销售渠道和获取渠道上的创新，并非支付结构意义上及金融产品意义上的"新金融"。从本质上看，互联网金融还是交易各方的跨期价值交换，信用的交换，与传统金融并无差别。从这个角度来看，互联网金融仅仅只是"借互联网之名，行传统金融之实"。

互联网金融的产品设计、支付结构与传统金融行业无异，但其创新的业务模式为金融产品的销售和获取提供了全新的思路，罗明雄在其《互联网金融六大模式解析》一文中，从业务角度将互联网金融归为六类，分别是第三方支付、P2P、众筹、大数据金融、互联网金融门户、金融机构信息化，本书在结合美国及国内互联网金融业务发展经验的基础上，主要将其归为三大类，分别是：传统金融业务互联网化、第三方支付、基于互联网的创新信用业务，包括 P2P 和众筹。

其中，传统金融业务互联网化主要包括网络理财，如余额宝，网络贷款，如阿里小贷、百度小贷，也包括小额消费贷——蚂蚁花呗等。值得一提的是，这一部分是互联网金融的特别之处，其正是在互联网的云计算和大数据平台的基础上发展起来的，这些业务其实是传统金融业务的补充，互联网金融主要将客户锁定在传统金融机构所忽略的长尾客户群体上，运用其大数据的优势做到了碎片客户的集约化，弥补了传统金融机构的劣势。第三方支付主要包括 PC 端支付（包括各个银行网银）及移动端支付（以支付宝及微信支付为代表）。值得一提的是，后者现在已经不是单纯的支付工具，而是逐渐发展成为兼具储蓄和理财性质的移动支付端。以支付宝为例，其可以作为独立的备用金账户，将资金从银行部分抽取出来，存入支付宝"余额宝"中，并且提供了多元化的使用途径，如在上部分所提到的网络理财"余额宝"；基于互联网的创新信用业务主要包括 P2P 和众筹，这些信用业务也正是在互联网平台的大数据和云计算背景下发展起来的，以 P2P 平台为例，它是个人对个人或者个人对企业的网络借贷，叶湘榕在《P2P 借贷的模式风险与监管研究》一文中提出，"P2P 借贷作为一种创新的金融组织形式，并没有改变金融的功能和本质，可以将其看成是正规金融的一个有益补充"；众筹则是大众筹资的简称，指网友使用团购形式为特定项目筹集资金，是直接融资在互联网平台产生的创新信用业务。

二、互联网金融与传统金融的比较

互联网金融业务模式上的创新为金融行业带来了新的可能性，也对传统金融业造成了冲击。在结合了互联网大数据、云计算和信息流整合等功能的基础上，互联网金融表现出了其比较优势。本书将互联网金融的特性及其比较优势归纳为以下三点：普惠性、一定程度上实现了"脱媒"、创新的信用评估系统。

首先，互联网金融的普惠性是互联网金融区别于传统金融行业最大的特点，普惠性是在互联网大数据平台的基础上发展而来的，不同于传统金融行业注重"大客户"的特点，互联网金融更加注重其所忽略的"长尾客户"，如余额宝、蚂蚁花呗、蚂蚁借呗等业务模块均将客户群体锁定在金融产品需求曲线的后半部分（即需求曲线长长的尾巴）——零散的普通小型客户，并利用互联网的信息流整合功能，将碎片客户进行集中，这对传统的金融模式也是一种完善性的补充。

其次，互联网的"脱媒"性，这也是颇具争议的一点，吴晓求在《互联网金融：成长的逻辑》中提到了互联网金融"二次脱媒"理论，他认为金融中介正在经历历史演变中资本市场"脱媒"以来的第二次脱媒，并且就这次脱媒而言，互联网正是其醒化剂；而胡永妍的观点与之不同，她认为，去中介化是今后一个时期互联网金融的发展方向，现在其仍然处于相对去中介化的发展阶段；王达也认为，互联网并不会加速金融"脱媒"，并表示我国的金融脱媒是由金融抑制导致的制度性脱媒与互联网金融发展所引致的技术性脱媒的结合，而存款利率管制解除后可部分消除金融抑制，所以互联网金融发展难以加速金融"脱媒"。本书认同后者观点，认为互联网并不能加速金融脱媒，而现阶段的金融脱媒也只是一定程度上，这主要表现在互联网金融业务中的创新信用业务，如 P2P、众筹，而其他业务，如网络贷款和网络理财始终需要第三方平台的支撑。

最后，互联网金融基于大数据的信息流整合功能实现了信用评估系统的创新，其信用评估主要是将客户在互联网上的交易行为作为依据。由于互联网的信息披露功能更加充分、精确，从而在一定程度上消除交易中的信息不对称的现象，能够提供更完善和可靠的信用评估，这也是互联网金融不同于传统金融行业重要的一点。

虽然互联网金融具备传统金融行业不具备的优点，但传统金融机构在一些方面也是无法替代的。首先，由于以商业银行为代表的传统金融机构往往具备更加雄厚的资本，因此无论是其资产规模还是风险对冲能力较之互联网金融来说都更强；其次，传统金融机构发展时间较长，这就决定了其专业化分工更加细化，各个模块的功能性也更强；最后，传统金融机构具备更人性化的服务、较高的价值感知能力，从而其垄断了更多的线下大客户和高龄客户。

三、传统金融行业如何应对互联网金融冲击

面对互联网金融的冲击，传统金融机构应该进行改革创新，可以从以下几个方面入手。

第一，实施服务创新。对于银行业来说，最重要的资源是其所具有的信息平台和客户数据库。我国商业银行在互联网金融的冲击下略显慌乱，银行

没有有效利用自身所具有的数据和信息平台，反而是让一些互联网金融企业占据了主导地位。

第二，需求技术结合。传统金融机构应当积极寻求与互联网技术的结合，如现在各个商业银行都会推出"直销银行""手机银行""网络银行"等功能模块，这些模块不仅能够简化银行的柜面业务压力，更重要的是它们还与互联网进行了结合，充分利用了新兴技术，从而能够达到高效、低成本的目的。

第三，注重发展"长尾客户"群。推出适合"长尾客户"的理财、贷款产品，如"T+0"类理财产品及小额个人信用贷款等。

第四，搭建一站式金融服务平台，由商业银行主导搭建中小企业在线融资平台。我国商业银行资金雄厚，而商业银行利润是靠把钱放出去收取利息，这是商业银行搭建中小企业融资平台的动力。

第五，传统金融机构还应当提高不同功能模块之间的连续性。现阶段金融机构的功能模块之间是断裂的或者说是离散的，各个功能难以转化或转化成本较高，这就要求传统金融机构要不断实现功能创新，减少它们之间的切换过程，降低切换成本，也就是在现有功能模块的基础上做"减法"，达到高效、准确、低成本的目的。

可以看出，互联网金融在对传统金融模式造成冲击的同时，也为其模式创新提供了思路，给未来银行业的发展创造了机遇。只要商业银行等传统金融机构合理应对、积极转型，传统金融机构就完全有能力在互联网金融的竞争中占据主动。

第二节　互联网金融下商业银行的新挑战

从目前的互联网金融的发展趋势来看，互联网金融不是互联网和金融业的简单结合，而是在实现安全、移动等网络技术水平上，被用户熟悉接受后，自然而然为适应新的需求而产生的新模式及新业务。因此，从广义的角度来看，与金融业态有关的任何互联网技术和应用都应当属于互联网金融的范畴，如移动支付、网络小额借贷、金融中介、金融电子商务、在线金融理财等。具体来说，互联网金融是指通过现代信息科技，如互联网、移动支付、大数据和云计算等先进技术，实现资金融通、支付和信息中介等业务的新兴金融模式。

同时，互联网金融在为商业银行的创新和发展带来机遇的同时，更对传统商业银行的经营产生了巨大的冲击。互联网金融以其独特的经营模式和价值创造方式对商业银行的地位、经营环境等产生了重大影响，尤其是互联网企业强势进入商业银行的传统业务领域，以其方便快捷的在线服务模式获取了大规模网络用户的青睐，给商业银行的发展带来了新的挑战。商业银行必须充分意识到自身面临的危机，正视互联网金融的发展对商业银行带来的冲击和挑战，要明白只有进行改革和创新，才跟得上时代和科技的步伐。

一、商业银行金融中介地位被弱化

互联网金融更加注重客户体验，具有良好的客户基础，再加上其支付的便捷性和普惠性，大量的银行客户开始转投互联网金融公司，导致商业银行的个人存款金大量流失，存贷资金的流动性均受到影响，其金融中介地位弱化。然而，互联网金融的发展也对现存的金融模式产生了变革性影响，出现了既不同于商业银行间接融资，又不同于资本市场直接融资的第三种金融融资模式——"互联网金融模式"。这种金融模式通过互联网技术手段，可以绕开商业银行在资金融通过程的主导地位，加速金融脱媒，使商业银行的资金中介作用不断弱化。

第一，互联网技术降低了信息获取成本和交易成本，分流了商业银行融资中介的服务需求。在融资过程中，一个主要的障碍是资金的供求双方无法及时有效地沟通资金供求信息。作为经济生活中最主要的金融中介，商业银行一直作为资金供求的信息汇集中心而存在，并在长期经营中形成了信息收集和处理的规模经济效应。以互联网为代表的现代信息科技，特别是移动支付、云计算、社交网络和搜索引擎等，改变了信息的传递方式和传播途径，为金融交易储备了大量的信息基础。

然而，在互联网金融模式下，由于有搜索引擎、大数据、社交网络和云计算，市场信息不对称程度降低，交易双方在资金期限匹配、风险分担的成本减少，资金供需双方利用搜索平台寻找交易对象，之后的融资交易过程由双方自己完成，银行、券商和交易所等金融中介的作用出现逐步弱化的趋势。

第二，互联网金融改变了银行独占资金支付的格局。支付是商业银行最原始的业务，银行现行的存、贷、汇等业务都是从支付业务中衍生出来的。商业银行作为支付服务的中介，主要是依赖于在债权、债务的清偿活动中人们在空间上的分离和时间上的不吻合。互联网技术的发展使网络购物和电子商务获得了蓬勃发展，打破了时间与空间的限制。中国电子商务研究中心统计数据显示，中国电子商务市场交易规模由 2008 年的 2.9 万亿元增长至 2013 年的 13.9 万亿元，其中网络零售额超过 1.85 万亿元，在线购物人数为 3.32 亿元，我国已经成为世界最大的网络零售市场。电子商务的发展使支付渠道由银联或银行的 POS 终端转为网络支付，第三方支付和移动支付借助具有互联网特色的灵活经营模式为用户提供了良好的支付体验，任何一台可以上网的电脑或移动终端均可随时替代银行物理网点完成支付，降低了支付业务对银行分支机构的依赖。2010 年年底以来，支付宝、财付通等支付公司推出了各自的快捷支付产品，用户无须开通网银，直接输入卡面信息就可以快速完成支付，整个支付链条绕开了网上银行的交易限额限制，对商业银行的电子银行端产生了很大冲击，对商业银行的传统支付产生了比较明显的替代作用。

由此可以看出，第三方支付平台已经能够为客户提供收付款、自动分账、转账汇款等结算和支付服务，在相当程度上冲击着商业银行的支付中介地位。

二、商业银行客户资源被剥夺

在互联网企业推出的余额宝等金融理财产品具有门槛低、赎回快、风险收益稳定等特点，解决了长期以来备受诟病的沉淀资金利息之争的问题，影响了商业银行的存款业务。以人人贷、宜信为代表的网络借贷平台，实现了小额资金投资理财欲望与小额借款者融资困境的直接匹配，成为互联网直接融资模式的雏形。以阿里金融为代表的新型贷款模式创造了"小贷＋平台"的融资模式，直接向供应链融资、小微企业信贷融资等领域扩张，提供"订单贷款"和"信用贷款"。随着快捷支付的兴起，第三方支付平台可以使用自己的虚拟网关直接获得客户相关信息，同时掌握了客户的信息流和资金流，从而瓜分了商业银行的客户资源，使主要掌握资金流优势的商业银行在客户争夺上处于相对被动的地位。互联网企业正全面入侵商业银行的传统领地，对商业银行产生了全面性、系统性和持续性的冲击。

相较于商业银行，互联网企业在发展互联网金融业务方面，具有一定的优势。

第一，互联网企业拥有数量庞大的网络用户群。用户规模是互联网公司的第一核心竞争力，用户黏性反映了用户对产品和信息的依赖程度。因此，扩展用户规模和提高用户黏性一直是互联网企业发展的重点。

第二，互联网企业比商业银行更尊重客户体验，强调交互式营销、主张平台开放，并且在运作模式上更强调互联网技术与金融核心技术的深度整合。在互联网时代，网络技术的发展大大便利了信息的获取，人们可在短时间内搜寻到性价比最高的产品，转换成本很低，加之产品具有易于复制和模仿等特点，客户黏度下降，如何在有限的时间里吸引用户的眼球并黏住用户成为网络企业最关注的问题。为了提升用户黏性，互联网企业从客户需求出发，不断完善产品体验，不断推出新产品、新应用，或者对现有的产品进行升级，聚合更多功能。以支付宝为例，该公司非常注重用户体验，在组织架构中专门设立了用户体验部，积极尝试将重力加速感应、虹膜等新技术应用到移动支付中，并将提升各方用户体验作为近几年发展的主线。在为客户提供灵活性产品方面，互联网企业也走在了前面。例如，第三方支付公司可以为客户提供个性化的支付服务方案，只要企业客户提出增加支付模式的需求，第三方支付企业就会很快进行回应。而国内的商业银行在客户体验方面还有待加强，虽然都是以客户为导向，但落实效果差强人意。当客户对一些产品和服务体验不佳时，商业银行要么不重视，要么由于其内部庞大的变革和沟通成本往往应对迟缓，甚至不了了之。

第三，与商业银行复杂的内部流程相比，互联网企业金融产品的操作流程相当方便快捷。在生活节奏越来越快的今天，操作流程的便捷程度受到了更多用户的关注。传统的商业银行操作流程烦琐复杂，相比之下，互联网金融平台的工序显得简单快捷得多。以贷款为例，商业银行为了降低风险系数而设置了多个流程，一般包括借款申请、贷前调查、风险评价、逐级审批、合同签订、贷款发放等多个环节，从借款人提交申请到贷款实际到账的周期较长。而网络借贷的流程大大简化，贷款审批流程简单、放款速度快、产品类型丰富多样，借款人只需在电脑前轻点鼠标即可完成贷款申请，信誉良好的借款者最快当天就可以获得款项。以阿里金融为例，其放贷评估标准有别于传统信贷理念，它以商家在网上的现金流和交易额为参考，在此基础上建立了无须担保和抵押的小额信贷模型，从申请到发放贷款当天就可以完成。另外，互联网金融产品在"关注用户体验"和"致力界面友好"的设计理念之下，其支付方式也相对便捷许多。银行支付方式一般采用 U 盾等安全防护产品的操作，而"快捷支付"可以直接通过输入卡面信息快速完成付款。

第四，互联网企业在信息收集和处理方面更具有优势，其海量的交易信息和信用数据正在催生出更多新的金融服务。互联网金融只有在大量信息的基础上才能做到精准定位和推送，进而为客户量身定制更有吸引力的金融服务方案。互联网企业比商业银行更具有数据挖掘的优势。信息处理的过程可以简单地划分为三个环节：采集、传输和分析。传统金融行业通过纸质问卷调查、人工询问获取数据后再输入至数据库，而互联网企业的数据采集完全通过网络完成，环节简化，客户的所有信息都以数据的形式存在，依靠网络进行传输和分析，提升效率的同时降低了信息搜集和处理的成本。互联网电子商务平台和第三方支付组织在运营中积累了大量客户，这些客户的交易记录、买家评价等信息构成了重要的信用记录，互联网企业直接留存了历史交易记录、资金流信息、客户交互行为等，这些用户的真实消费数据和商户的真实经营数据能够帮助评估、跟踪用户及商户的信用水平和还款能力，而且这种数据能够被平台持续地生产出来，是动态数据而非静态数据，可以及时对用户数据的误差不断进行修正，从而为精准的营销和个性化的定制服务提供强有力的数据支持。

总之，互联网企业利用自身的优势参与到金融行业，其服务类型已经从原来简单的第三方支付功能逐渐渗透到小额信贷、资产管理、基金和保险代销等商业银行的核心服务领域。金融行业和互联网企业未来的发展方向出现了"战略重叠"，它们都朝着"金融服务方案创新"这个路线发展，而互联网企业的进入，直接瓜分了原本属于银行的市场，争夺了银行的客户资源。

三、商业银行传统盈利模式受到冲击

近年来，我国在利率市场化改革方面采取了许多重要措施，取得了较大进展。

1996 年 1 月 3 日，全国银行间同业拆借市场成立，这是我国利率市场化改革的第一步。1996 年 6 月，中国人民银行根据市场需要，取消上限管理，实现由拆借双方根据市场资金供求自主确定拆借利率。1997 年 6 月，银行间债券市场正式启动，同时放开了债券市场债券回购和现券交易利率。1998年3月，我国改革再贴现利率及贴现利率的生成机制，放开了贴现和转贴现利率。

1998年9月，我国放开了政策性银行金融债券市场化发行利率，1999年9月，我国成功实现国债在银行间债券市场利率招标发行。1999年10月，我国对保险公司大额定期存款实行协议利率。1998年，金融机构对小企业的贷款利率浮动幅度由10%扩大到20%，农村信用社的贷款利率最高上浮幅度由40%扩大到50%；1999年允许县以下金融机构贷款利率最高可上浮30%，将对小企业贷款利率的最高可上浮30%的规定扩大到所有中型企业（2002年又进一步扩大试点）。2000年9月21日实行的外汇利率管理体制改革放开了外币贷款利率；300万美元以上的大额外币存款利率由金融机构与客户协商确定。2002年3月，将境内外资金融机构对中国居民的小额外币存款纳入中国人民银行现行小额外币存款利率管理范围，实现中外资金融机构在外币利率政策上的公平待遇，同时下放了非中国居民的小额外币存款利率的自主决定权。

2013年7月20日，中国人民银行全面放开金融机构贷款利率管制，取消金融机构贷款利率0.7倍的下限，由金融机构根据商业原则自主确定贷款利率水平，取消票据贴现利率管制，改变贴现利率在再贴现利率基础上加点确定的方式，由金融机构自主确定，对农村信用社贷款利率不再设立上限，基本实现贷款利率市场化。2014年的政府工作报告指出，要深化金融体制改革，继续推进利率市场化，扩大金融机构利率自主定价权，"存款利率开放"也提上了日程。互联网金融的蓬勃发展为利率市场化提供了一块很好的"试验田"，其发挥的"鲶鱼效应"所引发的自主利率市场化进程要比监管部门自上而下地推动容易得多。

互联网金融通过便利和低成本的网络渠道与创新提高了社会资金的动员能力，加快了资金的流转速度，加强了银行在负债端的竞争，使利率及时地反映资金供求，进而引导资金的合理流动，大大推动了存款利率市场化的改革进程。互联网金融通过互联网货币基金等理财产品为储户提供稳定且接近实际利率的回报，使大量中低收入人群的闲余资金享受到了真实利率带来的收益，大大降低了金融的准入门槛，极大地提升了普通民众小额闲置资金的参与热情。由于各种互联网金融产品的冲击，银行的短期利率对应上升，不少商业银行也开始推出活期理财产品，放弃活期存款利率带来的巨大利差，事实上开启了存款利率市场化的步伐。互联网金融的发展使大量非金融机构得以提供金融服务，降低了金融服务的准入门槛，银行、证券和保险这些不同领域的业务得以互相渗透，投资者可以依据大数据提供的优势对借款人进行市场化、差别化的利率定价，为利率市场化乃至整个金融市场化的发展提供强劲动力。中国人民大学金融证券研究所所长吴晓求表示，互联网金融正在倒逼利率市场化，从我国的实践来看，它已经成为我国金融体系深度改革的战略性力量。利率市场化改革进程的加快使商业银行的传统盈利模式受到冲击，增加了商业银行的经营压力。我国银行业在近十年中实现了快速稳定持续的发展，盈利能力持续提高，利润增长显著。但是，我国商业银行的发展模式和盈利方式仍然较为粗放，银行的经营模式是以传统的存贷款业务为核心，利息收入作为利润的主要来源，银行的利润构成中非利息收入比重较低。非利息收入是商业银行除利差收入之外的营业收入，主要是中间业务收入和咨询、投资等活动产生的收入。

然而，在利率市场化、放开利率管制的情况下，银行生存的需求再也不能仅仅建立在单一存贷利差收入的基础上，商业银行必须在此基础上调整业务结构及经营战略，而这会增加其面临的风险和压力。利率市场化还将加大银行业的利率风险。利率变动给银行财务状况带来了风险，并改变了银行的净利息收入和其他利率敏感性收入，从而影响了银行收益，同时还将影响银行资产、负债和表外工具的内在价值。从世界各国推行利率市场化的情况来看，伴随而来的往往是部分银行的兼并重组甚至破产。规模小、风险管理能力差、客户基础薄弱的银行在利率市场化过程中由于竞争力差，被迫采取激进的存款定价策略和客户开发策略，经营成本急剧上升，出现亏损，甚至导致破产。

四、商业银行经营的风险增加

随着现代信息技术的兴起和发展，互联网金融作为互联网与金融业之间对接的一种创新的金融模式出现，我国随之进入了互联网金融时代，各种各样的金融模式，如网上银行、网络支付等模式逐渐形成并快速发展起来。作为一种新兴的金融模式，互联网金融的运营模式很大程度上改变了传统金融模式体系的基本职能，任何交易的双方都可以通过这一平台完成操作，在节约时间和资金的同时对资金的流通也有着推动作用。互联网金融是基于互联网思想，通过技术支持进行的金融活动，有着透明度高、参与者广泛、成本低、信用数据准确且广泛等多个特点，其最大的特点就是开放性和共享性。具体来讲，利用互联网技术进行金融活动和管理，自然有着一定的透明度，对信息的获得也很方便；互联网金融中的参与者有很多，随着参与技术手段的多样化，参与的用户也在不断增多，同时促进了资金的流动。但是由于互联网金融的违约成本较低，并且没有相关的法律法规对其约束，对市场的金融行为造成了一定的影响，一旦某个环节出现"失误"和风险，往往会在很短的时间里影响到其他金融交易主体，加大金融风险防范和补救的成本。因此，互联网金融在提高金融行业和商业银行的经营效率的同时，也产生了比传统金融更复杂、更难以防范的金融风险。商业银行经营互联网金融业务的风险主要体现在技术风险、操作风险、成本收益风险、纵向竞争风险等方面。

第一，在互联网金融时代，商业银行会面临更高的技术风险。互联网金融迅猛发展得益于金融对互联网技术的充分利用，而网络技术的稳定与安全性风险也会转嫁至互联网金融，造成系统性风险。如果没有妥善维护和保存相关实体设备，导致设备破损或功能丧失，就会形成物理性风险，无法有效抵挡外部恶意攻击。同时，选择的网络技术若不成熟也会导致信息送达速度低、信息传输过程中断及网络不稳定问题等，对商业银行的业务开展造成严重影响。目前，网络通信系统平台处于充分开放的自由状态，密钥管理和加密技术需要提升，TCP/IP 协议的安全性不高，安全管理不规范，系统认证程序有待统一，信息系统一旦遭到计算机病毒侵略及电脑黑客的恶意攻击，极易引起交易主体资金损失。2012 年，我国有 84.8% 的网民遇到过网络信息安全事件，高达 4.56 亿人次，包括个人资料泄露、遭遇钓鱼网站、网购支付不安全等。由于互联网金融业务主体无法现场确认各方的合法身份，交易信息由互联网传输，无法进行传统的盖章和签字，由此产生个人信息可能被非法盗取、篡改的风险。商业银行更是钓鱼网站和黑客攻击的主要对象，不法分子通过简单的网页制作技术，模仿和制作出与原银行网站相仿的网站，并申请相似域名，模仿银行客户进行相应的操作，转走客户账户上的资金。曾经出现过的域名和工商银行网站极为相似的钓鱼网站就曾经使很多银行客户的利益受损。因此，信息技术安全性成为网络信息系统的潜在风险隐患，而且计算机病毒可通过互联网快速扩散与传染，一旦某个程序被病毒感染，整个互联网都会受到该病毒的威胁。在传统金融业务中，计算机技术风险只会带来局部的影响和损失，而在互联网金融业务中，技术风险可能导致部分系统出现系统性风险，进而导致体系的崩溃。

第二，商业银行相关人才的缺乏使商业银行面临较高的操作风险。巴塞尔银行监管委员会对操作风险的正式定义是"由于不完善或有问题的内部操作过程、人员、系统或外部事件而导致的直接或间接损失的风险"。互联网金融操作风险主要涉及客户在网络申请的账户的授权使用、安全管理和预警、各类客户间的信息交换、电子认证等。此外，还可能因客户欠缺网络银行操作安全等知识，使其暴露在高操作风险的环境中。目前，商业银行的业务人员有相当一部分对互联网金融业务的操作程序并不了解，在银行发展互联网金融业务时，银行业务人员因操作程序不规范、操作流程不统一容易导致操作失误，这种失误对交易主体在交易过程中的流动性、支付结算系统连贯性等环节将会产生不利影响，势必会不利于商业银行网络银行业务等互联网金融服务的顺利开展。

第三，商业银行需要投入大量的基础性资源开展互联网金融业务，面临成本收益风险。电商机构和网贷平台主体依托互联网提供金融服务，省去了营业场所、人员等基础成本，同时随着网络使用人数的不断增多，其在网上开展的各类金融理财产品也更易被客户所接受。因此，与传统银行相比收益成本更高。传统银行开展互联网金融业务必然需要增加相关技术人员、网点联网等技术改造资源，需要的基础性资源投入成本要高很多，收益风险相对更高。

第四，互联网金融是跨行产业，各大媒体均借助自身优势快速发展，在互联网金融法律体系尚不完备的情况下，给商业银行带来了很高的纵向竞争风险。纵向竞争风险主要指各互联网金融主体由于相互竞争引发的经营风险。我国现有的金融监管法律法规都是在传统金融体制下逐步发展和完善的，面对快速扩张的互联网金融业务，金融监管法律法规并没有赋予互联网金融业务明确的监管界限与法律约束。由于立法滞后，监管缺位，准入门槛过低，导致互联网金融行业内部良莠不齐、发展不均衡。一些互联网金融主体从业经验缺乏、风险控制意识薄弱，为了抢客户资源不择手段，擅自突破业务范围，非法募资、违规发售彩券、抽奖等变相博彩行为及其他违法违规行为时有发生。在无约束的市场中，行业发展可能由于过度竞争导致秩序混乱，最终影响整个互联网金融行业，加大了商业银行的经营风险。

第三节 互联网金融对商业银行的冲击

一、宏观经济的制约与限制

首先，金融市场结构不合理。我国金融市场现阶段的发展水平较低，商业银行融资仍是我国主要的融资渠道，而且直接融资和间接融资不平衡的现象较为严重。在我国近年来的融资结构中，间接融资占比较大。

据初步统计，2019年社会融资规模增量累计为25.58万亿元，比上年增加3.08万亿元。其中，对实体经济发放的人民币贷款增加16.88万亿元，同比增加1.21万亿元；对实体经济发放的外币贷款折合人民币减少1 275亿元，同比减少2 926亿元；委托贷款减少9 396亿元，同比减少6 666亿元；信托贷款减少3 467亿元，同比减少3 508亿元；未贴现的银行承兑汇票减少4 757亿元，同比减少1 586亿元；企业债券净融资3.24万亿元，同比增加6 098亿元；政府债券净融资4.72万亿元，同比减少1 327亿元；非金融企业境内股票融资3 479亿元，同比减少127亿元。12月份社会融资规模增量为2.1万亿元，比上年同期增长1 719亿元。

从结构看，2019年对实体经济发放的人民币贷款占同期社会融资规模的66%，同比降低3.7个百分点；对实体经济发放的外币贷款折合人民币占比 –0.5%，同比增长1.4个百分点；委托贷款占比 –3.7%，同比增长3.4个百分点；信托贷款占比 –1.4%，同比增长1.7个百分点；未贴现的银行承兑汇票占比 –1.9%，同比增长0.9个百分点；企业债券占比12.7%，同比增长1个百分点；政府债券占比18.5%，同比减少3.1个百分点；非金融企业境内股票融资占比1.4%，同比减少0.2个百分点。

其次，金融体制改革滞后。金融制度对金融活动有规范、约束作用，这种规范作用能防范金融活动中的道德风险和投机欺诈行为，从而对金融活动有所保障。我国金融体系的创新在较大程度上受制于金融制度的改革，它对金融体系的创新方向有制约作用，并对包括业务、产品等要素因素的创新深度有所影响。

最后，金融业受分业经营模式的制约。改革开放以来，我国出现了许多金融机构，各类金融机构之间的竞争逐渐激烈。此外，外资银行在各个金融领域开展业务，我国商业银行面临本国银行业与外资银行的双重挑战，经营形势不容乐观。在分业经营的政策背景下，商业银行业务范围受到限制，在面对客户多样化的需求时无法拓展业务领域。此外，经过多年的发展，一些非银行类金融机构和非金融机构积累了大量资金和成熟的技术，逐渐开始向银行业渗透，使传统金融机构面临更大的经营压力。

二、资金运用结构不合理

我国商业银行的资金运用结构较为不合理，贷款结构不合理问题比较突出，企业贷款占全部贷款规模的 80% 以上，而零售贷款仅占全部贷款规模的 15%。这与我国的消费观念有关，住房按揭贷款、汽车贷款等是我国居民的主要贷款去向，在商业银行经营中占主导地位。我国银行业长期局限于传统的产品竞争中，各商业银行之间的同质化问题突出，在行业内形成了激烈的竞争态势，限制了商业银行的盈利空间，资产收益利率偏低。另外，经过较长时间的发展，我国商业银行形成了一定的思维方式，商业银行偏向于政府大型项目、大平台等项目，而借贷模式采用借新还旧、还后再贷的模式，这导致融资产品成本逐步升高，贷款利息压力越来越大，投资本身已超出项目盈利能力。

三、产品缺乏创新

近年来，为了避免利息收入比重过高而导致盈利模式单一，我国商业银行积极发展中间业务，并取得了一定的成效，但从整体来看，我国商业银行主导的收入模式仍是依靠存贷利差盈利，并没有从根本上改进。从我国商业银行中间业务的发展现状来看，虽然许多商业银行开展了中间业务，推出了特色的中间业务产品，但是相对来说，产品的品种较少、规模不大，而且不同商业银行之间的同质性问题比较严重。

目前，从世界范围来看，商业银行的中间业务品种已超过 4 000 种，但我国还不足 400 种，整体产品规模仍远远不够。另外，我国商业银行中间业务的技术含量较低，整体的产品和业务创新性不足，主营的中间业务仍集中在操作简单、技术性不高的劳务型和操作型业务上，因而使中间业务的收益并不高。

四、服务理念陈旧

"没有规矩，不成方圆"，服务也是如此。一个操作性强的服务标准将会大大增加银行不断向客户提供优质服务的可能性。

商业银行业具有被高度监管、行业垄断、风险高度监控等特点，已经习惯了较为封闭、独享的市场，习惯了居高临下的服务方式，这样就导致新的服务理念和方式无法融入。商业银行在服务上依旧秉承着之前的服务理念，服务模式和服务理念需要革新。商业银行要从服务理念上求谋变，其本质是实现由"以产品为中心"向"以客户为中心"的一种转变。同时，商业银行要针对客户快速变化的需求，有效使用客户信息，有针对性地进行创新。

因此，传统银行应加快转变服务意识，摒弃原有的推销式经营模式，必须根据客户进行细分，提供金融产品在互联网尤其是移动互联网的客户端定制化部署，使客户可以在诸多移动金融服务中自行选择和灵活下载，优化用户体验。

第四节　互联网金融对商业银行业务的影响

商业银行的业务主要有三类，即资产业务、负债业务和中间业务。负债业务包括吸收存款、借款等，主要是指商业银行资金来源的业务；资产业务主要是指商业银行将吸收的资金从事放贷、投资等业务；中间业务是指那些不构成商业银行表内资产、表内负债，形成银行非利息收入的业务，如支付清算、账户管理、代理及委托等业务。

互联网金融的业务已经渗透到金融行业的方方面面，并已初具规模。其中，融资模式、余额宝类理财产品和第三方支付分别与商业银行资产、负债和中间业务服务对象具有某种程度的重合，对商业银行的三类业务造成了不同程度的影响。

一、商业银行各项存款业务分流的影响

根据中国人民银行公布的数据显示，从 2013 年 6 月起，银行存款的增速开始出现了严重下滑，截至 2014 年 8 月，全国性大型银行存款总额为 70.76 万亿元，较 6 月份中报时减少了 0.83 亿万元，下降幅度达到 1.18%，

其中活期存款少了 0.42 亿元，定期存款略有下降，相对影响较小。与此同时，货币基金市场正在快速发展，以余额宝为例，2013 年 6 月底余额宝资金规模是 66 个亿，到 2014 年 9 月其规模已经上升为 5 349 亿元，增长速度极快。在一定程度上分流了商业银行存款，特别是活期存款。

经过分析可知，互联网金融能够分流商业银行存款的原因有以下几个方面：首先，余额宝等货币基金类产品没有设置进入门槛，同时兼具理财和便捷支付双向优势，极大地激起了消费者购买的热情；其次，由于电子商务的快速发展，网络消费活动的增多，增加消费者对余额宝的依赖；最后，余额宝类产品展现出的安全性增强了消费者的信心。

二、商业银行结算类业务的影响

传统银行支付结算业务是依托账户与网点体系开展资金转移。其弱点是缺乏网点渠道优势，即使依赖大量的建设受理渠道与网点，由于其昂贵的成本和缺乏结合网络的优势，也不能在短时间内满足大量目标客户的需要。基于互联网的第三方支付企业，互联网突破了地域和时间的限制，而其边际成本的优势在于第三方支付企业通过零门槛或者免费的方式获得客户对第三方支付企业的青睐，它对银行结算业务的影响主要有以下几个方面。

（一）网络优势的冲击

以支付宝、财付通这两家第三方支付公司为例，每个具有联网功能的电脑上都有支付宝网点，每个有联网功能的手机上有财付通的网点。这些服务到个人的"网点"的确立不需要任何费用。相关的 App 下载也是免费的，同时虚拟账户的注册开户是免费的，个人使用消费、转账也都是免费的。它们的利润主要靠沉淀资金的资本运作收入与流动资金的结算收入。阿里集团从支付宝获取的资金又通过淘宝商户流量贷和小贷公司模式放出。财付通对外报价的商户微信支付手续费为 0.6%。第三方支付企业的盈利模式本质上与银行一致，只是规模要比单一银行乃至整个银行业大得多。反观银行业，这几年在虚拟渠道建设中进度落后、各自为政。大多数银行状态只是受理自行卡的网银，没有跨行受理工具。手机渠道更是一个网银渠道的翻版，根本没有体现手机终端与身份相关联的功能。这种虚拟渠道与传统网点渠道就可以发现，虚拟渠道中客户付出的成本要远低于传统渠道。例如，余额宝的规模突破 5 000 亿元，用户数超过 8 100 万，其所需要投入的仅仅是百台服务器，即使按目前最贵的服务器价格进行购买，成本也不超过 2 000 万元。但如果用银行传统网点进行覆盖，即便每个网点仅投购置与装修费用 300 万元，按照每 5 万客户一个网点计算，便需要投入 48.6 亿元。虚拟渠道仅仅是传统网点成本的 0.4%。这里还未将网点需要的人力费用纳入考量范围。

（二）客户认证方式的冲击

从获取客户的层级与能力上，虚拟渠道和实体渠道所承载的客户群不同。虚拟渠道适用于具有一定程度操作互联网技术能力和风险承受能力高的客户群，而实体渠道则适用于缺乏网络能力与风险承受能力低的客户群。因此，第三方支付公司的支付工具从不是 100% 安全，却是 300% 的方便。第三方支付企业开设虚拟账户，有的都不用验证客户身份信息，使用 E-Mail 就可以开户并收付款项。客户可以在线完成开户，无须亲自前往网点。这种差异在监管上是风险控制承受能力的差异。第三方支付这种业务开展方式对于银行的冲击很大，使众多客户在第三方支付工具简单的诱惑与银行支付工具复杂的排挤下，流向第三方的怀抱，致使银行的支付结算功能不断被边缘化。

（三）商户应用体验的冲击

若说方便、快捷是第三方支付工具的优势，那其无限的商户应用体验就是第三方支付工具对银行支付工具的制胜法宝。大数据告诉我们，支付宝的交易流量 80% 来自淘宝和天猫这两家商户应用平台的支持，而财付通超过 90% 的交易流量来自 QQ 与微信。没有大量的小商户商品与应用的聚合力，支付宝等第三方工具就很难在支付层次上聚合众多个人用户。而客户应用内容则是银行支付工具所缺乏的资源。一张银行卡除能使享受到一些特定的权益、特惠商户外，很难凭借其自身魅力（卡面设计、材质、银行品牌甚至信用额度）吸引个体客户前来开户办卡。在没有银联之前，一个银行卡是否具有吸引力主要通过其收单受理实力的强弱进行评定。在后银联时代，银行卡（包括信用卡）等卡基支付工具产品魅力已经和其行有多少 POS 机、ATM 无关，而是要看该银行卡可以给它的客户提供多少生活场景。但现状是银行支付结算工具的客户生活服务产品设计理念非常缺乏。客户对银行支付产品的黏性低，而第三方支付工具却为客户提供了大量小商户商品应用，提供了完善的生活产品应用服务。

三、商业银行资产业务的影响

商业银行的资产业务一般包括贷款、现金、央行存款、贴现、证券投资、客户提存和转账结算几大类，而贷款是我国商业银行最主要的资产业务。据中国人民银行统计，截至 2013 年年底，银行类金融机构的各项贷款占资金运用的 61.28%，其中非金融企业贷款是各项贷款的主要部分，它占资金运用的比重为 44.15%。互联网金融对商业银行资产项的影响主要在于互联网融资类业务分流商业银行贷款业务。互联网融资类业务的贷款平台按出资人不同可以分为人人贷等个人网贷平台和附属于电商平台、主要针对平台商户的机构网贷平台。凭借其在信息处理方面的优势，互联网融资可针对个人和小微企业融资需求"短、小、频、急"的特点设计流程及产品，更好地为其提供融资支持。

互联网融资在短期内不会对商业银行的贷款规模造成影响，主要原因是在我国尚未实现信用信息联网公开共享的情况下，借款人存在编造虚假信息的可能性，互联网信息与数据的真实性无法得到有效保障。因此，互联网融资在短期内覆盖范围主要是现有银行体系无法提供有效服务的小额借贷人群和小微企业。如个人网贷平台主要面对的客户群是不符合银行贷款条件的个人及个体业主，机构网贷平台主要是以阿里小贷、京保贝等为代表的供应链金融，主要服务于不符合银行贷款条件又没有担保的小微企业。可见，无论是个人网贷平台还是机构网贷平台，其客户与商业银行的客户几乎不会产生交集。此外，网贷平台的规模还比较小，尚未形成规模效应，资金来源有限，因此利率也比银行利率要高，对符合银行贷款条件的客户缺乏吸引力。机构网贷平台一般使用自有资金进行放贷，其贷款利率远高于银行。如阿里小贷的信用贷款额度为 5 万至 100 万元，日利率为 0.05% ～ 0.06% 之间，初步估算，年利率达 18%，这远远高于我国传统银行业的利率水平。个人网贷平台的利率一般达到 15% ～ 24%，符合银行贷款条件的优质个人客户则更愿意选择平均利率 6.5% ～ 9.5% 的银行个人消费与经营性贷款。因此，互联网融资与商业银行贷款目前主要是合作与互补的关系。

长期来看，互联网融资对商业银行资产业务会造成较大冲击。一方面，随着信用信息的联网公开共享，贷前审查评估、担保、交易竞价和货后管理等专业性业务的产生及发展，互联网金融可通过整合担保线下金融服务公司等方式，凭借强大的信息搜索和处理能力，更加有效地判断客户的资质。投资人可依靠这些信息直接与借款人进行交易，降低通过商业银行等中介机构交易的成本，从而形成独特的"公众型小额融资市场"。一旦互联网融资形成规模效应，商业银行在利率上的优势就会逐渐丧失。而互联网融资办理投融资业务效率高，其贷款成本及利率不受中国人民银行的管制，属于自由定价，促使资金需求者开始投奔手续简单、便捷高效的互联网企业，造成了商业银行信贷客户的流失。另一方面，目前小微信贷业务在我国商业银行资产业务中所占的比重较小，不是我国商业银行的重要业务。随着利率市场化进程的进一步推进，大中型企业的存贷利差缩小，而小微信贷具有收益高的特点，这必然会促使我国商业银行将开发小微信贷作为其发展方向。互联网企业依赖其强大的平台和技术优势率先进入该领域，必将对我国商业银行未来发展小微信贷业务产生不利影响。

四、商业银行中间业务的影响

从互联网金融大量的第三方支付交易额到互联网金融推出的基金、理财产品的火爆情况，我们可以看到，互联网金融从最初的抢占银行代缴电话费、水电费业务，到目前开始抢占银行的基金代销、保险代销业务、个人理财业务，互联网金融对商业银行步步紧逼，大幅度压缩了基于银行支付而衍生的中间业务的利润空间。

2013年，互联网金融对我国商业银行的影响莫过于余额宝的推出。余额宝具有收益率比活期存款高、风险小等特点，它的推出给我国商业银行活期存款业务带来了巨大冲击，是互联网金融涉足基金代销业务的经典案例。余额宝模式大大拓宽了基金销售渠道，减少了基金公司对商业银行代销的依赖，进一步分流商业银行基金代销业务。至此，余额宝也开启了第三方支付平台直销基金的先河。

随着基金行业资产管理规模的不断扩大，基金已经成为第三方支付企业业务的"新蓝海"，多家支付公司对这一市场跃跃欲试。截至目前，汇付天下、通联支付、银联电子、易宝支付、支付宝、财付通、快钱七家机构已经通过证监会的审批，获得基金第三方支付牌照，成为基金公司的直销渠道。经过不断发展，基金第三方支付机构已经积累了一定的用户，如汇付天下"天天盈"平台已经拥有超过 150 万的用户、支持 46 家基金公司、32 家银行、800 余只基金产品；银联电子的"银联通"合作基金公司已达 57 家，支持基金产品近 900 种、银行近 20 家，累计用户超过 100 万。基金第三方支付飞速发展使传统银行代销渠道将一步步被蚕食。

互联网金融对商业银行中间业务的冲击主要是基于第三方业务的飞速发展，2011 年至今，中国人民银行共发放 269 家第三方支付企业的业务许可证书，互联网企业正式涉足金融支付业务，截至 2019 年，中国网上支付业务量及网上支付业务金额均快速增长。2014—2019 年，中国网上支付业务金额逐年增加，2018 年中国网上支付业务金额为 2 126.30 万亿元，同比增长 2.5%；2019 年中国网上支付业务金额为 2 134.84 万亿元，同比增长 0.4%，进一步挤占了商业银行的支付市场。互联网巨头借鉴境外电子商务发展的优势，逐步将电器业务与境外的消费结合到一起，进一步拓展了业务发展的范围。例如，阿里巴巴在 2015 年积极筹划对印度的投资和支付宝业务等发展到韩国。此外，腾讯的微信支付也实现了将人民币直接转化为美元、日元、欧元等八种货币对外直接支付。

加上第三方销售平台能够提供基金等理财产品的销售，相较于银行行业具有较低手续费和中介费，一定程度上影响了商业银行代理销售相关的业务。它主要冲击了传统商业银行的非利息收入，包括银行卡现有的手续费收入、理财产品的管理费收入和银行代理产品的手续费收入等。目前，互联网支付主要集中在零售支付领域，还没有涉及外币支付、票据支付、金融市场资金清算和银行与金融机构间的资金清算等。所以，互联网金融对商业银行的全部业务类型均有一定程度的影响。

第四章 互联网金融环境下商业银行的风险研究

第一节 互联网金融环境下商业银行风险管理基础

一、传统商业银行的风险管理核心概念

（一）风险与风险管理

1. 风险、损失与收益

风险不同于损失，它指有可能损失的程度，也指有可能获取超额收益的程度。也就是说，经济学中的风险不同于保险业务中的风险。保险业务中的风险总是损失的代称，所以它有时也称危险。经济学中的风险是指一种动态行为，指对经济主体的双重影响方式，即蒙受损失和获取收益的可能性。

风险是一种机制，不是单纯的经济现象。风险的客观性和不确定性可以促使经济运行过程中各经济系统形成一种自我约束、自我调节、自我平衡和自我发展的规则，并在此基础上相应调整经济运行中各种利益关系，以寻求资源的有效配置。也就是说，风险并不是一种单纯地静态反映损失或收益的大小。换言之，由于银行风险具有损失和收益的双重机制的作用，可以寻求金融发展和运行效率的最优组合，通过深化金融改革以促进经济发展。

商业银行风险是指商业银行在经营过程中，由于事前无法预料的不确定因素的影响，使商业银行的实际收益与预期收益产生背离，从而导致银行蒙受经济损失或获取额外收益的机会和可能性。商业银行风险涉及面广，损失巨大。由于银行风险的主体和客体不同于其他行业，经营货币本身就是一种风险极强的活动，特别是银行资本金大、辐射力强、涉及面广，而贷款对象错综复杂，市场变化莫测，故风险要比其他行业大。此外，商业银行具有信用创造职能，通过这一职能，信用活动风险被成倍扩大，并形成连锁反应，对存款人乃至整个经济体系形成极大的潜在威胁。

2. 风险管理与商业银行经营

风险管理作为一门学科是研究风险发生规律和风险控制技术的科学。而作为一种行为，它是指应用一般的管理原理管理一个组织或一个活动的资源要素，并通过运用各种风险管理技术和方法，以有效控制和处置所面临的各种风险，从而达到以最小的成本获得最大安全保障的目标。

风险管理的核心在于选择最佳风险管理技术组合，体现了成本与效益的关系，每一种风险管理技术都有其相应的适用范围，因此经济合理地运用优化组合和各种控制技术是实现管理目标的重要环节。风险管理的目标在于获得最大的安全保障，在决策时，不仅要通过研究风险发生的规律，确定风险所致的损害程度，选择降低损失的方案，还要不断修改控制方案，切合实际地评价管理效果。实施风险管理方案是一个动态过程，必须根据实际情况随时修改管理方案，以期实现社会和经济的最大稳定。

商业银行的大多数业务都是有风险的。一般来讲，作为经济活动的风险，其产生和存在的必要条件是具备时间跨度和两个以上的交易参与者这两个因素。商业银行的多数业务都包含着风险产生和存在的必要条件，如存款、贷款和投资等，涉及银行和客户等多个交易参与者，都需要经历一段时间推移才能终结，所谓信贷资产的二重支付和二重归流规律就充分体现了这一点。商业银行经营中的风险可谓"无处不在，无时不有"。商业银行的资产主要是金融资产和市场价格资产，是客户对银行的负债，是一种基于信用行为而形成的资产。当客户违约或其信用状况变化，或是市场环境发生变动（如利率波动）时，商业银行都有遭受损失的可能。另外，商业银行经营的货币和以货币表示的其他金融商品除可以作为流通手段和支付手段之外，它们本身还是财富的化身和代表，因而集中了大量货币和以货币为面值的金融商品的商业银行往往引起银行内外不法之徒的偷盗和抢劫，这类风险也是随时可能发生的，所以商业银行的风险管理必须贯穿银行日常业务经营活动的始终。

3. 商业银行风险管理的发展

商业银行风险管理的发展既离不开商业银行业自身的发展历程，又离不开风险管理技术的进步和金融监管机构实施共同监管平台的规范要求。纵观国际金融体系的变迁和金融实践的发展过程，商业银行的风险管理模式大体经历了四个发展阶段。

（1）第一阶段：资产风险管理阶段

20 世纪 60 年代前，商业银行经营最直接、最经常性的风险来自资产业务。因此，商业银行风险管理偏重于资产业务风险管理，强调资产的流动性。一笔大额信贷资产损失常会导致一家银行出现流动性困难，经营难以维持。因此，商业银行极为重视对资产业务的风险管理，通过加强资信评估和项目调查、严格审批制度、减少信用放款等各种措施和手段减少和防范资产业务风险的发生，坚持稳健经营的基本原则，以提高商业银行的安全度。

（2）第二阶段：负债风险管理阶段

20 世纪 60 年代至 20 世纪 70 年代，西方各国进入经济发展高速增长时期，对银行资金需求极为旺盛，商业银行为了扩大资金来源，解决资金相对不足的矛盾，同时规避金融监管，西方商业银行变被动负债为主动负债，使用了大量金融创新工具，如大额存单、回购协议、同业拆借等，利用发达的金融市场，扩大银行的资金来源。但负债扩大的同时加剧了商业银行的经营风险，在这种情况下，商业银行风险管理的重点转向负债风险管理。

（3）第三阶段：资产负债综合管理阶段

20 世纪 70 年代至 20 世纪 80 年代，固定汇率瓦解导致汇率波动加大，同时西方国家通货膨胀率不断上升，国际市场利率剧烈波动，汇率与利率的双重影响使商业银行的资产和负债价值波动更为显著。单一的资产风险管理模式稳健有余而进取不足，单一的负债风险管理模式进取有余而稳健不足，两者均不能实现银行安全性、流动性和效益性的均衡。在这种背景下，负债风险管理模式应运而生，它突出强调资产业务、负债业务风险的协调管理，通过匹配资产负债期限结构、经营目标互相代替和资产分散，实现总量平衡和风险控制，缺口分析、久期分析成为重要的风险管理手段。

（4）第四阶段：全面风险管理阶段

20 世纪 80 年代后，随着银行业竞争的加剧和金融创新的发展，衍生金融工具被广泛使用，特别是金融自由化、全球化浪潮和金融创新的迅猛发展使商业银行面临的风险呈现多样化、复杂化、全球化的趋势，非利息收入比重增加。特别是 20 世纪中后期，巴林银行倒闭等一系列银行危机都表明损失不再是由单一风险造成的，而是由信用风险和市场风险等多种风险因素交织而形成的系统性风险造成的。因此，银行风险管理和技术有了进一步创新，人们对风险的认识更加全面，表外风险管理理论、金融工程学等一系列思想、技术逐渐应用于商业银行风险管理。1988 年《巴塞尔资本协议》的出台，标志着国际银行业的全面风险管理原则体系基本形成。2004 年和2011 年，巴塞尔委员会又先后公布了《巴塞尔新资本协议》和《巴塞尔协议Ⅲ》，现代商业银行风险管理发生了"革命"，即由以前单纯的信贷风险管理模式转向信用风险、市场风险、操作风险并举，组织流程再造与技术手段创新并举的全面风险管理模式。

（二）商业银行主要风险管理

全面风险管理（ERM）是指将整个银行风险管理看作一个体系，在这个系统中，将各类风险进行分类管理，并细分到每一个单位和每一个个人，最后将这些风险统一起来后集中管理。换句话说，全面风险管理就是对银行系统的每一种风险都进行归类总结，包括上述提到的信用风险、操作风险、市场风险、国家风险、流动性风险、声誉风险、一级战略风险和法律风险等，然后在此基础上运用一定的模型和方法对这些风险进行定量和定性分析，并将这些定量分析和定性分析得到的答案进行汇总，最终再利用各种不同的方法对这些风险进行化解和处理。根据以上八类风险的重要程度，以及新《巴塞尔协议》的框架内容，本书主要对信用风险、市场风险、操作风险的理论进行分析和总结。

1. 信用风险

（1）信用风险的概念

信用风险是商业银行最久的风险之一，自从银行诞生的那一刻起，信用风险就伴随着商业银行而存在，因为银行本身就是一个通过承担信用风险获取利润的行业。从传统意义上来讲，银行的信用风险被定义为借款人因不能按期还本付息而给贷款人造成一定的损失，这个损失就是风险，通常又被称为信贷风险。它是由外部因素和内部因素共同决定的，是两者的函数。其中，外部因素是商业银行无法控制的一些因素，诸如国家经济发展的状况、社会政治因素、自然灾害、借款人的守信度等因素；内部因素是指商业银行对待风险的态度，它直接决定了商业银行信用风险的程度。随着银行风险环节的不断变化和风险管理技术的不断提高，上述对信用风险的定义已经远远不能满足时代的要求，因为传统意义上的银行信用风险主要来自商业银行的对外贷款。现代对于信用风险的定义主要为交易对手直接违约和交易对手违约可能性发生变化而给银行资产造成损失的风险。因为从组合投资来讲，资产组合后的价值不仅会因为交易对手（如债券发行者、借款人等）的直接违约发生变化，交易对手履约的可能性还会因盈利下降、风险等级降低等因素发生变化而给资产组合带来损失。从以上分析可以看出，现代信用风险在涵盖了传统信用风险概念的基础上，又加入了交易对手信用水平和履约能力变化而导致资产损失的风险。

（2）信用风险的特征

首先，风险收益与风险存在的不对称性。通常我们会假设信用风险是服从正态分布的，其实信用风险发生的概率存在明显的肥尾效应；其次，道德风险在信用风险中占据首要位置。信用风险的发生，往往是由于信息不对称造成的，一个明显的例子就是银行将贷款发放给借款人后，不可能全程对借款用途进行监管，而借款人可能会用这笔借款去从事风险较高的行业，商业银行因此要承受很高的风险；最后，信用风险数据的缺失。信用风险由于其特殊的性质，不像市场风险和流动性风险那样容易量化，一方面是由于数据库的缺失，另一方面是由于信用风险本身就不容易量化。因此，现实中对信用风险的测量是比较困难的。

（3）信用风险的度量

虽然商业银行的信用风险在计量的时候存在一定的难度，但是随着现代银行风险管理技术的提高，还是慢慢积累了一定的测量方法，并取得了一定的研究成果。当前，商业银行信用风险的度量主要是根据《巴塞尔协议》中的要求进行计算的，《巴塞尔协议》中对信用风险的度量主要有两种方法，分别为标准法和内部评级法。前者计算起来相对简单，适用于规模较小、业务种类单一的银行；后者相比来说比较烦琐，适用于规模较大、业务种类较多的银行。

2.市场风险

市场风险是指因市场价格（利率、汇率、股票价格和商品价格）的不利变动而使银行表内和表外业务发生损失的风险。市场风险存在于银行的交易和非交易业务中。

市场风险可以分为利率风险、汇率风险（包括黄金）、股票价格风险和商品价格风险，分别是指由于利率、汇率、股票价格和商品价格的不利变动所带来的风险。利率风险按照来源的不同，可以分为重新定价风险、收益率曲线风险、基准风险和期权性风险。这里的商品是指可以在二级市场上交易的某些实物产品，如农产品、矿产品（包括石油）和贵金属（不包括黄金）等。

这类风险在银行的交易活动中最明显，无论它们是与债务和股本工具有关，还是与外汇或商品头寸有关。市场风险的一个重要内容就是证券的市场风险，当银行持有一定数量的证券组合时，由于证券市场的变动，会使证券的市值发生很大的变化。另一个主要内容是外汇风险，银行作为外汇市场的造市者，向客户公布牌价并持有各类币种的敞口头寸，在汇率波动剧烈时，外汇业务的内在风险，特别是敞口头寸的风险会增大。

3.操作风险

英国银行家协会对操作风险的定义是由于内部流程、人员行为和系统失当或失败，以及由于外部事件而导致直接和间接损失的风险。失败的操作风险管理会带来巨大的损失，如1995年巴林银行的倒闭，1998年长期资本管理公司的破产等。操作风险有两个显著特点：第一，具有多样性和复杂性。前面定义已经提到四类操作风险（内部流程、人员行为、系统失败、外部事件），实际上这四类还可以细化衍生，如外部事件就可以包括监管和合现性风险、各种天灾导致的风险，以及抢劫、欺诈导致损失的风险等。第二，它是一种纯粹的损失风险，不存在获得收益的可能性。当然，良好的操作风险管理可以减少损失的发生，节约资本需求，从而间接增加利润。

（三）商业银行风险管理策略

1.风险分散

风险分散也可称之为风险组合，它是指将许多类似的，但不会同时发生的风险集中起来考虑，从而使这一组合中发生风险损失的部分能够得到其他未发生损失的部分的补偿。更准确地讲，风险分散是通过承担各种性质不同的风险，利用它们之间的相关程度，取得最优风险组合，使这些风险加总得出的总体风险水平最低，同时可获得较高的风险收益。

分散策略主要包括以下几个方面。

（1）资产种类分散

资产种类分散是指银行将资产分散在各类贷款和各种证券上。

（2）行业分散

行业分散是指银行将资金投资于若干行业而不是某一个行业。

（3）地区分散

地区分散是指银行应将资金既投资于经济发达的地区，又投资于经济正在发展的地区和经济落后、急需开发的地区，或者把资金投资于全国乃至全球各地不同的地区。

（4）客户分散

客户分散指银行进行资产选择时，应将资金投向不同规模、不同行业、不同地区的客户上。

（5）资产质量分散

资产质量分散是指银行在发放贷款和购买证券时，应将资金分散用于不同质量的贷款和证券，从而既获得低质量资产的高收益，又取得低收益资产的高质量，保证银行实现收益最大化和风险最小化。

2. 风险对冲

风险对冲是指商业银行通过进行一定的金融交易，对冲其面临的某种金融风险。银行所从事的不同金融交易的收益彼此之间呈负相关，当其中一种交易亏损时，另一种交易将获得盈利，从而实现盈亏相抵。

除了通过现货交易进行对冲之外，金融衍生工具的创新为经济主体提供了对冲风险的有效手段，金融远期和期货交易不仅是一种风险转嫁手段，还是一个对冲风险的工具。套期保值者通过在远期、期货市场上建立与现货市场相反的头寸，以冲抵现货市场价格波动的风险。也就是说，套期保值者可以采取与现货市场相反的方向进行远期、期货交易的方法，将未来的价格固定下来，使未来价格变动的结果保持中性化，以达到保值的目的。远期利率协议、远期外汇交易、外汇期货、利率期货、股指期货、股票期货等品种均可用于对冲汇率、利率、证券价格未来波动的风险。金融期权交易不仅可以用于套期保值，还可以使期权买方获得可能出现的意外收益。随着信用衍生工具的发展，风险对冲不仅可以用于对冲市场风险，还可以用于对冲信用风险。

3. 风险转移

风险转移是一种事前的风险管理措施，是指在风险发生之前，通过各种交易活动，把可能发生的风险转移给其他人承担，避免自己承担风险损失。

与风险规避相比，风险转移是一种更积极的风险控制手段。因为这种手段并没有消灭风险源，只是风险承担主体改变，而且即使风险全部转移出去了，原风险主体不再承担任何风险导致的损失，但却有可能保留风险带来的部分收益。当然，风险转移是需要成本的，特别是风险的转移实际上是一种交易，是一种风险的买卖。因而，转让人要支付给受让人一定的补偿，有时还要付给中介人一定的费用。交易的结果是风险的转移与被转移双方都获得自己满意的风险——收益状态。

风险转移的方式主要有以下几种：一是担保。当客户的信誉程度较低时，应当要求客户寻找担保人对其担保，由担保人对债务承担连带责任。这样，就可以把客户的信用风险转移给担保人。二是保险。保险作为一种风险转移方式，可以把银行可能遭受的损失转移给保险公司承担。三是转让。转让即风险主体将有风险的资产转让给他人，从而所附带的风险也被转移，达到风险控制的目的。特别是对于金融资产，转让是一种经常被使用的风险转移方式。四是期货与期权交易。利用期货与期权交易达到风险转移目的的风险管理方式目前被广泛地使用。需要注意的是，期货与期权虽然有巨大的风险防范作用，但只能转移风险，不能消除风险，特别是期货与期权也是重要的投资工具，因此，也具有巨大的风险。五是指数化。指数化基本上是一种针对市场风险的风险转移方式，是指利用市场中的经济变量的指数调整价格、调整利益分配的一种方式。它的种类很多，比较典型的例子是保值补贴存款。它根据物价上涨率制定保值补贴率，以此给一定期限内的定期存款的存款人补偿，从而降低存款人的通货膨胀风险。

4. 风险规避

风险规避是一种事前的风险控制手段，是指在风险发生之前，风险管理者因发现从事某种经营活动可能带来风险损失，因而有意识地采取规避措施，主动放弃或拒绝承担该风险。

选择规避还是承担风险是管理者风险决策的结果。风险规避是一种保守而且比较简单的风险控制手段。但是在现代的经济社会中，风险丛生，一味地规避风险，只能反映出管理者不思进取。从经济成本的角度讲，放弃了可能取得的风险收益，实际上就是一种损失。所以，风险管理者应当认真地权衡收益与风险，对于极不安全或者得不偿失的风险采取规避态度。具体地说，就是要在由风险所引起的损失与承担风险获得的收益不能抵消时，设法应用风险规避的手段；反之则不必采用这种手段。

除了应付信用风险之外，规避策略也可应用于汇率风险和利率风险等市场风险的管理。经济主体如果难以预期利率的变动趋势，可以缩小利率敏感性缺口和持续期缺口，直到消除缺口，使自己面临的利率风险为零；经济主体还可以利用货币互换交易避免汇率风险或者通过利率互换避免利率风险。

（四）风险补偿

风险补偿是一种事后的风险控制，也是一种被动的风险控制。风险主体利用资本、利润、抵押品拍卖收入等形式的资金，弥补其在某种风险上遭受的资产损失，使风险损失不会影响到风险主体正常经营的进行，不会导致其形象与信誉受到损害。

风险补偿手段实际上并不是直接针对风险本身的一种风险控制，而是在风险发生之前就已经做好准备，用风险主体的收入弥补风险可能造成的损失。但是，风险补偿并不都能使风险损失得到全部补偿。特别是有的风险补偿方式实际上是用自己的资金补自己的损失，目的只是保证经营活动的正常进行，或避免形象受损而已。

（五）商业银行风险的特征

商业银行作为金融中介机构，与其他企业相比最大的区别是商业银行的自有资本在总资产中所占的比例较低，基本依靠负债经营，即利用吸收的存款和其他融资进行贷款和投资等以赚取利润。这种经营模式决定了商业银行风险的主要特征。

其一，商业银行经营的主要业务是货币信贷业务，其经营对象是货币资金，因缺乏足够的货币资金导致流动性问题是商业银行与其他行业在风险方面的最大区别。

其二，作为金融中介机构，商业银行吸收存款、融资用以发放贷款和投资赚取利润，这种经营特点决定了其风险主要来自商业银行外部，而不是像其他行业的企业来源于企业内部。其最主要的外部风险是信用风险，即借款人自身情况的变化导致其债务市场价值变动而给商业银行造成损失的可能性。

其三，商业银行已经和人们生活的方方面面紧密联系在一起，一旦发生信用风险，就会被成倍放大，并形成连锁反应，影响到其他商业银行乃至整个金融体系。

二、互联网金融下商业银行风险管理核心概念

商业银行是我国金融行业的重要组成部分，在互联网金融创新上具有重要作用，推动了我国经济的快速发展。商业银行能够聚焦更多客户和企业，提供高质量、高水平的服务，在金融行业中具有举足轻重的作用，间接促进了小微企业创新并增强了其吸纳就业的能力，不仅为中小企业的发展提供了资金的保障，还为它们的进一步发展提供了策略指导，为我国金融事业的多元化发展贡献力量。同时，在互联网金融的影响下，商业银行勇于尝试创新，有利于加快互联网金融战略转型。目前，商业银行对互联网金融的发展日益重视，纷纷设立专门的互联网金融部或电子银行部负责全行的互联网金融，制定和实施互联网金融发展战略，推进互联网金融产品创新、市场推广、业务运营和品牌建设等相关工作，基本形成了"互联网渠道＋互联网账户＋互联网产品"的体系。

（一）渠道整合类

商业银行互联网金融渠道不断丰富，功能日益完善，业务种类多元化，服务效率不断提升。直销银行是商业银行拓展行外客户的重要抓手，可以在吸引客户的同时销售金融产品，从而提高收入。手机银行被打造成移动金融服务综合门户平台，具有丰富的产品、完善的服务功能，能够帮助银行提升客户黏性。网上银行的发展目标是构建成客户办理复杂交易的首选渠道，目前企业网银发展稳健。此外，银行也在提升自助银行、微信银行等渠道服务客户的能力，以期进一步增强客户黏性。

（二）账户类

2014 年以来，互联网账户监管政策不断放开，2014 年，央行定义强制实名电子账户，为个人银行账户互联网化提供监管基础；2015 年，央行发布《中国人民银行关于改进个人银行账户服务加强账户管理的通知》，首次提出个人账户分类机制，扩展了Ⅱ、Ⅲ类账户使用范围，增加了消费、缴费等功能；2016 年，央行发布《中国人民银行关于落实个人银行账户分类管理制度的通知》，进一步规范了Ⅱ、Ⅲ类账户的开立、变更、注销、使用功能及支付额度，个人账户体系初步建立；2017 年 12 月 27 日，央行下发《条码支付业务规范（试行）》，对个人客户账户的条码支付进行了限额管理。商业银行互联网账户体系将建立起自用和输出两种模式，自用模式是银行为Ⅰ、Ⅱ、Ⅲ类个人账户提供分级服务，输出模式是银行将互联网账户输出给合作机构。

（三）产品类

目前，商业银行纷纷开设支付、理财及融资三大互联网产品线，实现了互联网金融业务突破。网络支付方面，在移动支付、扫码支付成为趋势的前提下，银行大力布局移动支付，已有多家银行推出二维码支付产品或者以聚合支付的方式切入二维码支付市场。在互联网理财方面，银行理财产品已实现在网上银行、手机银行、直销银行和电商平台等互联网渠道销售，部分银行理财产品的互联网渠道销售占比 80%。在互联网投融资方面，商业银行网络融资产品以互联网消费贷款和小微企业贷款为主，部分产品已实现全流程线上办理，但有些产品仅实现了贷款申请的线上化，贷款审批、签约等仍在线下完成。

三、互联网金融下商业银行风险管理重点

（一）互联网金融商业银行风险的内涵

巴塞尔银行监管委员会在 1997 年 9 月制定了《有效银行监管的核心原则》，这项原则中提到银行业的风险有八大类，分别是信用风险、国家风险和转移风险、市场风险、流动性风险、操作风险、利率风险、法律风险、声

誉风险。

1998 年 3 月，该委员会又发布了《电子银行和电子货币交易的风险管理》，提出主要的电子银行及其货币业务中最重要的风险是声誉风险、操作风险、法律风险。其中，对电子银行的风险也做出了解释，在电子银行业中，客户使用网络等一些电子通道并不会产生新的风险，它们仅仅为客户提供产品，或者作为一种服务的手段和途径存在。但是，因技术操作而产生的风险则更多，这将导致银行的经营风险也会增加。根据巴塞尔委员会在 2003 年 7 月颁布的《电子银行风险业务的管理原则》，其中由技术因素引发的风险有信用风险、市场风险、国别风险、流动性风险等。美国财政部货币监理署曾在 1999 年 10 月发布了《总监手册——互联网银行业务》，将电子银行风险划分成信用风险、流动性风险、合规性风险、价格风险、汇率风险、利率风险、信誉风险、战略风险和交易风险九类。

中国银监会认为，电子银行业务主要存在两种类型的风险，同时这些风险又被赋予新的含义。一是系统安全风险，包括数据传输、计算机病毒和系统设计方面的缺陷；二是传统银行的固有风险，包括信用风险、操作风险及利率风险等。关于互联网金融风险的分类暂无统一定论，但是经营风险、信用风险和政策法规风险等在互联网金融中仍然存在，只不过在表现形式上有所变化。此外，互联网金融有其特有的风险，即操作风险、信息技术风险和声誉风险。

（二）互联网金融环境下商业银行风险的特点

由于互联网金融的技术方式和手段，决定了商业银行的风险特点，因此互联网金融环境下商业银行的风险特点有如下四点。

1. 互联网金融环境下商业银行风险责任划分不够清晰

在商业银行发展互联网金融的过程中，有时会将部分业务外包出去，因此会涉及电信、电力和外包商等其他合作方。当一个合作方服务发生中断、系统崩溃和信息被泄露等情况时，就会对银行的业务产生影响。并且这些责任的界限是难以区分的，无法很快就相关损失的赔偿问题得出解决方案。

2. 互联网金融环境下商业银行风险的传播速度快，破坏能力强

基于互联网金融的发展，商业银行在交易的时候如果发生差错，有时是很难立即纠正的，因为互联网金融下的商业银行不同于传统商业银行，它不

是通过"书面"或者银行的内部系统进行交易的，而且运作速度相当快，想要对它进行拦截是非常困难的。

3. 互联网金融环境下商业银行风险具有交叉感染性

由于互联网金融渠道的扩展，银行监管体系对自身风险的监控管理效力大不如前。传统的监管方式，如市场准入规则、业务办理方式等，可以降低传统银行的风险。然而，之前的监管方式在互联网金融背景下却不那么行得通，它加快了风险传播速度，保险、证券业务运作偏向电子化，加大了互联网金融交叉传染的可能性。

4. 互联网金融环境下商业银行风险监控难度大

信息通信技术在银行业界的应用加大了对其风险的监控难度，监管者无法完全掌握银行的内部信息，这导致双方之间信息不对称性加大，因此监管者无法提出有效且有针对性的解决方案，甚至会出现误判，最后使监管措施与现实情况相背离。

（三）互联网金融环境下商业银行风险管理流程

商业银行是经营风险的企业，风险管理是银行业一个永恒的话题。互联网金融环境下商业银行风险管理是指商业银行通过风险评估、风险控制、风险监控等环节，预防、回避、分散或转移经营中的风险，从而减少或避免经济损失，保证经营资金安全的行为。风险管理是商业银行管理的另一项重要工作。加拿大皇家银行高级副总裁伯尼·施罗德提出："银行家第一是风险管理者，第二、第三还是风险管理者。"在西方国家的商业银行经营管理中，"风险管理"是核心，在经营的三原则中，"安全性"是第一位的，其次才是流动性和盈利性。我国商业银行风险管理流程主要如下：首先，互联网金融风险评估应能准确定位风险并将其量化，对不能量化的风险则应采取其他合适的方法进行分析估计；其次，对于银行能够承担的风险水平和程度，管理层也应进行评估；最后，管理层应结合以上步骤获得的信息，判定银行是否能够承受所面临的风险。

风险控制指的是风控人员采取不同手段，降低乃至消除风险发生的概率，或者为管理者减少风险事件发生时造成的损失所进行的规避。风险控制包含以下方面：提升系统内部应对风险的能力，制定科学的技术管理方案和各类准则；重视外包业务风险，加强对外包业务风险的评估和管理；制定针对突发风险的应急措施方案，提前告知用户并预演，将风险评估流程定期化；落实互联网金融的职责分离等。这些风险控制手段都应能找到对应源头。

风险监控是除评估、控制两个环节外的另一个步骤。在银行风险管理领域，尤其是互联网金融领域持续监控银行业务十分重要。互联网金融的性质与科技创新密切相关，随其发展而不断变化，其面临的风险也因对开放式网络的依赖而更加复杂难控。对于互联网金融而言，系统检测与审计是风险监控的核心，对商业银行的风险管理起着重要作用。

四、互联网金融风险相关理论

（一）信息不对称理论

信息不对称是指某些参与人拥有但另一些参与人不拥有的信息。信息不对称的含义有两点：第一，有关交易的信息在交易双方之间的分布是不对称的，如在银企关系中，企业对自身的经营状况、前景和偿还债务能力要比银行更清楚；第二，处于信息劣势的一方缺乏相关信息，但可以知道相关信息的概率分布。金融机构的脆弱性决定于储蓄者、金融机构和借款人的信息不对称。这一点在信贷业务上体现得较为明显，相对于贷款人和借款人对贷款投资项目的风险拥有更多的信息，最终债权人（储蓄者）对贷款用途缺乏了解。金融中介机构的产生在一定程度上降低了信息的不对称性，因为金融中介机构可以监督和影响借款人借款后的行为，从而降低了道德风险。另外，银行可以根据风险大小对贷款进行定价，也降低了借款人的"逆向选择"风险。但是，以商业银行为代表的金融中介机构要发挥有效功能，需要满足两个条件：一是储户对金融机构充满信心，不同时提款，保证金融机构将对零散储户的流动性负债转化为对借款人的非流动性债权，并获得利润；二是金融机构对借款的筛选和监督是高效的，并且是低成本的。只有如此，才能保证金融机构通过运用资产赚取利润并弥补成本。

如今，互联网信息具有公开、平等、协作、共享的特点，互联网信息技术的运用对金融领域造成了深远的影响，有效地解决了信息不对称的问题。通过互联网金融的变化史可以发现，互联网金融是信息化时代发展的必然产物，其对市场框架的调整和经济行为的改进均将产生不可忽视的影响。基于信息技术的互联网金融具有明显的进步性，最显著的表现就是信息传输的速度明显提升，信息处理的实效性增强，更重要的是，现代化的信息传输具有极大的灵活性，随时随地可以完成信息的传输。任何时间都可以把信息上传到互联网上，给信息需求者提供了很大的方便。在互联网出现后，人们通过互联网传递信息成为生活中的普遍情况，如线上支付功能、信息披露功能等，网络将各种信息均融合为一体，缩小信息获取的渠道，对信息使用者的效率起到很大的提升作用。互联网拥有高效传递信息和处理信息的能力，它利用拓扑结构把众多计算机连接起来，将众多信息处理任务分配给每台计算机进行解决，突破了以前只能使用一台计算机进行处理的方式限制，提高了信息处理的能力。

传统金融机构获取生产经营、财务和信用信息是通过小微企业或征信机构被动获取的，不能确保信息的真实性，造成企业和银行之间的信息不对称。而互联网金融能够得到小微企业的软信息，如财务、经营情况等，这些信息和传统金融的信用征信体系的作用几乎是一样的，并且这些数据是主动得到的，对小微企业的发展状况、财务能力等有更真实的评价。因此，互联网金融数据可以解决小微企业融资中信息不对称的问题。

（二）需求—供给理论

供求理论即供给与需求理论，是决定市场经济运行的重要力量。供给和需求共同决定了产品产量和市场价格。因此，若要研究一项政策是如何影响市场的，首先必须研究其对产品供求的影响规律，该理论同样可以应用到金融界。

1. 马克思的供求理论

由于供给和需求被当成研究资本运行规律的非本质因素，其在马克思的论述中出现的并不多，没有形成独立系统的理论，但这并不代表马克思经济学中没有供求理论。恰恰相反，马克思的论述涉及了供求理论的多个方面。

（1）供给和需求之间的关系是商品经济的基本关系，它们是一个问题的两个方面，都由生产决定。

（2）供给和需求虽然都由生产决定，但两者在总量上并没有必然联系。

（3）供给和需求不是商品价值的决定因素，但共同决定商品的价格波动。

马克思的供求理论由其对阶级和社会关系的研究而来，故马克思认为供求关系具有社会性和阶级性。总之，马克思对商品供给和需求的解释构成了其供求理论的基本思想，为后来供求理论的发展和进一步深化奠定了一定的基础。

2. 新古典供求理论

新古典供求理论指的是古典经济学术理论和供给需求学术理论的融合，具体内容是把供求关系进行量化，然后形成了一门新的经济学分析工具。它包括以下几种。

（1）需求理论

需求是指消费者在一定时期内在各种可能的价格水平下愿意且能够购买的商品总量。它是购买欲望和购买能力的统一，仅有消费欲望却"买不起"，或者有购买能力但"不想买"，都构不成消费者需求。西方经济学强调需求的作用，发现影响需求的众多因素包括收入、相关品、替代品、消费者偏好和预期等，但最主要的是受产品售价的影响。因此，在大多数模型中，一般假设其他因素相对不变，需求曲线直接用商品本身价格和需求量之间的关系表示，且一种商品（"吉芬商品"除外）的需求量与其本身的价格呈负相关关系，是一条由左上向右下倾斜的曲线，即边际效用递减。

（2）供给理论

供给是指生产者（或企业）在一定时期内在各种可能的价格水平下愿意且能够提供的商品总量。供给与需求相对应，它是供给能力和供给意愿的统一，仅有供给意愿却生产不出那么多产品，或者能够生产出足够的产品却不愿出售，也都构不成供给。同样，在影响供给的众多因素（如生产要素的价格和数量、生产成本、相关商品的价格、技术及预期等）中，产品市场价格是最主要、最直接的因素。因此，学者用供给定理描述产品价格与供给量之间的关系，即在其他条件不变的情况下，一种商品的供给量与供给价格之间成正相关关系。显然，供给曲线是一条从左下向右上倾斜的曲线。同时，由于生产者总是追求自身效益最大化，受制于边际效益递减规律，生产者均衡点最终停在"边际成本等于边际收益"处。

（3）市场均衡理论

根据市场均衡理论，供给曲线与需求曲线的交点即市场均衡点，均衡点对应的市场价格就是产品的均衡价格，它是在市场的供求力量自发调节和作用下形成的。在均衡点处，需求和供给两种力量处于平衡状态，买卖双方都愿意接受此时的价格和数量并保持下去。一般来说，需求的变动或者供给的变动都会导致非均衡状态的出现，并最终形成新的均衡点。

（三）金融成长周期理论

现代资本结构理论和新资本结构理论主要是以 MM 定理为研究主线，且是西方关于融资结构研究的主流思想。然而，主流资本结构理论并没有考虑企业的不同发展阶段和与之相对应的融资特点，也没有从动态的角度研究企业融资方式的选择对其资本结构安排有何影响。企业金融成长周期理论从某种程度上弥补了主流资本结构理论这方面的不足。1970 年，Weston 和 Brigham 根据企业在不同成长阶段融资来源的变化提出了企业金融成长周期理论，并将企业的成长周期分为初期、成熟期和衰退期三个阶段。1978 年，二人又对该理论进行了扩展，将企业的金融成长周期分为六个阶段，即创立期、成长阶段 I、成长阶段 II、成长阶段 III、成熟期和衰退期，并根据企业的资本结构、销售额和利润等显性特征，说明了企业在不同发展阶段的融资来源情况，从长期和动态的角度较好地解释了企业融资结构变化的规律，如表 4-1 所示。

表4-1　企业金融成长周期与融资来源

阶　段	融资来源	潜在问题
创立期	创业者自有资金（C_1）	低资本化
成长阶段 I	C_1 + 留存利润、商业信贷、银行短期贷款、租赁（C_2）	存货过多、流动性危机
成长阶段 II	C_2 + 来自金融机构的长期融资（C_3）	金融缺口
成长阶段 III	C_3 + 证券发行市场（C_4）	控制权分散
成熟期	C_4	保守的投资回报
衰退期	金融资源撤出：企业并购、股票回购、清盘等	下降的投资回报

国内研究人员也对小微企业的融资成长周期学术理论展开了探究，所取得的研究成果也是十分丰富的。诸多学者均总结出比较完善的研究成果，对国内小微企业的融资框架的配置也具有较高的实用性。1998 年，Berger 和

Udell 指出，金融成长周期理论没有考虑企业信息等隐性特征的影响。他们基于前者的研究成果，对金融成长周期进行完善，提出对企业融资结构产生影响的因素还包括企业的资金需求、资金规模、信息管理等，借助信息不对称理论创建了较为完善的融资研究模型，并归纳出重要的研究成果，即在企业发展的过程中，融资途径和融资框架会产生变化。企业在刚创建的时候，信息封闭，主要依赖内源融资，面对市场和技术方面的风险，这时企业的资金来源主要是自由者和业主的资金。正在发展中的企业因为拥有一些用于抵押的资产，从而提升了企业的信誉度，也提升了企业的融资能力。当企业发展得比较成熟的时候，拥有完善的财务制度，可以公开在市场上发行债券等，通过融资渠道获取需要的资金。发展到后期处于衰败的企业，此时由于企业的产品和资源都濒临淘汰，企业需要进行创新，只有另寻机会才能继续生存下去。总的来说，刚成立的企业融资渠道较窄，融资较少。之后，随着企业的发展，融资渠道越来越广，融资较多，因此要根据企业的发展阶段确定融资方案。

我国金融业中的缺陷主要表现在两个方面：第一，金融资源的配置不科学，均集中在大型金融机构；第二，金融资源和实体经济的对应性不强。随着信息化技术的不断发展，金融媒介的功能逐步弱化，加速推动了金融业的变革与创新，银行业金融机构对服务工具实施了改进和完善。信息化技术的迅速发展使金融资源的配置发生了改变，市场交易的投入减少，为长尾客户提供了有利的发展契机，也拓宽了金融业的渠道，缓解了金融缺口和信贷匹配的不平衡，起到了普惠金融、改善小微企业融资难的作用。互联网融资能够解决传统金融信息不对称、交易成本高的问题，使金融组织框架发生了明显的改进和完善，也提升了金融业的产业优势。因此，互联网金融作为新兴融资模式，将进一步为小微企业融资提供新渠道。

（四）博弈理论

"博弈论"在 20 世纪 80 年代开始逐渐进入主流经济学。迄今为止，在微观经济学、产业组织理论和宏观经济学中，都取得了重要成就。1994 年诺贝尔经济学奖就授给了三位博弈论专家——约翰·纳什、泽尔腾和海萨尼。博弈论在经济学中得到了广泛且成功的应用，著名的经济学家泰勒尔说："正如理性预期会使宏观经济学发生革命一样，博弈论广泛而深远地改变了经济学家的思维方式。"在 20 世纪 70 年代，该理论运用到数学界，这与追求利益最大的经济学理论有很大的相似性，因此博弈论经常被应用在经济学中，作为一种经济分析方法。

博弈论是运筹学的一个分支，是对参与者行为决策的影响所展开的研究。博弈论主要研究的是如何让参与者获得最大化利益。博弈论一般是对竞争者所掌握的讯息实施研究，借此对其行为进行推断，再以此为根据，进而制定科学行为措施的过程，针对规定的制造方，借助博弈的研究，实施对风险的有效规避，缩小经济差距，进而提升市场交易的规范性和公平性。因此，无论是政府（规则制定者）还是银行（规则执行者）为了使自身效益达到最大化，都有必要分析其他各方的信息、行为策略，而这都要借助博弈论的理论和方法。

针对小微企业在信贷市场上信贷资源的分配问题，可以立足于博弈论的层面展开研究。在我国，学者探究的侧重点是借款人信贷和商业银行的信息不对称的问题，因为这些问题导致了严重后果。

许天骆（2012）从博弈论的角度，借助信号传递研究模型与声誉研究模型，归纳出重要观点，为银行制定完善的商业措施提供了保障。同时指出，借助提升商业银行信号的信息鉴别能力，以及加大和企业的合作力度，有助于提升银行对信贷风险的管理力度。彭鹏（2016）借助博弈对信用行为展开了分析，并归纳出产权激励体系、失信惩戒体系、道德约束体系，为信用体系的建设提供了建议。李峰（2017）等借助自底向上的多智能体建模途径和演化博弈模型对信贷市场中银行与企业演化博弈展开了系统性分析，并得出了重要结论，即银行间的信息沟通有助于减少风险损失。我国商业银行互联网金融信贷市场是一个参与主体多、供求双方力量不均衡、信息不对称的系统，可以采用博弈论的方法对其进行分析。在金融信贷市场，供需双方对对方的信息不是很了解，且其行为和时间也不尽相同，所以采用不完全信息的动态博弈研究模型对其行为博弈展开研究。随着信息化技术的快速发展，互联网的发展进入了一个新的阶段，政府不断加强对互联网金融的规范，预防系统性金融风险的产生，使原本银行和融资方之间的双边博弈变成了政府、银行和融资方的三方博弈。

（五）全面风险管理理论

1. 国际银行业风险管理的七个阶段

第一个阶段，银行只能做贷款。1944 年，布雷顿森林体系通过，确立了新的稳定的汇率。直至 20 世纪 70 年代，因为严格控制银行业的政策，银行业普遍倾向于规避风险，风险管理的标准基本相似。

第二个阶段，银行贷款应该进行评级。到 20 世纪 70 年代末，布雷顿森林体系崩溃，利率、汇率波动剧烈并表现出强势上升趋势，政府部门对银行业的管制逐步放松，市场开始开放并趋于全球化，市场竞争激烈，银行被迫面对风险经营。银行业开始进行分级管理与评价贷款，评定客户风险等级。

第三个阶段，股权收益率（ROE）是目标。除了资产回报率之外，ROE 成为投资者最关心的另一个关键因素。未来寻求更好、更高的回报率，不断追求资本增值成为投资者的一个目标，即 ROE 成为管理的目标。

第四个阶段，根据风险进行定价。金融不断走向全球化与一体化，20 世纪 80 年代是非常重要的时间段。在这段时期，巴塞尔协议成为银行业风险管理的重要文件与标准。

第五个阶段，像管理投资组合一样管理贷款。资产组合理论开始在银行业运用，银行业的信贷风险管理水平和 IT 技术水平受到了更大的挑战。在这一理论的指导下，信贷风险集中度的提高成为风险管理面临的又一大难题。

第六个阶段，股东要求风险与收益相匹配。21 世纪以来，银行业风险管理的首要目标和使命是股东价值最大化。2004 年通过的《巴塞尔新资本协议》提出了"三大支柱"，即市场纪律、自我约束、外部监管，其渐渐变成风险管理的原则，要求银行为自我风险配置资本，开始广泛应用经济资本的概念。

第七个阶段，分散资产组合风险至关重要。截至目前，银行业利用资产证券化、金融衍生品和对自留风险定价等方法在全部资产组合层面分散风险。

2. 国内银行业风险管理理论阶段

从商业银行产生时，风险管理就出现了，属于商业银行管理的主要内容。商业银行把风险管理内容分为四个不同的阶段：

第一阶段是 20 世纪 60 年代以前，资产（风险）管理阶段。

第二阶段是 20 世纪 60 年代至 20 世纪 70 年代，负债（风险）管理阶段。

第三阶段是 20 世纪 70 年代至 20 世纪 80 年代，资产负债综合（风险）管理阶段。

第四阶段是 20 世纪 80 年代后，全面风险管理阶段。全面风险管理是指为提高商业银行的安全性而把风险管理看成一项重要的工作，其创建完善的管理系统为银行实践性提供了借鉴。

2016 年第一季度印发的《中国银监会办公厅关于商业银行转型发展的指导意见》明确指出，商业银行应当建立健全与转型发展进程相适应的全面风险管理体系，有效运用各类风险管理工具，确保有效识别、计量、监测和控制各类传统风险和新型风险。其中，核心环节是大数据应用，通过大数据应用能够解决金融领域中的信息不对称问题，即"对价"问题，从而给风险管理技术的提升带来翻天覆地的变化。因此，坚守不发生系统性和区域性金融风险的底线是中央和银监会的明确要求，也是我国商业银行的基本职责。必须创建科学完善，以更适应时代发展的风险控制体系，全面提升风险管理有效性。随着信息技术的进步，金融大数据迎来了爆发式发展，大数据具有4V 特性，这些特性也会加深互联网金融的各类风险，如表 4-2 所示。

表4-2　大数据的4V特性

风险领域	数　量	速　度	多样性	真实性
信用风险	★★★★	★	★★	★
市场风险	★★	★★	★	★
操作风险	★★	★	★★★	★★
合规风险	★★★★	★★	★★★	★★★
资产负债风险管理	★★★	★	★★	★
综合风险管理	★★★★	★	★	★

大数据在推动商业银行传统盈利模式的转型，以及互联网金融的探索方面发挥着越来越重要的作用。在大数据时代，银行全面风险管理高度依赖信息系统的支撑，因此要开展对风险信息的搜集、研究、归纳和处理。只有创建科学的信息控制系统，才能为银行业务的稳步发展提供强有力的保障，也为提升银行的竞争优势提供不竭的动力。一是开发上线客户风险预警系统，并将其运用于授信业务的贷前、贷中和贷后全过程，实现了对公、零售、信

用卡、同业客户风控应用的全覆盖，预警信息实时推送至客户经理电脑、PAD 和手机上。二是开展关联风险分析，挖掘授信客户的担保关系、投资关系、高管关系、资金往来关系和实际控制人等多重关联关系。三是开发自动生成贷前调查报告、贷后检查报告功能，报告内容涉及银行征信、工商注册、法院诉讼、行政处罚、预警信息、授信等信息。

金融的核心环节是信息生产和运用，金融的核心竞争力在于掌握充足的信息以消除信息不对称的现象。当前，商业银行经营管理正在发生深刻变化。对于风险管理而言，最显著的变化就是由基于企业静态数据（财务信息）分析向基于企业动态数据（行为数据等）分析转化、人为判断向模型分析转化、零散管理向体系管理转化。在大数据时代，全面风险管理是商业银行必须要实施的一种风险管理模式，其不仅是商业银行适应金融业新挑战的需要，还是商业银行风险管理转型、平衡资本配置与风险补偿、真正提高整体盈利能力的前提。

第二节　互联网金融环境下商业银行风险管理现状

一、互联网金融环境下商业银行发展现状

（一）商业银行面临的互联网金融挑战

1. 盈利模式的挑战

互联网金融对股份商业银行盈利模式的挑战在于催生了新的业态，并且加快了金融脱媒。在这种情况下，商业银行传统的风险管理面临很大的挑战。以往，商业银行和互联网企业相比，其优势在于风险把控，或者说风险的经营。但随着整个信贷业务的网络化，银行需要建立与之相匹配的风险政策、风险管理体系，包括贷前、贷中、贷后等。从广义的角度看，不仅包括信用风险，还包括操作风险。所以，就金融业态的创新而言，第三方支付、网络贷款、P2P、众筹、股权贷款等新业态的产生会从原有的传统金融市场中分一杯羹，虽然其影响未达到颠覆，但是商业银行仍需要面临这些挑战。

2. 信息掌控能力的挑战

在数据信息掌控能力方面，就外部来看，未来开展互联网金融经营的核

心资源是数据信息，但是电子商务平台和支付平台通常不会给银行提供交易数据情况，导致商业银行处于数据链条的末端，从而越来越沦为资金流出通道和出纳的角色。在数据信息处理能力方面，商业银行积累了大量真实、连续的客户信息数据、金融交易数据，但能否具备大数据挖掘与经营的能力也是一个挑战。

3. 商业银行经营模式受到挑战

传统金融模式有两个明显特征，一是利用实体网点，通过客户经理的营销，辐射服务半径内的客户。通过柜员经办，以此开展业务活动。所以，传统金融模式宣称渠道为王。二是信息搜集和处理方式比较原始，一般为人工搜集后，采用录入的方式进入封闭的内部系统。但互联网金融彻底改变了这种传统的经营模式，利用互联网搭建网络金融平台，客户自行选择适合的金融产品，只需要自己动动手指便可办理业务。在信息搜集处理方面，互联网金融将庞大分散的信息资源和数据，利用"云计算"原理将金字塔型、不对称的信息扁平化，实现数据处理的标准化、开放性、结构化，提高了数据的使用效率。面对网络的大趋势，商业银行也努力向网络化的方向发展。主要表现在以下几个方面：其一，大力发展网上银行、手机银行业务，开展网上银行交易。其二，向互联网企业抛出求合作的橄榄枝，除了传统的清算与结算、信用卡业务等合作之外，理财业务、直销银行业务、互联网终端金融、IT科技等也是合作重点。其三，与通信行业合作，瞄准了移动支付市场，共同推出战略合作产品，如中国移动和浦发银行联名卡及演进产品（NFC技术的手机）、手机汇款、全网客户话费代缴和生活缴费。新潮便捷是这些移动支付产品的共同特点。余额宝推出后，中国银行、工商银行、建设银行等国家各大商业银行也加大了与旗下货币基金公司的合作，大力发展货币基金业务，并将电商业务作为银行转型的重头戏之一。随着网络技术的不断完善，网络的应收账款融资和应付账款融资越来越广泛，银行也应通过建设自己的电商平台快速融入互联网金融。商业银行的服务态度对客户的影响极其重要，每个银行都打着"服务客户，以客户为中心"的旗号，在现实中却很少有银行会真正做到把客户视为上帝。余额宝主张的以新思维、新思想服务客户的态度吸引了大量客户倒向余额宝。这在一定程度上引起了商业银行对自身服务模式的反省，促使商业银行努力践行自己的服务准则，不断完善自己的服务体系。

（二）商业银行互联网金融创新之路

1. 基于产品维度的创新

选择适合与互联网深度结合的单一产品进行创新，如"宝宝"类产品、虚拟信用卡、在线贷款等，这类产品主要呈现以下特征。

（1）单一产品与互联网应用场景相结合，为场景量身设计

例如，余额宝就是一个非常典型的对传统产品进行场景化改造的创新，是面向淘宝和天猫海量的客户群体和支付行为创造出的会赚钱的支付工具。此外，支付宝的虚拟信用卡、京东的京东白条等都是基于基本的消费信贷业务的场景衍化。

（2）组合式创新和碎片式创新

以某一项或几项传统产品为基础进行改造，改造方法呈现碎片式和组合式特征，将产品的某些要素抽离和优化，使传统产品产生新的价值。例如，银行的各"宝宝"类产品，就是将银行的基金代销或直销等基本业务在结算上进行了优化，才有了可以媲美现金的魅力。民生银行直销银行定活宝就是对银行传统产品的重新组合，进而产生了新的价值。

2. 基于银行互联网金融业务创新

虽然互联网金融的发展给商业银行带来了众多挑战，但也带来了机遇。商业银行在应对互联网金融挑战的过程中需要重新审视自身的定位，通过金融创新实现创新发展。

（1）商业银行的互联网金融布局，进军直销银行

目前，商业银行纷纷试水直销银行，全国已有多家商业银行推出直销银行服务，如北京银行、民生银行、上海银行、兴业银行和包商银行等。基于余额理财的互联网金融的蓬勃发展是信息化时代发展的重要产物，有效促进了在线直销模式的稳步发展，因此各种在线直销银行都会选择将余额理财作为主打产品。由于在线直销模式可以使其开展的业务不受时间和地理位置的限制，因此备受各大银行的青睐。市场经济的发展推动了金融业的快速发展，也推动了信息化技术的发展，在这样的环境下，人们的消费观念发生了改变，消费模式也产生了变化，在线直销模式正是商业银行的提前布局，从而带来其服务模式的变化。然而，商业银行发展直销银行的开户面签政策成为制约因素，而绑定账户资金限制了直销银行"汇"中常用的向他人转账的功能。

（2）大力拓展移动金融的第三方支付

传统商业银行需要和第三方平台、电商平台合作，利用平台具备的流量优势和超大规模用户群，通过将业务融入社交场景，将其发展成为新的获客渠道。在用户体验上，业务目前覆盖了"存贷款"全部功能，并且运营扁平化、迭代迅速。部分银行利用支付业务所积累的海量数据，开展互联网征信、借贷等业务。

（3）搭建电商平台

2018 年中国光大银行戊戌狗年定制版生肖金《福旺双全》正式在光大银行"购精彩"系列电商平台及全国网点全面上线销售。截至目前，包括招商银行、成都银行、上海农商银行等中小银行均已开设网上商城。相关资料显示，2016 年，开展交易的银行电商的数量是 16 家，到了 2018 年年底，电商平台中的消费者的数量高达 8 505 万户，企业客户的数量是 604 万户，交易量多达 3.28 亿笔，资金高达 1.98 万亿元。光大银行主打 B2C，面向中高端收入人群建立优质商品销售平台。与此相对的是，浦发银行未搭建独立的销售平台，而是选择在天猫平台上销售贵金属及其制品。商业银行设立在线直销银行，从而实现业务与消费者的分流，互联网金融的迅速发展促使金融运行模式发生了变化，网络商城就是在这样的环境下发展起来的。由于有时无法获得一手数据，或者受到互联网企业诸多限制无法搭建自己的网上平台，利用大数据分析消费者行为成为最佳选择。

（4）实体网点智能化升级

商业银行对实体网点实施了改善，对业务功能实施了科学化分配，增设了更先进的业务设备，甚至打破了交易地理位置的束缚，建立了智能化业务网点，进一步提升了业务的信息化水平，进而提升了服务业务的针对性和客户满意度。有些商业银行会选择在咖啡店等场景推出新型网点业务，互联网技术的发展让这一切成为可能，为传统银行金融模式的创新提供了技术支持。不断发展的信息化技术为互联网金融的稳步发展提供了更宽广的平台，大数据的高效使用提升了信息提炼的规范性和时效性，也为企业的业务发展提供了更可靠的信息保障。云计算提升了信息处理的效率和科学性，移动支付则为电子商务的稳步发展提供了可靠的动力。商业银行互联网金融商业模式的发展和子系统的相互影响密切相关，其金融系统的改进既是银行借助信息化技术对金融服务模式进行创新的过程，又是互联网金融的科学性和先进性不断得以体现的过程。商业银行利用互联网金融的业务创新及互联网企业的跨界渗透，持续地交织、融合与互动，使两者实现优势互补，进而推动商业银行互联网金融体系不断完善。

3. 基于业务维度的创新

此类创新是以客户为中心，对金融服务模式的重构和整合，目前正在实践的业务模式创新主要有以下两个方面：一是创新业务模式，在传统银行体系内部围绕一类客户群体，重构存贷汇等各项基础业务，实现服务价值链的重构，更好地满足客户需求；二是创新商业模式，如 P2P 网络借贷模式超越了平安集团陆金所、招生银行"小企业 E 家"等银行现有的商业模式。

二、商业银行互联网金融案例及风险问题分析

（一）商业银行互联网金融消费贷款

1. 产品研发设计"乱"

一是产品设计与消费属性不符。部分银行产品设计与消费属性出入较大，通过拉长产品期限为融资方套取资金提供了便利。例如，某银行"家居循环贷"产品可用于房屋装修、购买家具等，审批通过后授信期限为 5 年，前 4 年提款期限为 1 年，第 5 年提款期限最长可达 5 年，即可通过循环方式为融资方提供长达 10 年的贷款，为融资方长期占用银行信贷资金提供了便利。通过查阅网上资料发现，大金额消费贷款均为同时装修两套住房或购买红木家具，追查资金流向后发现，贷款资金支付后均回流到融资方，交易背景不实。二是产品设计关键要素缺失。部分银行产品制度关键要素不明确，对融资方还款能力和可贷金额的测算未形成量化规定，未指明贷款限额和期限等，导致业务开展规范性较差。

2. 部分产品风控"乱"

在某银行线上消费贷中，无法确定用途的消费贷款占发生额的比例达27%。近年来，银行个人消费贷产品发展迅猛，部分银行采取白名单准入管理，通过网银或手机客户端进行网上申请、银行后台审批通过，融资方即可直接提款至借记卡，用于取现、转账或消费。由于客户数量多、业务量大，银行目前大多采用贷后大数据分析方式进行资金用途监控和贷后管理，对贷款资金划转至他行或消费后通过他行账户回流情况则无法有效监测，导致本

行无法掌握贷款的真实用途，部分贷款资金流入房地产市场或限制性领域。

3. 部分产品管理"乱"

一方面是额度测算管理不到位。部分银行依赖"金融流量数据"测算贷款额度，仅以融资方信用卡消费记录、保险金额等作为依据，而不核实融资方负债情况、经济收入水平。有的商业银行消费贷款均是根据融资方曾经购买过的保险金额、每月归还的按揭贷款金额或每月缴纳的公积金金额等，按4倍甚至8倍的放大倍数估算融资方的月收入，并直接将估算所得的月收入等同于月还款能力，从而确定贷款额度，其中最高的个人月收入估算超过10万元，存在超额借款风险。另一方面是贷前贷后管理不到位。部分银行存在审批把关不严、贷后管理宽松等问题。如某银行在一笔个人购车消费贷款业务过程中，贷前未认真审核融资方征信报告，未发现融资方已在一个月前归还了该行该笔贷款的情况，贷后仅收集了某4S店收款收据，未要求融资方提供购车发票，后经追查资金流向和相关资料，发现融资方购车行为虚假，资金被长期挪作他用。

4. 部分产品用途"乱"

一是银行不掌握借款用途。在某银行机构个人消费贷款中，未能明确用途的贷款余额占所有个人消费贷款余额的比例超过10%。二是贷款用途错位。某银行机构个人消费贷款用于购买原材料、设备或资金周转等个人经营的余额占比达5%以上，明显不符合个人消费贷款用途规定。三是部分银行为一些不合规性、存在争议的领域提供信贷支持。如部分银行开发了一款消费贷款产品，为融资方购买与自住房楼盘配套的车位提供融资。目前，大多数银行未将消费贷用于购买车位的用途纳入限制性领域，仅个别银行将消费贷用于购买车位视同流入房地产领域予以禁止。

（二）商业银行互联网金融小微企业贷款

各级政府部门和商业银行在推动小微企业金融服务方面开展了大量探索和努力，尤其是随着互联网金融的发展，商业银行借助大数据和云计算等技术手段，在小微企业贷款方面取得了一定成效。但社会各界关于小微企业融资难的声音依然不绝于耳，仍有大量小微企业由于存在高风险而难以获得银行融资，或者取得融资后违约率高。为了解此类小微企业的基本特征，可以通过分析商业银行小微业务授信准入政策，搜集被拒贷小微企业的案例，分析其特征和存在的风险点，力图客观反映小微企业融资现状和其高风险的原因。

1. 企业经营管理不善

部分小微企业由于规模小、机制不健全和财务管理混乱，往往会出现经营管理不善的情况。其中，包括主营业务不明确、产品无市场竞争力、缺乏稳定的经营现金流、上下游客户，不稳定、融资杠杆过高等。如一些小微企业未建立完善的财务制度，企业账户与实际控制人个人账户不做区分，企业经营性收入直接进入个人口袋，导致银行难以监控企业财务状况。

2. 实际控制人自身存在瑕疵

据某银行反映，小微企业中近20%的小微企业实际控制人或其配偶存在失信记录或者涉及案件诉讼。小微企业的实际控制人自身信用存在问题，也会成为小微企业的隐形风险点。其中，具体包括实际控制人及其家属个人信用卡逾期记录较多、参与民间借贷、存在涉黄赌毒不良记录、从事行业年限较短、个人存在未结案的被诉讼被执法记录等。

3. 企业资质多种缺陷

企业资质指的是包括企业纳税情况、环保情况、生产许可情况等。一是纳税，等级不佳。大部分银行对企业授信时会考虑纳税部门的纳税信用等级，一般优先支持纳税等级为 A 级或 B 级、审慎介入 C 级、严禁介入 D 级企业。根据江苏省税务部门提供的 2016 年纳税评级情况，纳税等级为 C 级、D 级的企业占比分别为 5.24%、5.02%。二是环评不达标。根据绿色金融体系建设要求，为抑制高污染、高能耗产业发展，环保评级为红色和黑色的企业一般在银行难以获得融资。据不完全统计，2016 年全省环保部门对超过 2.5 万户企业开展了环保信用评价，环保评级为红色或黑色的企业占比约为 5%。三是其他不利因素。如企业被列入失信名单、涉及各类诉讼和行政处罚、特殊行业企业未获得安全生产许可证等，这类企业同样不在大部分银行的授信准入政策内。根据多家银行提供的被拒贷企业情况，约 15% 的小微企业因上述负面信息未能获得银行融资。

4. 属于限制介入行业

有的小微企业属于敏感行业或潜在风险较大的行业，主要集中于以下三种类型：一是产能过剩或落后产能行业，包括不符合国家行业、产业政策导向、发展前景较差的行业，如钢铁、煤炭、水泥、电解铝等行业或与该行业关联的小微企业；二是房地产开发领域小微企业、房地产中介公司等；三是类金融公司关联企业，如小微企业实际控制人投资或参股小贷公司、典当公司、财富管理公司、民营担保公司等。

三、互联网金融环境下商业银行风险管理现状分析

商业银行本质上就是经营各种风险的，商业银行的业务始终离不开风险，因为商业银行的业务核心就是在一定的风险下，通过管理各种风险获得收益，所以风险和收益两者是相得益彰的。风险管理体系是否完整、能否成功运转将与该地区的民生和金融目标的实现与否息息相关。风险管理能力已经成为商业银行的核心竞争力之一。

（一）风险管理的意识淡薄

在风险管理方面，我国商业银行的管理阶层对该方面的知识了解得不到位，并且这些管理者管理能力较弱；在风险控制方面，管理者的风险意识淡薄，仍然停留在初级水平的层次上。目前而言，风险管理文化是我国商业银行最缺乏的内容，我国商业银行还忽视了风险管理的在职培训和在职教育，在具体的操作中造成了严重的后果，从而引发了风险管理的意识薄弱，对风险管理的认识严重不足。因此，首先需要提高风险管理认识，增强风险管理意识。商业银行的一些员工在对风险和收益方面，更重视收益，将业务发展与风险管理在一定程度上对立，认为风险管理是阻碍业务发展的，或认为只要业务发展了，风险自然就能得到控制。其中，部分原因可能与目前商业银行的绩效考核有一定的关系。其次，在风险管理方法上，重视风险的定性分析和风险的转移，如贷款强调担保，对风险的定量分析欠缺。可能是由于长期以来我国商业银行在风险管理方面比较重视定性分析和专家的经验，如信用风险管理中，重视贷款投向的政策性、合法性、贷款运行的安全性等，这些分析方法在强化风险管理中是不可缺少的，但是风险管理量化分析手段欠缺。最后，风险管理人才缺乏。现代风险管理技术性含量较高，目前我国商业银行风险管理人员无论是在数量上，还是在质量上都与西方商业银行存在差距，这也成为制约未来商业银行风险管理能力提高的重要因素。

（二）风险管理缺乏完整的控制机制，需要进一步完善相应的市场调节机制

首先，风险管理基础有待巩固。目前，很多风险在现有风险管理体系中没有被涵盖，主要表现为以下几个方面：第一，战略风险。如交叉风险、大额风险、资管和宏观经济等方面的问题，依然需要站在战略层面考虑风险偏好以做出判断和预测。第二，行业风险。银行实际上是将信贷投入各行业，要求银行在每一个行业周期中选择合适的时机进入或者退出，但银行的行业风险并未受到重视。第三，外部突发事件风险。外部突发事件产生的风险不在常规风险控制范围内，但它产生的危害却是相当大的。例如，中美贸易摩擦对金融业产生的影响等。

其次，风险偏好成为事后的指标。部分商业银行的风险偏好政策仅停留在文件层面，无法用风险偏好指导全行或者整个机构的资产配置与组合管理，无法匹配收入与风险回报；风险偏好缺乏定量控制目标，无法将风险偏好目标通过分解、传导内化为各业务条线和分支机构的行为目标。

再次，风险管理的基础薄弱。数据和 IT 系统都属于银行的风险管理的基础设施，2008 年金融危机的一个重要教训就是银行的信息科技和数据架构不足以支持集团的金融风险管理。许多银行无法在集团层面、各业务条线、各分支机构间，快速且准确地汇总风险暴露和识别风险集中度，一些银行因风险汇总能力薄弱而无法恰当地管理风险，从而对银行的稳定带来严重影响。

最后，商业银行的风险管理技术有待改进。一是部分商业银行的风险预警机制不健全，风险识别和预警不到位，难以及时捕捉风险苗头；部分商业银行的银企关系畸形，在客户发生风险后，银行不仅不去及时预警和处置风险，反而还与客户合谋，帮助客户提供虚假材料，延迟风险暴露，使银行遭受更大的损失；部分商业银行在开展风险管理时，不能有效管控业务和产品的实质风险，风险管理要点和措施不到位，如贸易融资等常见的信用风险业务一概被视为低风险业务，但事实上这类业务也有较高的操作风险，总体风险依然较大。二是在信用风险、市场风险的计量上，部分商业银行依然通过专家判断的方式进行风险分析和决策，内部评级和模型未能有效落地；模型捕捉风险的技术存在不足；部分银行在承担实质风险的同时，借助各种创新手段规避资本监管要求，导致风险资本计量的准确性降低。

（三）风险管理的具体工作流程缺乏规范

首先，按工作流程，我国商业银行风险管理可分为对资产风险的重组、转化、清收及处置等管理，但很多银行把贷后管理工作看成重中之重，从而忽视了对资产风险的贷前、贷中的防范控制。在业务流程方面，风险管理体系根本不完善。在风险管理中，大部分商业银行仍固守之前的老经验，而不运用先进的风险管理技术。我国的商业银行没有合适的相关制度和方法，风险管理是一个不完整的规范体系。

其次，内部控制相对弱化。一是商业银行业务部门既是业务经营的实施者，又是业务风险自我监督的责任者，"一岗双责"在实际操作中往往只注重业务拓展，而忽视了内控监督；二是制度建设滞后，电子银行的发展使一些新业务还没有制定出完善的操作规程和相应的制度，存在无章可循的空档；三是内控合规部门监督职能弱化，内控合规部门地位不超脱，监督检查职能和权威性没有得到充分发挥，难以对领导决策失误造成的损失进行有效监督。

最后，合规管理一定程度上虚化。一是部分商业银行没有形成合规文化，特别是对基层营业机构和员工的教育和引导作用不明显，尚未真正内化于心、外化于行；二是部分商业银行对合规要求重视不够，存在主观上"踩红线"、合规要求让位于阶段性业务发展诉求的情况；三是合规管理方法比较落后，当前合规管理主要表现为定性分析，普遍缺乏量化分析，在风险评估、识别及监测等方面都缺乏科学性。

目前，我国商业银行大部分做到的风险管理工作基本上都是对风险事故的应急处理，无法做到未雨绸缪，是一个不严谨的管理流程。没有准确及时地搜集相关信息，并且信息在相关部门不能共享，也就是说，无法做到对信息准确及时地处理，从而降低了风险管理的工作效率。

四、加强商业银行风险管理的对策与建议

（一）应对信用风险的对策与建议

第一，加强贷前尽职调查，认真贯彻信贷政策，密切关注经济变化和政策导向，把好授信准入关，从源头上防范信用风险。一方面，始终坚持认真贯彻执行银监局和人民银行等监管机构下发的各项政策，高度重视各类产业

政策及行业动态，密切关注政策导向，及时调整信贷投向，合理分配信贷资源，优化信贷结构。另一方面，严格遵守各项管理规定，认真分析、审慎选择，前移风险关口，使信用风险降到最低。

第二，选择符合规定准入条件的客户进行授信，此类客户具有如下特征：合法的法律主体；从事合法经营并且以经营活动的收入作为主要还款来源；良好的经营前景，良好的志愿，稳定的家庭及社会关系，有一定的经营能力或从业经验；不涉及银行业相关法规或者商业银行规定的不得参与或退出的行业和经营项目等。

第三，建立防范信用风险的预警机制，加强制度建设，规范业务流程，强化授信业务各个环节的管理。针对业务部门的业务贷前调查、贷中审查、贷后检查、风险易发点等业务环节进行梳理和完善，有效防范信用风险。要想反映贷款的真实和全面的风险程度，以及评估资产质量的科学性，就必须加强客户信用等级评定的管理工作，严格把握中介机构的准入关，保障信贷资产质量。

第四，完善贷后管理机制。贷后管理工作为信贷资产管理薄弱环节，预警排查等工作业务团队积极性不够，预警反馈风险不及时，风险预警多为逾期预警。同时，逾期贷款业务团队积极主动性不足，报告报送等不及时，清收措施有限，清收效果不明显，往往错过逾期贷款最佳清收时期。

贷后检查的实施部门是业务部门，并且在贷后检查中承担重要责任。要求各业务条线信贷人员严格按照贷后管理制度和流程进行现场检查和非现场检查，并及时做好贷后检测表的记录，做到贷后管理的及时、有效、合规、合法，真正发挥贷后管理工作对业务授信风险的识别、防范、控制和化解作用。此外，在整个业务过程中，信贷员与客户之间要保持紧密联系，密切关注客户经营状况、发展变化和业务需求，重点且全面监控客户资金流向，严格防范企业的违约风险，同时努力提高客户的还款意识和忠诚度。

（二）应对市场风险的对策与建议

第一，建立市场风险管理内控制度，方便管理市场风险。抓紧完善内部控制机制系统，通过系统的决策、执行和监督反馈这三点的共同协调作用，健全我国对市场风险管理的内部控制机制。

第二，树立市场风险管理意识，加强对业务部门及风险管理部门员工的培训工作，提升全员的市场风险管理意识。只有有了杰出的市场风险管理意识，才能拥有一致的风险管理条件，才能奠定杰出的银行风险管理基础。

第三，构成市场风险管理组织架构，全面加强市场风险管理和内控体系的建设，根据市场风险管理制定相应的内控制度，包括市场风险管理战略、市场风险管理制度、资金业务管理办法、市场风险管理流程等一些具体规章制度。

（三）应对法律风险的对策与建议

继续对合同管理制度进行丰富和完善，在实践工作的积累基础上进行全面的法律风险防范。根据业务实践，制定出一批适合分行市场行情和业务需要、符合监管政策规范的格式合同文本，并对具体的适用流程进行规范，从而有效简化业务审核流程。还要优化合同文本的法律审查流程，针对分行的具体业务类型完善、细化合同审查流程，提高审查效率。结合分行多发性、常见性的法律问题进行有针对性的法律培训，同时实时总结合同审查工作并提炼审查要点，不断提高法律风险防范能力。探索抵押物快速变现的非诉程序，进一步完善强制执行公证等流程，挖掘多样化的清收处置手段。

（四）应对IT风险的对策与建议

对于人员安全意识与培训方面的风险，要着力提升信息科技风险的防控水平，加大宣传培训力度和广度，增强员工自觉防范科技风险的主观意识，特别针对计算机使用、安全防范、故障处理与维护等方面，通过培训提高员工的安全防范意识和科技知识水平，努力营造自觉防范信息科技安全风险的良好氛围。

在设备使用与管理方面，对现有科技管理制度进行全面梳理与完善，真正做到以制度管人、以制度约束、以制度处理的工作模式。在网络安全管理方面，针对金融网的管理与维护，进行详细的风险排查，及时对排查出的问题进行整改，进一步提升设备的安全稳定运行性和抗风险能力。

总而言之，在风险管理过程中，商业银行有两个侧重点，第一个是要把资本、风险和收益三者之间的关系正确处理好，第二个是要继续为业务发展做好所有服务的理念。在业务发展过程中，不能逾越业务的风险底线，对不能掌握、不能精准评估、不能认清的风险业务要予以拒绝。市场是商业银行风险管理的导向，要及时把握市场的经济动向，掌握发展进程中极有可能遇到的各种各样的风险，为风险管理做好充分准备。

第三节　互联网金融环境下商业银行风险机理分析

一、互联网金融环境下商业银行行为分析

（一）互联网金融环境下商业银行需求—供给分析

在互联网金融商业银行风险管理中，博弈关系主要涉及政府、商业银行和融资方。其中，政府包括制定政策的国家机关部门、监管机构和银行业协会；融资方包括互联网金融消费贷款的对象，即个人和小微企业。本章研究政府、商业银行和融资方三方的博弈关系。

本章首先以经济学中需求—供给曲线分析在信息不对称的情况下，资金需求与商业银行资金供给的关系。融资方受到自身规模等限制，融资渠道单一，通过商业银行贷款是其主要的资金来源。由于信息的透明度低，商业银行要考虑风险因素，融资方的违约风险越高，获得资金的难度就越大。为降低信息不对称造成的额外风险，商业银行一方面会选择采用风险管理手段进行风险管理；另一方面会提高贷款门槛，导致融资方无法顺利从商业银行进行贷款。同时，这一做法可能导致逆向选择，即贷款利率的提高增加了融资方贷款成本，在还贷时期就有可能出现违约风险。为解决这个矛盾，商业银行互联网金融风险管理是十分重要的。

商业银行提供的资金总量用直线 S 表示；融资方的资金需求总量用直线 D 表示。在政府调控下，商业银行会收紧贷款，这就进一步加重了融资方的融资难度。这时资金为 $Q_1 - Q_0$，如图 4-1 所示。为使供需平衡，这部分缺口应该由商业银行风险分担。银行运用风险分析、风险评估等风险管理手段，对融资方违约风险进行评估，这就降低了由于信息不对称导致的风险，商业银行资金供给曲线由 S 平移到 S'，融资方的融资成本相应地从 P_0 下降到 P_i；在新的均衡点 E_1 资金供给与需求达到平衡，融资方的融资量从 Q_0 增加到 Q_1。通过风险 s 管理降低了信息不对称风险，一是商业银行为企业提供长期的金融融资服务，二是融资方的良好信誉成为融资方的融资解决方案的良好选择。

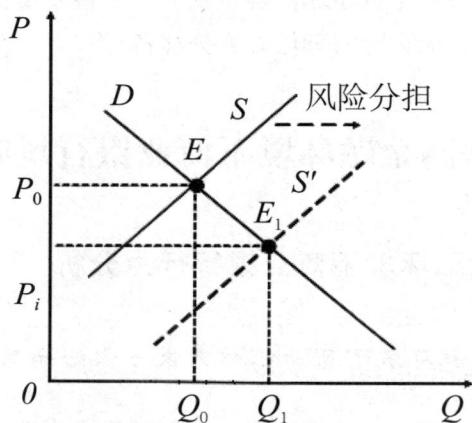

图4-1　政府调控下的融资方融资及银行的风险分担

（二）互联网金融环境下商业银行行为选择

在三方博弈主体的需求—供给曲线分析的基础上，为了讨论政府、商业银行和融资方三方的博弈关系，我们建立三方博弈模型，根据前文规定的变量计算各方的收益函数，从而确定三方的最优策略选择。在该三方博弈中，商业银行通过互联网，金融风险管理实践改进对融资方的授信的策略空间为放贷或不放贷；政府通过提供风险监管、对违约有效处罚等方式调控商业银行对融资方放贷，所以策略空间为调控或不调控；融资方向商业银行申请贷款的策略空间为还贷或违约，博弈是一个非对称博弈。

（三）互联网金融环境下商业银行主体博弈关系

政府和商业银行的收益主要来源于融资方贷款的申请，当政府与商业银行的收益等于0时，即对融资方没有申请贷款，金融风险产生机理也就无从说起，因此本书以融资方的贷款申请而论。为了便于研究，我们对融资方申请贷款的三方博弈问题分为单次和多次两种情况：一是单次贷款将分为贷款申请和贷款归还两个阶段进行分析；二是融资方贷款的贷款归还又分按期归还和不按期归还，即违约；三是多次融资贷款分为对融资方贷款申请和贷款归还两个阶段进行分析；四是融资方贷款的归还又分按期归还和重复违约的风险损失，从而进行金融风险产生机理的分析。

第一，博弈的参与主体即融资方、银行和政府都满足假设，即在现有条件下，根据自身目标，运用合适的手段实现收益最大化。

第二，本书所用模型为动态博弈模型，即前后行动的博弈方会受行动顺序的影响，前博弈行动者的信息会影响后博弈行动者的决策。

第三，此博弈类型是非合作型的，即博弈行动方两两之间都不存在合作、串谋或者合谋的情况。

第四，博弈中存在信息不对称。在三方中，只有融资方掌握自身相关经营状况和能力，而商业银行与政府都无从了解相关真实信息，即只有融资方可以拥有绝对诚信的优选。

第五，此处政府的范围指一切与融资方贷款申请有关系的，包括中央及地方各级政府在内的所有单位和部门。政府提供风险管理，赢利是税收，目的是以增加社会福利为职责，因此暂不考虑政府的成本。

二、单次贷款申请阶段风险形成

（一）单次贷款申请阶段博弈模型假设

为了构建政府管理部门、商业银行和融资方的动态博弈模型，本书做出如下假设：

第一，在融资方贷款申请阶段，政府要制定风险管理政策，落实行政问责机制，引导约束融资方的行为，也可能会由于调控实施难度及成本等因素的作用，选择维持现状这一行为，即政府管理部门的风险管理行为空间为调控或者不调控。融资方可能会拥有有价值的、真实的信誉资料信息，也可能由于信誉素养不高和有违约信息等，即融资方的策略空间为还贷或者违约。商业银行按风险管理要求是放贷或者不放贷。

第二，博弈是一个非对称博弈。假设在初始状态下，政府监管部门采取不调控行动是指对融资方贷款采取既不鼓励又不反对的中立态度，概率是 P_1，政府监管部门的调控监管处罚是指政府对融资方贷款违约风险采取不鼓励态度或者处罚，概率是 $1-P_1$。融资方的行动空间为还贷或者违约，融资方若申请贷款则此概率表示为 P_2，否则概率表示为 $1-P_2$。而将银行的行动空间表示为还贷或者违约，政府会在风险监管选择不调控政策的情况下，商业银行放贷的概率是 P_3；政府在风险调控的情况下，放贷的概率是 P_3'。显然，$P_3 > P_3'$。其中，$0 \leqslant P_i \leqslant 1$（$i=1$、2、3）。由于政府管理部门和融资方群体均具有有限理性，在信息不完全的情况下，他们会通过不断学习调整策略以实现自身利益最大化。

（二）基于三方博弈模型的单次贷款申请阶段风险形成机理

根据以上假设，以及商业银行、融资方与政府三方策略的依存性，在贷款申请阶段，出现融资方申请贷款而商业银行不批准贷款申请，或融资方不贷款这两种情况，以上三方的博弈收益都表示为 0。若融资方选择贷款，商业银行也愿意放贷，此时政府决策为调控，那么三方相对应的收益表示为 R_1C、$R_2C + R_3 - b$、$E - e$。此处 C 为本金。R_1C 是融资方的贷款收益，R_2C 是商业银行的收益，R_3 为政府收益，b 表示还贷阶段的融资方违约风险给商业银行造成的损失，在商业银行贷款调控时，E 表示融资方的收益，e 表示还款阶段的融资方违约损失。若融资方与商业银行的决策如上情况不变，而政府选择不调控，那么融资方的收益 $R_1C - a$、商业银行收益 $R_2C - b$、政府收益 $E - e$。a 表示在没有政府调控情况下，融资方的贷款成本，$0 \leqslant a \leqslant R_1C$。

融资方申请贷款的期望收益为

$$U_1 = P_1 P_3 R_1 C + (1 - P_1) P_3' (R_1 C - a) \tag{4-1}$$

已知融资方不贷款则收益表示为 0，而当 $U_1 > 0$，即融资方的申请贷款的期望收益大于 0 时，就会进行申请贷款的决策，由此可知：

$$a < \left[(P_3 - P_3') P_1 R_1 C + P_3' R_1 C \right] / P_3' - P_1 P_3' \tag{4-2}$$

商业银行的期望收益为

$$U_2 = P_2 P_1 (R_2 C + R_3 - b) + P_2 (1 - P_1)(R_2 C - b) \tag{4-3}$$

当 $U_2 > 0$ 时，商业银行会选择放贷，可得

$$b < P_1 R_3 + R_2 C \tag{4-4}$$

政府期望的税收收益为

$$U_3 = P_2 P_1 P_3 (E - e) + P_2 (1 - P_1) P_3 (E - e), \quad e \geqslant 0 \tag{4-5}$$

当 $U_3 \geqslant 0$ 时，政府会在风险监管调控下选择采取调控政策，可得

$$\left[P_2 P_3' + P_1 P_2 (P_3 - P_3') \right] (E - e) > 0 \tag{4-6}$$

从（4-4）可得，商业银行是否选择提供资金对融资方放贷，其面临的损失 b 对融资方供给资金 R_3 和贷款利率 R_2 可建立关系。一是政府不调控、商业银行放贷量增加，利率收益越高。（4-4）右侧越大，不等式越容易成立，商业银行的选择是提供融资方贷款；二是贷款增加而风险也增加，商业银行向融资方放贷的意愿会降低。因此，政府需要采取措施是在风险监管下选择调控，那商业银行向融资方放贷，就要通过风险管理等手段降低贷款风险，从而引导融资方降低违约风险并获得贷款。由（4-6）可得，该不等式只有在 $E-e>0$ 的条件下才会成立，也就是说，$E-e$ 决定了政府决策的期望收益，此时政府的决策所得的税收收益将大于因贷款造成的损失。银行的期望收益取决于 $E-e$ 的大小，当 $E-e>0$，金融风险小，贷款的利率收益就大。

由（4-2）可以看出，当在政府不调控的情况下，a 所代表的融资方的贷款成本与 P_1 和 R_1 有关，即与银行的贷款利率和融资方的收益率有关。（4-2）公式的右边方程越大，表明融资方越愿意申请贷款；在政府进行调控决策下，融资方申请贷款所负担的成本减少，该不等式越有可能成立，即融资方更愿意申请贷款。这说明商业银行对融资方贷款门槛高，融资方只有增加成本才能获得贷款，所以融资方有产生风险的可能，对融资方而言，其进行贷款的收益与成本有差距，从而降低了贷款意愿。在实际业务进行过程中，融资方可能因为缺少资金来源而在面对高成本的贷款情况下只能向商业银行妥协，进一步加重其资金压力，从而带来金融风险，这样商业银行贷款也会面临比较高的风险。这就解释了信贷市场上信誉差、高风险会使融资方产生违约现象。因此，这就需要商业银行做好风险管理，完善相应的配套制度，建立融资方信用体系，积极建立融资方信用评级市场，努力提高信用体系。

三、单次贷款归还阶段的互联网金融风险形成

（一）单次贷款归还阶段的三方博弈假设

当融资方归还贷款时，政府的决策行为仍然为决策和不决策两种。政府的调控在风险管理下，一是对融资方采取鼓励，使融资方守信还贷；二是当融资方违反承诺时，政府就应该选择调控决策，帮助和监督商业银行追索贷

款，将损失降到最低，此时政府决策概率为 P_1，不调控的概率是 $1 - P_1$。而当融资方的决策为违约或还贷时，政府进行调控，融资方还贷概率用 P_4 表示，相对应政府不调控情况下，其还贷概率则用 $P_4^{'}$ 表示。商业银行的决策选择分为追索和不追索。当在政府风险监管调控下，商业银行追索的概率是 P_5；当在政府不调控的情况下，商业银行追索的概率是 $P_5^{'}$。显然，$P_4 \geqslant P_4^{'}$、$P_5 \geqslant P_5^{'}$。

如果融资方还贷，那么融资方 R_4，政府会得到税收 E_1，博弈的三方的收益分别是 R_1C+R_4、R_2C+R_3、E_1。

如果融资方违约，商业银行选择追索，且在政府严格风险监管协调下，银行能减少大量的追索成本。若做出以下假设：商业银行的成本为 0；融资方在被追索后因处罚而导致贷款收益为 0；政府因融资方违约而存在税收损失，最后的收益为 E_2，且 $E_2 < E_1$，那么融资方、商业银行和政府的收益分别为 0、R_2C+R_3、E_2。

当融资方出现违约而银行不追索时，银行将失去贷款本金，此时三者的收益将变化为 R_1C+C、$R_2C+R_3 - C$、E_2。

如果融资方违约，被罚款，政府得到收益 E_1，博弈的三方的收益分别是 $R_1C - a$、R_2C+R_3、E_1。

如果融资方违约，商业银行选择追索，在缺少政府政策调控的情况下，商业银行会付出追索成本 H，追索之后，融资方可能采取各种措施留存一些收益，假设这部分收益为三方受益 R_5，此时三方收益分别为 $R_5 - a$、$R_2C+R_3 - H$、E_2；商业银行不追索则它将损失贷款本金，此时三方收益分别为 $R_1C+C - a$、$R_2C+R_3 - C$、E_2。

（二）基于三方博弈模型的单次贷款归还阶段风险形成机理

根据单次贷款归还阶段的三方假设，得到方程为，

1. 融资方

融资方还贷的期望收益为

$$U_1^{'} = P_1(R_1C + R_4) + (1 - P_1)(R_1C - a) \tag{4-7}$$

融资方违约的期望收益为

$$U_1^{*} = P_1(1 - P_5)(R_1C + C) + (1 - P_1)\left[(1 - P_5^{'})(R_1C + C - a) + P_5^{'}(R_5 - a)\right] \tag{4-8}$$

当 $U_1' \geq U_1^*$ 时，中小企业会选择还贷，简化得

$$R_4 > \frac{P_5'(1-P_1)(R_5+2a)}{P_1} - \frac{P_5'C(1+R_1)}{P_1} - (P_5 - P_5')(R_1C+C) \qquad （4-9）$$

2. 银行

当中小企业违约时，商业银行追索的期望收益为

$$U_2' = P_1(R_2C+R_3) + (1-P_1)(R_2C+R_3-H) \qquad （4-10）$$

商业银行不追索的期望收益为

$$U_2^* = P_1(R_2C+R_3-C) + (1-P_1)(R_2C+R_3-C) \qquad （4-11）$$

当 $U_2' > U_2^*$ 时，商业银行会选择追索，简化得

$$H < \frac{C}{1-P_1} \qquad （4-12）$$

3. 政府

提供政策调控的期望收益为

$$U_3' = P_4E_1 + (1-P_4)\left[P_5E_2 + (1-P_5)E_2\right] \qquad （4-13）$$

政府不提供政策调控时的期望收益为

$$U_3^* = P_4'E_1 + (1-P_4')\left[P_5'E_2 + (1-P_5')E_2\right] \qquad （4-14）$$

式中：E_1 为融资方履约还贷后政府的收益；E_2 为融资方违约后政府的收益。

当 $U_3' > U_3^*$ 时，政府会在融资方还贷阶段提供政策调控，融资方若违约一定会有损失，则 $E_1 > E_2$。

综上所述，银行为在还贷博弈中实现自身利益最大化，只能在政府严格风险管理下放贷。

由以上推导过程可以看出，融资方是否违约与政府对融资方的还贷奖励 R_2、融资方贷款收益率 R_1、政府不支持条件下银行追偿后的融资方收益 R_5、贷款成本 a 有关系。政府奖励越多、融资方收益水平越高，式（4-9）右侧数值越小，式（4-9）越容易成立，融资方违约的风险越低。政府不支持条件下银行追偿后的融资方收益越多、贷款成本越高；式（4-9）右侧数值越大，式（4-9）越不容易成立，融资方违约的愿望就越强烈，违约风险越高。

四、多次借贷申请的风险机理分析

（一）多次借贷申请重复博弈的模型假设

本书对模型做如下假设：

第一，博弈方具有理性，满足理性人假设；与单次博弈一样，都以追求自身利益最大化为目标。

第二，需求的融资方在长期借贷的重复博弈中，前一期的融资方信用情况将会被政府和商业银行作为采取行动时的重要参考，如果上一期的融资方正常还贷，将会增加对企业的信任，政府会在风险监管下选择采取调控，此时融资方选择贷款和商业银行选择放贷的意愿都会提高；若上期融资方选择了违约，银行则会停止对融资方放贷，即此长期借贷的博弈就会终止。

第三，博弈方之间信息不对称，融资方自身了解情况，具有信息优势，商业银行和政府则处于信息劣势，它们根据前期情况，对融资方运用风险识别和风险评估等风险管理手段判断本期的企业信誉，判断是否贷款。

第四，政府成本在长期借贷中不予考虑。若贷款任意期为 t（$1 < 0 < t$），融资方在 t 期前都能正常还贷，则第 t 期政府和商业银行会对融资方信任，政府会加大对企业的调控力度，概率为 P_{t1}；政府在风险监管下，商业银行向融资方放贷的概率是 P_{t3}，在政府在风险因素下不调控时，银行放贷的概率为 P_{t3}'。则可得 $P_{t3} > P_3$，$P_{t3}' > P_3'$。假设在投资各期，若融资方违约后银行追索概率及政府在此风险不调控的情况下融资方贷款的成本不变。

（二）基于重复博弈模型的多次借贷金融风险形成

U_t 与 P_{t1}、P_{t3}、P_{t3}' 具有正相关的关系，也就是说，在此融资方贷款重复博弈的模型中，银行选择长期放贷的概率越大，融资方能获得的期望收益就越高。在银行多次放贷中，上一期融资方还贷情况会决定商业银行的长期贷款概率，因此如果上一期融资方按时还贷，则本期政府将更有可能进行调控，由此银行也更有可能选择放贷，融资方更有可能获得贷款，收取更高的期望收益，这就是对融资方的声誉约束。理性的融资方将重视声誉这一因素，努力营造守信的形象，以获得银行和政府的信任，提高在下期乃至更长远获得贷款的概率。

如果第 t 期博弈结束后，融资方停止贷款，那么博弈也会结束。故博弈的任一期只要开始，融资方一定会申请贷款。在有限次重复博弈中，会出现所谓的声誉的终止博弈效应，当融资方已知当期为最后一期，那么他就不会再顾及声誉，从而选择违约，因为这样对他已经没什么影响。此时，虽然没有声誉约束的影响，但政府监管的职能中有对违约进行处罚，故在最后一期，理性的融资方仍会权衡违约与还贷之间的收益差别。

1. 按期还贷

中小企业按期还贷的期望收益为

$$U^{'} = P_{t1}P_{t3}\left(R_1C + R_4\right) + \left(1 - P_{t1}\right)P_{t3}^{'}\left(R_1C - a\right) \tag{4-15}$$

2. 还贷违约

中小企业违约的期望收益为

$$\begin{aligned}U^{*} &= P_{t1}P_{t3}\left(1 - P_5\right)\left(R_1C + C\right) + \left(1 - P_{t1}\right)\\&= P_3^{'}\left[\left(1 - P_5^{'}\right)\left(R_1C + C - a\right) + P_5^{'}\left(R_5 - a\right)\right]\end{aligned} \tag{4-16}$$

3. 选择还贷

当 $U^{'} \geqslant U^{*}$ 时，中小企业会选择还贷，求导可得

$$\begin{aligned}&\frac{\partial\left(U^{'} - U^{*}\right)}{\partial R_1} > 0, \quad \frac{\partial\left(U^{'} - U^{*}\right)}{\partial R_4} > 0\\[2mm]&\frac{\partial\left(U^{'} - U^{*}\right)}{\partial P_5} > 0, \quad \frac{\partial\left(U^{'} - U^{*}\right)}{\partial P_5^{'}} > 0\\[2mm]&\frac{\partial\left(U^{'} - U^{*}\right)}{\partial R_5} < 0, \quad \frac{\partial\left(U^{'} - U^{*}\right)}{\partial a} < 0\end{aligned} \tag{4-17}$$

这表示融资方在有限次的重复博弈模型中的收益率为 R_1，而此时可将政府的收益表示为 R_4，而银行选择追索的概率则为 P_5、$P_5^{'}$，政府在风险因素调控银行的情况下，商业银行追索后剩余收益 R_5，与融资方贷款成本 a 有关系。如果融资方收益率越高、商业银行追索概率越大，政府收益越高。融资方收益率越高，越倾向于还贷，如果政府在风险因素不调控融资方的情况下，商业银行平台追索后收益 R_5，与融资方的贷款成本 a 相关，而 a 又与融资方违约的概率正相关。故为保证融资方守信履约，银行要加强对融资方

贷款风险的管控。另外，银行也可以通过法律措施，健全法规准则等，做好风险管理，在追索和管理成本最小化的条件下实现损失最小化，而融资方也不浪费成本。

在无限次重复博弈模型中，在最后一期前的任意一期 t，若发生融资方违约，银行则会停止放贷，融资方因此损失本来的收益，且后期贷款收益也会因为当期信誉损伤而丧失。也就是说，若融资方有在第 t 期违约的意愿，它将对违约后的收益和正常还贷情况下的收益进行对比，权衡做出损失最小的决定。

方程设融资方的贴现因子是 σ，则融资方选择在第 t 期正常还贷所得到的收益和第 t 期之后各期贷款所得的期望收益总和表示为

$$U_{\infty}^{'} = P_{t1}P_{t3}(R_1C+R_4)+(1-P_{t1})P_{t3}^{'}(R_1C-a)+ \atop \sum_{i=t+1}^{\infty}\left[P_{i1}P_{i3}(R_1C+R_4)+(1-P_{i1})P_{i3}^{'}(R_1C-a)\right]\sigma^{i-t} \qquad (4-18)$$

4. 中小企业在第 t 期违约的期望收益为

$$U_{\infty}^{*} = P_{t1}P_{t3}(1-P_5)(R_1C+C)+(1-P_{t1})P_{t3}^{'}\left[(1-P_5)(R_1C+C-a)+P_5^{'}(R_5-a)\right] \quad (4-19)$$

当 $U_{\infty}^{'} \geqslant U_{\infty}^{*}$ 时，融资方会正常还贷。由此可知，在此博弈模型中，$U_{\infty}^{'} \geqslant U_{\infty}^{*}$ 较容易实现。其一，若融资方选择违约，那银行就没有正常收益；其二，如果在政府采取对企业违约的情况下处罚，融资方被商业银行强力追索还贷，融资方可能面临很大的金融风险；其三，在无限次重复博弈中，融资方坚持遵守合约还贷，获取的收益是很可观的；其四，融资方选择违约，将使以前各期正常还贷的信誉积累功亏一篑，还会使融资方的信誉受到损失，造成融资方之后难以贷款。这都会提高融资方的违约成本。因此，在三方重复博弈中，商业银行要加强风险管理，尤其是对融资方的风险控制更加重要，使融资方选择违约的概率减小，理性地坚持履约。

（三）多次借贷申请重复博弈的策略分析

第一，商业银行的金融风险管理主要受政府和融资方行为的影响。融资方的优质信誉获得申请资金需求融资数（u_1）、融资方的不良信誉不能申请获得资金需求融资数（u^*），这些参数对参与者策略选择的影响较大，可通过改变这些参数加强商业银行对金融风险管理。

第二，在商业、政府管理部门和融资方的博弈中，三方中任意一方成本增加都会导致系统关系恶化，合理控制风险管理成本有利于提高商业银行互联网金融风险管理，理想的情况应该是政府要加强调控监管，融资方要有良好的信誉，商业银行在做好风险管理的前提下向融资方放贷。

第三，商业银行互联网金融风险管理需要政府发挥主导作用，确定合理的调控水平，实现对互联网金融平台行业自律机制的引导，从而促进互联网金融与融资方的良性互动；有利于商业银行互联网金融风险管理的提高。总之，应从商业银行、融资方和政府监管部门三个方面，构建商业银行互联网金融风险管理的协同治理机制。

第四节　互联网金融环境下商业银行风险预警与控制

商业银行的风险预警是商业银行风险管理工作的一个重要组成部分，是商业银行风险管理体系的一个子系统。将风险预警纳入商业银行风险管理工作中可以使商业银行风险管理工作更具有前瞻性，风险管理的主动性进一步增强。按照风险发展的过程来看，一个完整的风险管理流程包括风险的识别、风险的监测、风险的度量、风险的控制和风险的转移。风险识别是指对商业银行潜在的各种风险进行系统的归类和全面的分析以掌握其性质与特征，便于确定哪些风险应予以考虑，同时分析引发这些风险的主要因素和所产生后果的严重性，这个阶段是对风险进行定性分析的基础性工作；对风险的监测是指风险监测指标的密切关注，随时注意这些指标出现的异常变动；风险的度量是指要根据一定的风险量化模型将面临的风险量化，并追踪风险的进一步发展方向及影响程度。

风险的控制是指要根据量化了的风险状况提出相应的控制措施，防止风险影响的进一步扩大；风险转移则是运用银行可运用的技术手段及各种金融避险工具转移已有的风险。风险预警主要涉及这个过程的风险识别、监测、度量和部分风险控制过程，风险预警更侧重于风险的感知层面。风险预警中对风险的识别、风险状态的监测和度量只是完成了风险管理的一部分工作。具体的风险管理部门要根据风险预警部门提供的风险预警报告，选择风险管理工具和技术对风险加以控制和转移。

风险预警对风险的提前感知前移了风险管理的覆盖范围，根据风险预警所具备的职能，通过风险预警指标体系对风险的监控，风险预警体系增强了银行对风险感知的敏感程度。可以这样说，风险预警体系就如同银行风险管理体系的一个"感应器"，它随时感应着商业银行面临的各种风险变动，并实时传递给风险管理部门，使风险管理部门能够及时做出决策，采取相应的风险管理措施。这个"感应器"使银行对风险的感知在时间上大大提前，从而有充裕的时间做出应对方案，而不必等到风险进一步显现和暴露，对银行资产造成更大的损失时才采取措施。

风险预警是对我国现有商业银行风险管理体系的重要补充，从而使风险管理形成一个集事先风险预警、事中风险控制、事后风险补救的完整过程。"防微杜渐""防患于未然"等格言依然是现代化风险管理的精髓所在。对于银行而言，风险的发展必然经历一个蕴藏、生成、演化、临近、显现和作用的阶段，而且也并不是每一次风险的发生一定会造成破坏而成为危机或灾难。即使风险对某个特定目标产生作用到真正形成破坏和失控状态，也同样需要一个过程。因此，通过风险预警，对风险进行事先的感知与预控，再在风险发展的不同阶段配合其他风险管理方法和工具，可以将风险在不同程度上得到转化、分解、控制和有效管理；可以将风险在爆发失控前得到制止或脱离其目标；可以在风险一旦突变成灾难时迅速形成有效的处理机制，将风险损失降低到最小。大量经验表明，银行在经营过程中，风险隐患发现得越早，其造成的损失比率就越低。摩根银行的统计分析表明，在贷款决策前预见风险并采取预控措施，对降低实际损失的贡献率为50%～60%，在贷后管理过程中监测到风险并迅速补救，对降低风险损失的贡献率为25%～30%。而当风险暴露后才进行事后处理，其效力低于20%。

商业银行风险预警及相关职能的建立和运用将为风险管理流程的进一步细化和量化提供支持，使预警功能在风险管理的各个环节上得到扩展，并在此基础上最终形成与各业务部门信息系统对接的"风险管理系统"。所以，在商业银行风险管理工作中运用风险预警提高了我国商业银行现有风险管理体系风险管理的前瞻性、主动性及有效性，为商业银行的稳健经营提供有力的决策支持和技术保障。

一、构建互联网商业银行风险预警机制

互联网金融环境下的商业银行预警是指建立在互联网大数据基础上的一

种预警体系，将商业银行预警信号的获取范围从内部推向了外部，从有限的公共记录推向了无限的网络世界。预警信号的信息全面更新在互联网预警体系中可以得到最大限度实现。

互联网金融环境下的商业银行预警是传统商业银行预警体系向信息全面性发展的必然结果。通过分析客户在互联网上的行为，可以获取与其相关的更多风险分析素材，为金融机构风险预警提供依据，如在互联网上检索"不偿还银行贷款的后果"这一简单行为很可能预示着即将有一起风险事件要发生。当前，互联网和移动通信行业对金融业的嵌入程度越来越深，贷款业务和转账业务可以通过电脑和手机网络轻松完成，而在进行这些操作的同时，其行为亦被后台系统借由设备编码或入网编码所识别与分类，并存储于数据库中，这也为后期互联网金融环境下的商业银行预警打下了基础。

借助互联网，金融机构可以更快更全面地整合需要的外部信息，包括违法乱纪行为、法院裁判被执行情况、历史缴税纳税记录、行业政策重大变更、个人网络负面言论、重要关联方负面新闻、借款者的网络搜索偏好、资金支付与结算能力等。即使是未查得任何信息，本质上也是一种信息，因为在互联网高度嵌入日常生活的当下，这种异常性的销声匿迹极有可能预示着风险事件的发生。但是，通过互联网搜集到的信息素材往往是分散化、碎片化的，要想有效利用这些信息，就必须对其进行加工处理。信息技术支撑下的互联网系统在拓宽了信息获取渠道的同时，也提供了信息加工整合技术，这也使及时高效利用大量且多变的信息成为可能。

随着市场竞争的白热化，金融机构自身宏观预警信号的变动频率逐渐提高，更容易受到外部市场环境的重大影响，因此对宏观和微观层面风险预警的及时性具有更高的要求。相较于金融机构的内部数据库，互联网大数据库无论是从数据种类、数据数量，还是更新频率方面都要远超前者。这种大量且快速更新信息的输入在某种程度上使金融机构的预警及时性得到了飞跃式的提升。借助于高效运行的互联网预警系统，客户的各种异常网络行为会在第一时间被后台系统所识别，并将该预警信号直接发送至对应的客户经理终端，客户经理接收到此信号后会采取相应的处置措施，及时排除潜在风险。理论上，预警系统可以自动触发指定的风险管理动作，对任何潜在风险做出快速反应。

二、互联网金融环境下优化商业银行风险调控

（一）根据风险严重程度分类

依据风险发生的概率及其影响程度进行分类处理，如图 4-2 所示。

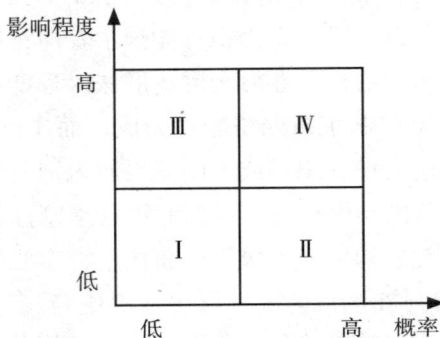

图 4-2　商业银行互联网金融风险严重程度分类

通过对不同风险区域的特征进行分析，根据不同的分类等级可以建立相应的风险控制策略，如表 4-3 所示。

表4-3　分区域风险控制策略

风险区域	风险特征	风险控制策略
Ⅰ	影响程度低，概率低	定期对风险状态改变进行审查，一般情况下不增加风险防控措施
Ⅱ	影响程度低，概率高	采取不同风险控制方式以降低风险发生频率
Ⅲ	影响程度高，概率低	建立健全突发性应急预案和风险降低措施
Ⅳ	影响程度高，概率高	采取分步化解风险影响及风险发生概率的方式，最大限度把风险降到最低，确保规避和转移各项风险且优先安排各项防控措施

（二）平衡风险控制成本

内部风险控制的效率不能仅仅由风险控制收益或者风险发生的概率衡量，而应该是收益、风险和成本的综合分析，内部风险控制就是要寻找这样

一个控制均衡点，在这一均衡点下控制收益、风险和成本构成最优组合。在风险控制不足时，控制成本较低，但是相应的潜在风险则会过高；在风险控制过量时，尽管潜在风险发生的概率得到很大程度的降低，但是风险控制需要的成本超过了不采取控制措施下会发生的损失，风险控制得不偿失。风险控制的效率由风险控制收益与风险控制成本的比值共同决定，高效的风险管理应该是在风险水平的可接受范围内且风险控制收益高于风险控制成本的状态。图 4-3 反映了风险控制收益、风险水平和风险控制成本之间的关系。

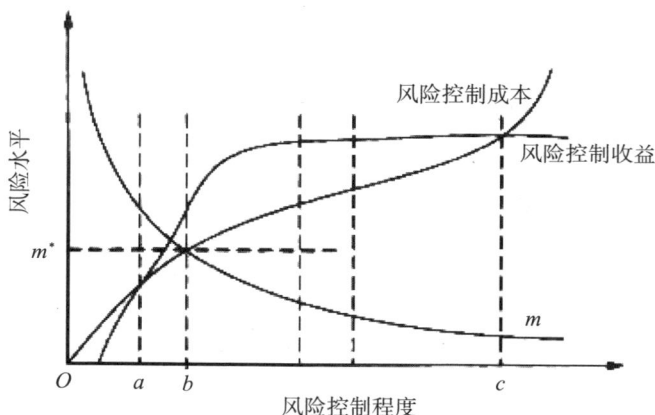

图 4-3 风险成本平衡

通过对风险控制收益、风险控制成本和风险水平的综合比较，可以将风险控制区域划分为以下四大块。

区域 1（图 4-3 中 0 - a 阶段）为控制无效区。在该区域内，由于风险控制程度较低，此时风险水平远高于风险容限水平，且风险控制收益低于风险控制成本。风险控制的投入与产出无法实现平衡，在此区域内无法实现平衡成本和控制风险的双重目标，因此风险控制无效。

区域 2（图 4-3 中 a - b 阶段）为较弱控制区。在该区域内，风险控制收益高于风险控制成本，但风险水平仍旧高于风险容限水平，平衡成本、控制风险的双重目标只达到了其中一个，风险控制程度相对较低，在此阶段通过提升风险控制程度可以向均衡状态接近以降低风险损失。

区域 3（图 4-3 中 b - c 阶段）为合理控制区。在该区域内，风险控制已经相对健全，在风险控制收益高于风险控制成本的同时，风险水平也处于风险容限水平之下，实现了平衡成本和控制风险的双重目标。最优风险控制程度处于该区间内，最优风险控制则是风险控制的边际收益和边际成本相等时的这一状态。

区域 4（图 3-3 中 c 之后的阶段）为过度控制区。当风险控制的水平超过合理控制区域后，随着风险控制程度的提升，风险控制效率开始回落，此时风险水平已无多少下降的空间，但风险控制成本却超过风险控制收益，并逐渐拉大两者间的差距。在风险控制达到合理区间后，继续提高风险控制的投入将起到反作用。

（三）制订风险应急计划

制订风险应急计划的目的在于及时应对业务开展过程中的突发性风险，迅速控制风险的影响范围和影响程度。商业银行构建风险控制体系时就需要制订相应的应急计划并实施相应的措施，实施这些措施的对象不仅包括起指导作用的中央决策机构，还包括直接实施措施的下级分支和附属机构。同时，为了确保应急措施本身的可行性和实施过程的可操作性，商业银行需要定期对风险应急计划进行调整与更新，再通过实际演练进行测试。

（四）提升商业银行信用风险调控水平

1. 积极完善信息评价体系

我国商业银行应当积极改进信用评价体系，以对客户的信用风险、贷款项目的风险收益形成有效的评估，随后，利用评估结果指导风险控制程序的制定、信贷审批、资本分配等。当前，国际上普遍应用的是巴塞尔新资本协议推出的内部评级法（IRB）。IRB 是指根据某一项目的违约概率、违约情形下的可能损失和期限等因子，计算机构在进行该项目时可能面临的损失。IRB 涉及一系列复杂的程序，为了进行有效利用，商业银行应当重点关注以下内容：首先，商业银行应当设置信用风险管理部门，让其承担评价体系的设计、运行等工作。在此基础上，根据交易对象进行合理划分，如一般事业类、项目融资、房地产专业贷款等，进行分类评级，并建立统一评级标准。其次，加强数据收集工作。目前，我国商业银行，尤其是中小型银行，存在数据储备严重不足、数据可靠性较低的问题，严重影响着评价体系的使用。因此，商业银行应当加大对数据收集、筛选、补录等工作的关注，同时，对内制定完善的数据管理条例，推行统一的数据标准，对外要求客户提供经审计的财务数据。并且在改进过程中，商业银行应当充分利用外部专业评级机构的评价结果，将其与自身内部所产生的结果进行对比，以检验评价体系的有效性，并进一步弥补技术手段、专业人才储备上的不足。最后，商业银行应当充分利用在险价值和风险调整资本回报率等指标，督促信贷人员严格按照既定的信贷评级法进行放贷，防止其为了工资绩效等不同原因而一味地追求信贷规模的扩大。

2.完善信贷发放制度

在中小企业方面，为了维持特定的利润水平，商业银行的信贷资金应向中小企业倾斜。但因为中小企业表现出业务杂、信息不透明等特点，银行原先针对大型企业的信贷审批发放程序并不适用。因此，商业银行应当根据中小企业的特点，制定适宜的信贷发放制度，提高授信政策的针对性，如因中小企业的业务杂且多，银行可对信贷资金投放行业进行进一步细分，以控制风险和提高审批效率；由于中小企业经营稳定性较差，商业银行应当对其进行密切关注，并及时跟进，对可能出现的违约等行为及时制定相关政策。在监测中小企业信用风险方面，国际上较通用的技术手段有 KMV 模型、信用计量模型等，结合我国资本市场较为落后、历史数据缺乏等现状，我国商业银行宜采用信用违约预测模型度量中小型企业的信用风险。然而，在创新型业务方面，创新型业务给银行带来了新的竞争优势，同时给其信用风险添加了新内容。由于创新性业务的结构和交易规则较为复杂，传统的尽职调查或者额度控制方法难以对其信用风险管理发挥有效作用。因此，我国商业银行应当加大对相关测量技术的研究投入，寻找到有效的监测工具。

三、全方位应用互联网金融数据风险控制手段

互联网金融是互联网技术嵌入下的金融创新产品，仍属于金融产品的范畴，金融发展规律对其依旧适用。作为金融体系的基础，信用体系在互联网金融中占据着举足轻重的地位，要想通过电商平台、社交媒体等互联网路径获取互联网大数据，就必须建立在信用信息可靠的基础上。因此，预防和控制互联网金融环境下商业银行的风险的重点是互联网金融信用体系的建设，在发展互联网金融前就着眼于未来，以前瞻性、战略性的眼光建立起互联网金融信用体系，杜绝先发展互联网金融、后治理互联网金融信用问题。

构建互联网金融信用体系需要以我国互联网金融的发展现状为出发点，

并基于用户信用建设体系，以全面的信用信息共享机制为基石，以强力的信用监管和有效的权利保护为重心，以严厉的失信惩罚措施为手段，实现全覆盖、高效率的风险控制。

（一）建立全国性互联网金融行业征信系统

在互联网金融征信行业，完善的法律体系能够规范和指引互联网金融征信体系的建设。所以，立法先行具有深远的现实意义。为了规范互联网金融征信业的健康发展，互联网金融协会组织应联合"一行三会"制定出适合我国互联网金融行业的数据保护法，让互联网金融征信行业有法可依，规范发展。

互联网金融要全面纳入央行征信系统。中国人民银行征信系统，即金融信用信息基础数据库，主要服务于传统金融机构的贷前贷后风险预警，并且商业银行在授信之前都会让客户填写同意审查央行征信报告。在互联网金融行业征信系统和征信标准化建设逐步建立和完善的情况下，可以考虑纳入央行征信系统以完善央行征信系统数据库，将金融长尾用户也纳入央行征信系统，不仅有助于信用良好的人借款，活跃市场经济，还有助于解决小微企业借款难的窘境。最终形成央行征信系统和互联网金融征信系统的相互促进、互为补充、相互辅助良性态势。央行征信系统与互联网金融征信系统之间的数据共享、补充和完善可以在更大范围内防范和控制金融风险，并且能够震慑和打击信用违约等行为。

（二）完善互联网金融信用信息标准和信息共享机制

金融主体之间存在信息流通壁障，阻碍了信用信息的共享。要想打破这层壁障，实现互联网金融和传统金融信用体系的无缝对接，需要确立涵盖信用搜集、信息安全和分类管理在内的统一规范标准。由于互联网金融细分行业多、行业间差别大，由监管机构统一制定信息标准的难度大，难以实现。在信息规范标准建立之初，可以鼓励互联网金融企业制定自身的标准，在行业发展成熟且验证了标准的可行性和适用性之后，将龙头企业的信息标准推广至整个网络金融子行业，以此建立互联网金融全行业的信息标准。同时，允许符合要求的互联网金融企业与银行征信系统对接，在银行社会信用体系数据库的基础上，建立互联网金融征信子数据库。一方面借助银行征信平台提升互联网金融公司对客户信用信息的获取；另一方面以互联网公司的客户信用行为数据丰富银行社会信用体系数据库，在最大范围内实现信用信息的共享和使用。

（三）运用大数据技术优化信息采集

1. 大数据征信特征

随着互联网技术的快速发展，大量的数据沉淀造就大数据的到来，大数据技术使互联网金融积累的海量数据得到精确挖掘和充分利用。大数据是指所涉数据量巨大，无法通过主流计算机软件在合理时间内撷取、管理、处理的数据集，又称海量资料、海量数据集合。大数据技术已经成为备受关注的热词，其应用领域非常广泛，涉及各行各业。在互联网金融时代，数据至上，如何分析使用海量、多维度的数据资源成为众多学者研究的一个重要议题，而大数据技术开启了数据时代，并提供了分析海量、多维度数据的方法。以大数据为代表的信息技术的应用给互联网金融征信带来了新思路，大数据征信技术可以将海量、杂乱无章的数据经过整合、挖掘，转换成有效的信用数据，并能显著提高信用评估的效率、准确性和可预见性。

2. 大数据征信优势

首先，数据来源广。大数据征信的数据采用大量的非金融数据，包括从公共部门的数据、网络行为、社交行为等，传统信贷数据只占搜集数据的一部分。其次，人群覆盖范围大。利用大数据技术可以将信用评估体系服务于所有人群，可做到全覆盖，这是传统征信模式无法比拟的。再次，信息挖掘层次深。传统征信模型主要对授信主体进行评估，数据挖掘的关注点在于借款人是否可以按时履约。反观大数据征信，更注重客户的当前信息，主要在于横向及多维度数据挖掘，旨在全面掌握授信主体的资信状况并能对其做出准确预测。大数据技术分析擅长处理多维度数据，可以让数据使用者全方位地掌握信息主体的信用状况，更接近对象本质特征，预测信息主体未来的信用变化趋势。最后，评估模型效率高。传统征信模型中运用的变量较少，而大数据技术运用了机器学习模型的同时，数据变量的维度更加多元化，因此信用评估的效率更高，对风险的预测更加准确，能有效降低违约风险事件的发生。互联网金融征信机构应充分利用大数据技术采集、分析、处理信息主体的第三方数据、用户提交的数据和互联网数据，并将数据上传至互联网金融征信体系，由体系根据一定的分析模型给予信息主体信用分，这将是未来大数据征信的趋势。

（四）重视互联网金融信息安全监管和信息主体权益保护

与传统金融相比，互联网金融的信息安全问题更为突出与特殊。建立互联网金融信用体系更需要加大对网络信息安全的监督与管理力度，增强对信息主题权利的保护程度。一方面，需要在推广互联网金融中对大数据、云计算技术的运用下，明确信用信息采集形式、范围及利用的相关原则，打击以征信名义进行的非法信息收集活动；另一方面，落实信息安全保护制度，全力推行以实名认证、网址认证、电子签名和数字证书为基础的安全等级认证机制，防止个人信息的泄露。此外，完善纠纷处理与侵权追责的惩处体制，及时处理信息纠纷和投诉。

（五）强化互联网金融失信行为惩戒

对信用失信行为的惩处为互联网金融信用体系提供了震慑作用，是建立互联网金融信用体系的重要环节。对互联网金融信用失信行为的惩处包括行政处罚、司法裁决和市场化惩戒三种，其中市场化惩戒起主要作用，而行政处罚和司法裁决则起辅助作用。一方面，以互联网金融信用失信记录为依据，建立失信人员黑名单，并在法律允许的范围内对外公布失信人员的失信行为和他们的个人信息，方便以后对失信人员在从事金融交易时做出判断，提高他们业务的交易成本，封锁其在其他互联网金融和传统金融行业的融资渠道，充分利用市场的调节作用让其认识到失信的可怕。另一方面，在市场化惩戒措施不起作用的时候，拿起法律的武器，利用行政处罚和司法裁决措施，追究其民事或刑事责任，让其付出应有的代价。

在大数据战略基本明确的基础上，要基于现有的平台和系统，探索目前内外部数据的关联性，制定合理的、可实现的建设目标，促进大数据在商业银行互联网金融风险管理中的全面应用。

第五章 互联网金融环境下商业银行的创新路径

第一节 互联网金融环境下商业银行转型路径选择

互联网发展带来的变化是颠覆性的、革命性的。随着互联网技术及应用的快速发展，第三方支付公司等互联网企业及新型的商业运营模式不断冲击着传统商业银行的经营管理体制和盈利模式，促使商业银行在互联网信息时代，借助互联网平台，不断创新业务运营管理模式，最大限度地满足客户需求。在互联网金融的竞争压力下，我国的商业银行逐渐改变传统的思维模式，围绕互联网金融核心领域，研究互联网金融新趋势，不断创新产品、营销、服务模式，积极探索互联网金融时代适合我国商业银行发展的转型之路。

在互联网金融快速发展，互联网企业纷纷渗透到商业银行各业务领域的同时，我国各商业银行也逐渐意识到互联网金融的发展给自身带来的机遇和挑战。随着新一代信息技术的崛起和银行信息化、全球化发展，银行运行环境正在发生新的变革，传统的银行网点柜台服务正逐步被新兴的电子银行服务所取代。网上银行、电话银行、手机银行、家居银行等形式多样的电子银行系统将银行服务社会的深度和广度无限延伸，客户通过现代信息技术就可享受银行提供的全新的自动化、自助化服务。银行的服务方式、业务流程和管理模式都在发生深刻的变革。互联网金融企业疯狂地抢夺商业银行的客户倒逼银行不得不进行从上到下、从内到外的改革。我国各商业银行纷纷加快了互联网技术的应用，超越了以往"将现有业务电脑化"的粗浅阶段，开始涉及电商金融、移动支付等业务。我国商业银行应对互联网金融的转型策略主要包括通过业务与产品创新的力度，开展网上银行、电话银行、手机银行、移动支付等业务，将传统业务网络化、移动化；加快自建电子商务平台建设，依托社区型互联网金融平台，在提升客户价值的同时，开展自身金融业务；结合互联网精神，建立直销银行；加强与电商企业的合作，推出互联网金融产品，抢占市场。

一、发展电子银行，推进银行业务网络化、移动化

在金融现代化和全球化的大趋势下，银行信息化向信息化银行转变成为整个银行业发展的主流。电子银行业务不但在业务办理效率方面优于传统的人工业务，而且从经营成本的角度来看，也是传统人工业务无法比拟的。因此，电子银行业务成为商业银行步入互联网时代的主要形式与载体，电子银行业务越来越受到商业银行的广泛关注。近几年，随着电子银行业务的迅猛发展，业务品种从简单 ATM 取款、电话余额查询逐步拓展到以网上银行业务、手机银行业务、自助终端业务为主体的多元化的业务体系。

巴塞尔银行监管委员会于 2001 年 5 月发布的《电子银行业务风险管理原则》中将电子银行业务定义为持续的技术革新和现有的银行机构与新进入市场的机构之间的竞争，使得从事零售和批发业务的客户可以通过电子销售渠道来获得更为广泛的银行产品和服务，这统称为电子银行业务。国际清算银行则将电子银行业务定义为利用电子化网络通信技术从事与银行业相关的活动。2006 年 2 月我国银监会发布的《电子银行业务管理办法》中提出"电子银行业务是指商业银行等银行业金融机构利用面向社会公众开放的通信通道或开放型公众网络，以及银行为特定自助服务设施或客户建立的专用网络，向客户提供的银行服务"。从广义上讲，电子银行包括网络银行、自助银行、ATM、POS、自助终端、电子票据等；从狭义上来讲，电子银行主要是指网络银行，根据客户使用的电子服务设备和网络终端、移动终端等，分为网上银行、电话银行、手机银行等，可以通过自助方式完成金融交易的银行业务。

电子银行业务与传统银行业务的根本区别在于电子银行业务以计算机技术为基础，以网络为媒介。传统柜面服务以面对面服务为主要途径，利用专用设备结合账户、密码、凭证等要素，完成各项业务操作，而电子银行业务

主要通过通信网络等技术，在客户熟知账户和密码的前提下自助办理业务，如自助进行账户余额查询和转账等。电子银行让电话、手机、平板电脑、计算机等网络终端、移动终端都可以通过银行内部服务器完成客户需要的金融服务，客户接收的服务模式由原来的被动变为主动，实现了无时间、无空间限制的全天候的金融服务模式，使客户可以在任何时候、任何地方、以任何方式办理需要的各项金融业务，真正做到了无处不在，无时不在。因此，电子银行业务的发展一方面有利于降低商业银行的运营成本，提高商业银行业务处理效率；另一方面可以缓解柜台压力，使银行柜台可以集中力量满足客户的服务需要，从而为不同类型的客户提供针对性的服务，提高商业银行的服务质量。

（一）我国网上银行的发展概况

互联网在我国经过十余年的快速发展，已经形成规模，并且互联网应用也走向多元化。据中国互联网络信息中心（CNNIC）发布的第十五次中国互联网络发展状况统计报告，截至 2004 年 12 月 31 日，中国网民数量达到了9 400 万人；上网计算机达到 4 160 万台，网上银行潜力巨大。2005 年 10 月24 日，全球市场调研解决方案公司 GMI 进行的面向 18 个国家的 17 500 名顾客的调查发现，中国有 19% 的银行有网上银行业务，世界排名第十三位。

1. 我国网上银行发展阶段

目前，虽然对我国网上银行的发展阶段有不同的划分方法，但总体来看，对其发展中经历的三个功能阶段看法较为一致，区别在于对时间的划分上。易诚世纪对发展阶段的划分如下：第一阶段是 1996—1998 年，此阶段可以称为银行网站阶段，此阶段网上银行更多的是银行树立形象的工具，网上银行业务则处于探索和尝试期，提供的服务仅限于查询服务。1996 年，中国银行在互联网上推出了中国银行网页，用于发布中国银行业务信息、广告信息等。第二阶段是 1999—2004 年，此阶段称为银行上网阶段，即银行将非现金类的银行业务移植到网上，以拓宽银行服务渠道和范围，减轻网点压力，降低经营成本。1999 年 9 月，招商银行在国内全面启动网上银行业务，建立了由网上企业银行、网上个人银行、网上证券、网上商城、网上支付组成的较为完善的网上银行服务体系。第三阶段从 2005 年开始，网上银行取得了相对独立、重要的发展地位，其经营重点发生了变化，表现为更加注重客户细分、产品创新、与传统银行业务的整合发展，成为商业银行的重要营销平台、业务创新平台、交易平台和客户服务平台，在提升银行核心竞争力方面发挥了重要作用。

2. 我国网上银行客户基础

2005 年，中国金融认证中心（CFCA）对我国个人和企业网上银行使用情况通过电话随机调查和联网调查两种方式进行了调查，其中的个人调查对象为北京、上海、广州、南京、杭州、沈阳、济南、福州、成都、深圳 10 个城市的 18 ~ 45 岁的网络用户。调查显示：目前有 19.4% 的家庭正在使用网上银行服务，有 35.7% 的家庭表示在未来 1 年内可能使用，现有用户和潜在用户两者相加超过 55%；而 44.8% 的家庭回答在未来 1 年内没有使用网上银行的打算。然而，在个人用户使用网上银行业务上，主要集中在以下方面：网上支付、信息查询、转账服务。对于贷记卡还款、借记卡还款、个人消费信贷、理财服务等功能使用得还不多。大多数潜在用户选择使用网上银行服务的种类与现有客户相同，并有一半以上的潜在用户打算使用网上银行的"个人消费信贷""理财服务""贷记卡还款"服务。

3. 网上银行业务状况

目前，我国的商业银行几乎全部开展了网上银行业务。网上银行服务内容主要有信息服务、个人银行服务、企业银行服务、银证转账、网上支付等。根据 2005 年 CFCA《网上银行调查报告》，在使用用途方面，个人用户使用网上银行业务集中在网上支付、信息查询及转账服务，而对贷记卡还款、个人消费信贷、理财服务等功能使用不多。

尽管每家银行都开展了网上银行业务，但各行发展状况不尽相同。根据市场调查得出，中国工商银行于 1997 年 12 月在互联网上开办了网站，2000 年 2 月和 8 月分别推出了企业网上银行和个人网上银行。其业务不断创新、版本快速升级、功能和性能不断提高。截至 2005 年 11 月末，工商银行个人网上银行客户突破了 1 540 万户，2005 年 1 月至 11 月的交易额达到 5 237 亿元。工商银行电子银行的交易量占到全行交易量的 1/4 以上，市场份额居国内各家网上银行之首。形成了以"金融 e 通道"为主品牌、个人网上银行"金融@家"、企业网上银行"工行财 e 通"为子品牌的品牌系列。其中，个人网上银行服务包括查询、转账、汇款、缴费、证券、外汇、基金等一系列服务。2005 年，中国工商银行推出了牡丹卡自动还款功能，中国农业银行电子银行业务从 2002 年 4 月 8 日正式开始，目前业务基本覆盖了当前同业所具有的功能，并推出了独具特色的网上漫游汇款功能。"金 e 顺"品牌已经具有一定的社会影响力。中国银行是国内最早开办网上银行业务的银行，现有个人网上银行已在 31 个省市开通业务，品种涵盖了零售转账、基金、银券通、消费信贷、国际结算、保函、非签约挂失、个人理财等交易和查询功能。中国建设银行网上银行服务包括查询（包括账户余额、账户明细消费积分等查询功能，可进行多账户、多币种查询和对他人授权的账户进行查询）、转账、汇款（将活期账户资金汇入外地建设银行活期账户）、外汇买卖（包括行情查询、交易查询、实时交易、委托挂单、追加挂单、委托撤单等功能）、代理缴费（如水费、电费、煤气费、电话费、交通罚款等）、网上支付、银证业务（银证转账业务和银证通业务）、证券业务（通过网上银行进行债券或基金的申购、买卖、查询等交易）、短信定制查询业务、贷记卡业务（提供贷记卡开卡、账单查询、购汇还款、贷记卡还款、补发密码函、贷记卡挂失等服务），等等。招商银行于 1999 年 9 月在全国全面启动网上银行服务，推出"一网通"品牌，构建起由企业银行、个人银行、网上证券、网上商城、网上支付组成的功能较为完善的网上银行服务体系，1999 年 11 月，还获准开展了网上个人银行服务。

（二）我国电话银行发展概况

电话银行是利用先进的网络通信计算机语音转换技术，通过配合自动和人工座席的方式为客户服务，使客户足不出户便可与银行进行直接交流，满足客户相关业务办理与咨询的需求。与网上银行相比，电话银行不需要接入互联网和使用计算机，只需要一部电话就可以轻松操作、进行查询、修改、挂失、交易等金融服务，更省时间、更快捷，而且安全性较高。电话银行是银行为客户提供 8 小时以外人工服务的重要平台，是与网点、自助设备、网上银行并驾齐驱的银行四大服务渠道之一。

我国电话银行业务起步于 1992 年，主要是提供自助语音服务，业务种类相对单一。随着工、农、建行在一些经济发达地区的客户服务中心的相继成立，我国的电话银行业务进入了一个快速发展的阶段，如工行上海分行、建行北京分行、农行苏州分行等。此后，银行客户服务中心的数量呈现出快速增长的态势，辐射范围也越来越广，规模不断壮大。

2004 年之后，电话银行逐渐进入了规范化运营管理的阶段，产品种类进一步得到丰富，业务创新速度也不断加快，不再只是单一的办理账户查询、账户间转账，业务范围延伸至银证银保业务、外汇交易、基金国债等方面。目前，客户拨打银行客户服务热线，可以了解银行的各种业务及产品、掌握银行最新营销活动，查询各类金融信息，查找银行网点、自助设备、进行理财试算；可以通过电话银行对银行服务进行监督，提出投诉和建议。目前，我国各主要商业银行的电话银行客服中心由原来的分散布点向总行逐步集中，使客户的投诉可以直接到达银行总行，有效避免了银行基层工作人员对客户投诉的消极处理；通过身边的电话，客户除了可以随时享受查询、转账、挂失、预约、代理缴费、股票业务、证券资金银行存管、理财服务、外汇买卖、基金服务、国债服务、个贷服务、电话支付、彩票投注等银行服务外，还可以享受医疗、机场贵宾服务、酒店预订、机票预订等个性化增值服务。电话银行的功能也有所优化升级，从原来的单一呼入发展成集呼入呼出于一体的现代呼叫中心，银行可以通过电话外呼营销，将银行优质的金融产品推荐给客户，并且由原来的电话接入向通过互联网、邮件等多渠道接入方式转变。如今，电话银行创新力度进一步加大，在传统的语音银行的基础上，推出短信银行、短信客服，并且引入视频、微信、QQ 等多媒体服务渠道，形成了立体化、专业化的电子服务体系。

（三）我国手机银行发展概况

我国手机银行的发展是随着手机和移动互联网技术的革新而不断发展的，从 2000 年至今大致经历了短信银行阶段（2000—2003 年）、WAP 银行阶段（2004—2006 年）、App 银行阶段（2007 年以后至今）三个发展阶段。手机银行能够实现的业务也从短信时代简单的账务查询、自助缴费、银行转账，逐步发展至如今 App 时代的附近网点查询、预约取现、手机号转账、二维码支付等创新功能。手机银行能够大幅拓展银行的服务范围，对我国商业银行向零售银行进行战略转型具有重要意义。随着我国手机网民规模快速增长，网民中使用手机上网的人群占比提升至 78.5%，手机超过电脑成为上网第一终端，各家银行纷纷推出手机客户端。2012 年手机银行用户规模接近1 亿，同比增长 88.7%，资金处理规模达到 9 092.8 亿元，同比增长 265.3%。2013 年是移动支付爆发的一年，核心原因在于移动支付里面的移动互联网支付，主要表现在基金的移动购买出现了爆发式增长，如以余额宝、理财通等为代表的新的支付形态，同时与移动互联网的快速发展也有很大的关系。从用户体验角度讲，银行推出的互联网金融产品还很难与"宝宝类"产品竞争。中国银行业协会 2014 年 3 月发布的《2013 年度中国银行业服务改进情况报告》显示，2013 年移动支付业务共计 16.74 亿笔，同比增长 212.86%；移动支付金额 9.64 万亿元，同比增长 317.56%。手机银行业务发展迅速。2013 年 6 月 9 日，中国银联与中国移动宣布，双方共同打造的移动支付产业重要基础设施——移动支付平台上线。同时，中国银联和中国移动联合在北京、上海等 14 个城市推出移动支付产品——手机钱包。目前，包括 8 家首批合作发卡银行，在中国移动的手机钱包页面上，已经支持了 16 家银行，包括中国银行、中信银行、光大银行、民生银行、广发银行、浦发银行、上海银行、北京银行、深圳发展银行、邮储银行、华夏银行、兴业银行、建设银行、农业银行、平安银行和招商银行，用户可在广州、深圳、上海、北京、南京、苏州、杭州、福州、厦门、长沙、宁波、成都、合肥、兰州等城市的中国移动指定营业厅，咨询办理手机支付相关业务。基于这次运营商、银联和银行的共同合作，"电子钱包"再也不是某家银行单一的产品服务，而真的像"钱包"的功能一样进行拓展，消费者可以把更多的银行卡"放入"其中，此类业务必然会快速发展。银行借此机会全面布局移动支付市场，将移动金融列入战略业务高度。

移动支付市场潜力巨大，当然是发展手机钱包业务最重要的原因。如果一旦将银行卡和手机号码绑定，将大大扩展手机和银行卡的服务功能，并在为广大手机用户提供方便支付方式的同时，给银行、移动运营商、各行业商户、手机制造带来无限商机。同时，随着业务量的增大，今后的"手机钱包"业务范围将逐渐扩展到彩票、航空铁路购票、公共事业缴费、证券交易等诸多领域，包括后期手机钱包快捷支付、查询、转账等功能。

二、打造新型电商平台，抢占电商市场

截至 2013 年年底，我国电子商务整体交易规模达到 9.9 万亿元人民币，同比增长 21.3%，其中，B2B 电子商务市场营收规模为 210.2 亿元。在电子商务整体规模不断扩大，在 B2B、B2C、C2C、O2O 等交易模式飞速发展的背景下，商业银行却一直处于电子商务产业的末端，处于明显被边缘化的位

置。一方面，在电子商务交易中，买方会选择通过银行卡对账户进行充值，进而将资金转移至支付宝、微信等第三方支付平台，实现脱离银行体系开展金融业务，使银行的客户交易信息和交易手续费被排挤。随着很多电商平台在申请自己的第三方支付牌照，电子商务支付领域的竞争越来越激烈，银行电子支付的手续费一低再低，被迫让出了一大块的中间业务收入。另一方面，目前我国各商业银行面临产品同质化、渠道同质化、金融市场竞争日益激烈的局面，为了在激烈的市场竞争中立于不败之地，直接获取客户的交易习惯和交易信息，商业银行需要根据市场需求不断地开发具有竞争力和吸引力的新产品，打造新的商业模式，提升客户忠诚度。因此，随着互联网对金融领域的逐步深入渗透，互联网金融消费促使商业银行不再满足于在电子商务中居于末端，开始参与到整个社会交易过程中，花重金建设自己的商城，陆续推出了银行自己的电子商务平台，发展电子商务，投入"以变化谋发展"的银行电商热潮中。

2012年6月28日，建设银行在金融同业中率先推出了电子商务金融服务平台"善融商务"，为从事电子商务的企业和个人客户提供产品信息发布、在线交易、支付结算、分期付款、融资贷款、资金托管、房地产交易等服务。2012年9月，交通银行推出新一代网上商城"交博会"，通过"交博会"，企业可以在10分钟内建立一个自己的网上商务平台，实现商品销售、企业采购、企业收款、品牌推广、在线促销、信息资讯、金融理财、融资授信等众多服务。2013年3月16日，中信银行正式推出金融商城，客户通过金融商城可购买基金、债券等各类理财产品。中信金融商城的设计打破了传统的网银模式，完全按照电商思路设计，如产品陈列采用开架式，多维度定位产品，游客可以直接浏览，提供产品搜索引擎，客户间可以相互交流产品使用和购买心得等。2013年4月20日，中国农业银行推出电子商务服务平台"E商管家"，这是国内商业银行首次针对企业转型电商推出的银行电子商务服务平台。"E商管家"可以为传统企业转型电商提供集供应链管理、多渠道支付结算、线上线下一体化、云服务等于一体的定制化商务金融综合服务，企业通过"E商管家"能打通实体渠道与网络销售、订单采集与资金收付、生产经营与市场营销，实现对自身、供应链上下游财务结算、采购销售、营销配送等的全方位管理。2013年8月，民生银行推出"民生电商"，以"融合民智，联合民企，服务民生"为出发点，建设基于中小微客户需求、有机融合电子商务与金融活动、实现产业链交易高效撮合的一流市场化平台，向中小微企业及个人提供完善的信息平台、服务平台、撮合平台、做市平台等综合性电商和金融服务。2014 年 1 月 12 日，中国工商银行电商平台"融 e 购"正式上线。融 e 购的定位是打造消费和采购平台、销售和推广平台、支付融资一体化的金融服务平台，希望做到用户流、信息流、资金流"三流合一"的数据管理。此外，招商银行、光大银行、兴业银行等多家银行也陆续推出了电商平台，其产品有的多达近万件，种类涵盖了金融类产品、食品、家电、珠宝、化妆品、服装鞋帽等领域。

银行转战电商领域有其天然优势：首先，每一家商业银行都拥有大规模的企业和个人客户群体，为商业银行推广电商业务打下了坚实的基础；其次，商业银行有雄厚的资金支持，电商是个烧钱的行业，而银行财务实力雄厚，不会出现资金短缺的问题；再次，无论是大中型商业银行，还是中小型城商行，都设有自己的分支机构，并配备了一定数量的工作人员，这是商业银行开拓电商业务的重要条件之一；最后，商业银行良好的风控能力更容易为广大用户所接受，国内外商业银行都建立了完善的风险管理体系，而这正是互联网电商企业所缺乏的。因此，商业银行可以凭借在客户资源、品牌价值、服务网络等方面的优势，帮助电子商务企业拓宽销售渠道，让客户和银行电商平台共同发展。与传统电商不同的是，银行电商业务的发展重点是金融服务，商业银行搭建电商平台并非以盈利为首要目的，而是希望通过电商平台掌握更多的金融交易信息和客户数据，从而实现精准的营销，提升自身竞争力。

三、积极发展创新渠道，银行网点多样化

随着银行业内部竞争加剧、互联网金融的外部冲击，国内银行业正在经历服务渠道的转型与革命，重新定位网点职能、布局网点改造和转型成为当前国内银行业的共识。在互联网金融时代的网点转型大潮中，银行业除了对现有物理网点进行设备升级之外，更涌现出多种新型业态渠道，咖啡银行正是其中的一种新型业态渠道。

2014 年 3 月 6 日，招商银行联合韩国第一大咖啡连锁品牌——"咖啡陪你"启动创新合作，未来双方将在国内推出咖啡银行。空气中弥漫着淡淡的咖啡香气，实木的桌椅在橘黄色的灯光下闪烁着特有的木质光泽，如果没

有咖啡厅一角立着的两台存取款一体机，没有"招商银行 24 小时自助银行"的招牌，几乎很难将其与传统的银行联系起来。在这个咖啡银行体验区内，不仅有可供客户自助办卡、取现的机器，还有供客户咨询银行理财产品、贷款业务等区域和移动终端体验区等。

招商银行不仅继续与"咖啡陪你"保持结算、收单领域的合作，还将在咖啡银行网点合作、特惠商户、客户优惠活动、小微金融产品等方面做更深入的探索。其中，双方首度发挥各自的渠道优势，将银行"搬进"咖啡厅，打造全新的咖啡银行模式。咖啡银行将一改银行的传统服务环境，在建店的时候将银行网点与咖啡厅融合在一起，将咖啡厅休闲、轻松的氛围和咖啡文化带入银行网点，消费者既能在店里享受到银行金融服务，又能享受到咖啡店的饮品与舒适环境，提升了银行客户在排队时候的体验。招行在全国的网点数量为 1 000 家左右，尽管其网点效能是同业的领先水平，但与国有大型银行动辄过万的网点机构数量相比，招行还是希望未来能加强网点建设。招行与"咖啡陪你"将陆续在北京、上海、杭州、重庆、武汉、深圳等城市打造咖啡银行服务网点，在咖啡银行网点中也将配置先进的智能服务设备，如VTM 等设备①。

早在 2007 年，招商银行就想改变传统银行柜台交易的冰冷形象，给银行加点咖啡因子，把银行"搬进"咖啡厅，让来办业务的客户既能享受咖啡厅休闲、舒适、小资的环境，又能得到银行的专业金融服务。招行领导在国外考察的过程中，对全球规模最大、运作最成功的直销银行机构——ING Direct 咖啡厅银行印象颇深。在 20 世纪 90 年代中后期，ING 集团的零售银行布局遭遇实体网点数量先天不足、同业竞争加剧网点饱和、物理网点运营成本高的冲击，转而设立 ING Direct，将咖啡馆和银行网点相结合，在降低网点运营成本、实现扩张的同时，将咖啡银行嵌入客户日常生活，在轻松舒适的环境中提升客户体验，为客户办理相关线上业务。受 ING Direct 咖啡银行的启发，招行也希望"把银行变得像咖啡厅一样轻松"，但在国内他们一直没有找到合适的合作伙伴，招行也曾想过自建咖啡厅，但这种做法显然并不适用于中国的监管环境和现状，直到招行遇见了韩国的"咖啡陪你"。一方面，招行融入了具体的某个零售业态，可以直接发现零售业态的金融服务需求，并进行细分行业的金融产品设计；另一方面，"咖啡陪你"可以分享

---

① 冯一萌. 咖啡银行一号店 [J].IT 经理世界，2014（6）：22-24.

银行客流带来的咖啡消费，银行的金融服务等于是一种增值服务，特别是对那些就有高端理财和增值需求的商务人士具有较大的吸引力，双方可谓是一拍即合。借助咖啡银行的模式，招行也将解决物理网点数目不足、服务辐射半径不广的问题。

从目前商业银行的转型发展来看，银行如何绕过电商、社交等大流量平台获取自己的客户渠道成为短期内的主要任务。也正因为如此，银行热衷延伸自己的前沿服务端口，接入生活、商务和便民环节，将银行的金融服务送到直接的客户端，希望通过这种方式建立自己的客户关系管理渠道和营销渠道，建立银行业产品和服务的直接通道。从目前线下金融服务还不完全饱和的现状来说，建立快速便捷的社区金融服务、商圈金融服务具有一定的优势，也有利于改善银行服务差、效率低的印象。

线下的社区银行、各种类型的零售业态银行、线上的直销银行在未来都将成为银行的渠道延伸，而真正的银行服务将成为"系统后台＋渠道延伸"的模式，中台业务流程将被整合。

四、与互联网企业合作开发金融产品，共谋发展

在互联网金融的发展中，互联网企业和商业银行均存在自身的优势。互联网企业的优势在于平台、零售客户资源和数据；商业银行的优势在于资本、批发客户资源、信用和风控能力。互联网企业的客户最终还是需要由传统银行进行账户结算和基础金融服务，互联网企业为了自身的发展，不断地向银行抛出橄榄枝，寻求合作，而商业银行也希望利用互联网企业的创新渠道和丰富的客户信息发展业务，为客户提供更高效的金融服务。互联网企业与银行之间在业务上有很大的互补与合作的空间。因此，我国的商业银行纷纷与互联网企业进行合作，合作领域包括信用方面的合作、信息和数据的合作、风险管理的合作、融资领域的合作等。

早在 2007 年，互联网企业和我国的商业银行开始在支付、小微贷款等领域展开了合作。例如，2007 年，阿里巴巴与建行、工行合作，先后分别推出"e贷通""易融通"贷款产品，主要服务于中小电商企业；支付宝和银行开展网上银行方面的合作等。但是这种合作只是局限在某一领域。2013年，我国互联网金融迅速发展，各种互联网金融模式蓬勃发展，商业银行和互联网企业的合作进入了一个全新的领域，中信银行、民生银行等更是通过

与互联网企业的合作迅速发展，抢占互联网金融市场。

2013 年 9 月 6 日，浦发银行与腾讯公司在上海签署了战略合作协议，开创了我国互联网企业与金融业跨界合作的崭新模式。通过战略合作，双方将以共建互联网金融生态圈为核心，以提升用户服务体验价值为诉求，在互联网金融等领域开展互利共赢的多元化全面战略合作。浦发银行董事长吉晓辉表示，浦发银行将积极与腾讯公司共同研究互联网平台与金融产品的融合创新，合作拓展互联网金融及电子商务业务，并以该领域的创新合作项目作为重点，充分利用微信等新型移动终端多元化交互的特点，为广大用户和社会各界探索新科技在金融服务生活化方面的深度应用，创造更契合用户体验习惯的新金融模式。民生银行紧随其后，2013 年 9 月 16 日，民生银行和阿里巴巴（中国）有限公司签署战略合作框架协议，双方战略合作全面启动，此次战略合作将涉及传统的资金清算与结算、信用卡业务等合作。此外，理财业务、直销银行业务、互联网终端金融、IT 科技等诸多方面也成为双方合作的重点。同时，通过合作，打造出互联网企业与商业银行合作共赢的成功范例。2014 年，商业银行和互联网企业的合作进一步发展。2014 年 3 月，中信银行宣布分别与阿里支付宝、腾讯旗下微信推出虚拟网络信用卡。民生银行宣布将联合支付宝推出网络信用卡。在工商银行、建设银行等大型商业银行占据了我国电子银行半壁江山的情况下，民生银行、中信银行、浦发银行等通过与互联网企业的合作，利用互联网企业的优势，抢夺互联网金融市场。

第二节　互联网金融环境下商业银行转型的具体措施

在互联网金融已经成为行业发展新趋势的背景下，银行要高度重视互联网对金融格局的改变，密切关注互联网金融的发展动向，转变发展观念，积极调整战略。

目前，国内商业银行已经意识到互联网给传统金融业造成的影响，但是在如何应对方面，国内银行大多是被动转型，往往是互联网企业推出一种新的金融服务，银行就紧跟其后推出类似的产品和服务；在确定转型路径方面，各银行也是互相模仿，盲目尝试，结果却收效甚微。因此，商业银行应当从战略高度认识到其发展互联网金融的机遇和挑战，改变目前相对迟钝、零散的状况，制定和实施互联网金融发展战略，以理性和开放的姿态，在思想和行动上真正拥抱互联网变革的浪潮。

一、制定和实施互联网金融发展战略，选择转型路径

（一）充分认识自身的优势和劣势，进行准确的战略定位

互联网金融给商业银行带来了新的机会，有利于商业银行创新金融服务、提高经营效率和持续发展，但是互联网企业进入传统金融领域，打破了原有的商业银行的经营模式与盈利模式，对商业银行造成了较大的冲击，包括激烈的竞争和新的金融风险等。商业银行应该对原有的战略规划进行调整，利用"SWOT 分析法"将商业银行组织内外环境所形成的优势（Strengths）、弱势（Weaknesses）、机会（Opportunities）、威胁（Threats）等四个方面的情况结合起来进行分析，以制定适合组织实际情况的发展战略。与互联网企业相比，商业银行的优势主要表现在品牌信用、客户基础、网点网络、技术实力等方面。因此，在制定互联网金融发展战略时，商业银行应当充分发挥其现有的优势，解决好对新市场和新技术敏感性不高、机制文化不灵活、风险容忍度较低等问题，确定参与互联网金融市场的战略定位。

按照战略及国际管理学教授康斯坦丁诺斯·马卡德的观点，战略定位是指一个企业围绕下面三个方面做出艰难的选择，即"Who——我们的目标客户是谁""What——我们应该提供什么产品或服务""How——我们如何才能以最好的方式向客户提供这些产品或服务"。互联网金融的核心诉求是当互联网客户在需要金融服务的时候，能够恰如其分并恰当地提供随时随地、随心随行的完美体验。商业银行在进行战略定位时要实现三个目标：第一，认准目标客户。在互联网金融模式下，客户不再主要是那些大企业客户，而是以追求个性化、差异化的年轻消费者和小企业客户为主，这类客户群体的消费习惯和消费方式与传统银行的客户有很大不同，如何吸引和留住这些客户是商业银行在互联网金融发展中面临的首要问题。第二，实现产品和服务的创新。互联网金融的产品和服务将主要精力放在为客户提供方便快捷、成本低廉的服务方式上，金融服务专业化程度被淡化，商业银行应将产品创新作为未来发展的重要方向。第三，完善金融服务渠道，一方面要把银行提供的

一站式互联网服务渠道（如网银、手机银行、社区银行）的功能和体验打造好，使其可用性和易用性达到或接近互联网入口平台的体验水平；另一方面要把金融产品有机嵌入平台级的互联网服务入口，在其中平滑地提供支付结算、投资理财和信贷融资等服务，当客户需要这些金融服务时可以手到拈来，使互联网与商业银行的金融服务融为一体，带给客户更好的体验。

（二）结合自身条件选择合适的转型路径

互联网金融自产生以来，迅速抢占金融市场，并对传统商业银行的银行业务、经营模式、盈利收入等多个方面产生了巨大冲击。面对越来越激烈的竞争市场，商业银行要想继续引领时代潮流，不被互联网金融的浪潮所吞没，就必须奋力反击，立足于当前，着眼于未来，顺应时代发展潮流，结合当前的经济形势和商业银行自身的优势、劣势选择合适的转型路径。一些大中型商业银行客户资源丰富，资金实力强，可以在完善与优化电子银行服务的基础上，尝试通过其他路径转型。然而，在转型上，小银行没有突出的优势：首先，小银行总体规模不大，特别是城商行和农商行营销区域集中；其次，部分小银行管理基础薄弱，专业人才缺乏，转型的内部把控能力与支撑力不强；最后，全面深度的转型往往伴随着组织架构重整、利益关系调整、技术和运营上的创新，改革过程中需要大量的资金投入，财务可承担力也是一项重要的权衡要素，而小银行的资金实力不足。因此，小银行不应只是跟随互联网金融的潮流盲目去转型，而应根据自身的发展基础和特点，因地制宜、扬长避短，形成与大型银行的错位竞争和差异化发展思路，最终通过管理的转型，从"小而全"逐步转变为"专特精"，从粗放化逐渐转变为精细化，从同质化逐渐转变为专业化，实现差异化、特色化发展，形成错位竞争格局。

（三）针对不同发展阶段制订互联网金融行动计划

如今，互联网的飞速发展给商业银行带来了巨大的影响。目前，各商业银行也都有所认识，也采取了一系列措施，通过产品创新从不同纬度加深对该领域的渗透。但是缺乏统一的行动计划，造成线上、线下概念模糊，业务重叠、交叉的现象普遍。因此，商业银行要从全行整体性发展着手，制订互联网金融行动计划，有效整合各个部门资源，做好顶层设计与现有工作的衔接，整体统筹与分步实施相结合，明确行动路线图和短中长期阶段性目标：短期内要处理好与第三方机构的竞合关系，实现在网络支付、网络融资、移动金融等业务领域的突破式发展，稳定并积极拓展网络客户群体；中期要深入推进互联网技术应用和客户资源、信息数据的积累，实现经营管理模式的智能化转型；长期要在持续完善相关配套设施的基础下，把商业银行打造成线上与线下、虚拟和实体相结合的现代化银行。

二、维护流动性对策，转变经营理念，与互联网企业合作

流动性是安全性与盈利性之间的平衡杠杆，商业银行流动性不足就会出现流动性风险，流动性不足会使商业银行经营的安全性失去保障，而流动性过剩又会降低商业银行的盈利能力，因此保持适当的流动性，对商业银行的持续发展至关重要。由于互联网金融能够集多种业务于一身，方便快捷的支付方式深受年轻人的喜爱，随着阿里的余额宝、苏宁的零钱宝等各种"宝宝类"军团的出现，相对较高的收益又分流了银行的部分存款，互联网金融在支付结算、存款、融资和客户资源各个层面上争夺流动性，商业银行的流动性必然受到影响。

（一）转变经营理念，提升服务质量，增强客户黏性

从表面上看，互联网金融好像分流了商业银行的存款，但不难发现，互联网金融分流的主流是大量的活期存款客户，而非商业银行的"传统客户"。例如，余额宝实际上是用于购买货币基金，而货币基金最重要的投资方向是银行的协议存款。也就是说，消费者投向余额宝的那些钱，大部分转了一个弯又回到了银行体系内，这也是因为商业银行作为特殊企业的制度优势。因此，一方面，商业银行需要转变"以账户为中心"的传统经营理念，尽快摒弃长期处于垄断地位的优越感，学习运用从客户角度出发的互联网金融思维，真正做到"一切以客户为中心"，了解客户的需求，以客户的需求为前提，创新推出差异化的金融产品和服务，从根本上增值客户财富，巩固客户黏性。另一方面，商业银行要充分利用现代通信技术和移动设备，完善银行的网络社交平台，通过微信、QQ等直接与客户交流，努力提升消费者体验的舒适性，简化流程，提高效率，改变人们对银行的一贯观念，达到降低消费者成本，提高质量的效果，大型商业银行要利用自身网点多、资金雄厚的

优势，向传统的价值客户提供更优质的服务，从而增强银行的吸引力。

（二）加强银行间合作，降低客户成本

互联网金融利用其便利的支付程序，较低甚至免费的支付费用争夺商业银行的支付结算业务，从而影响了商业银行的流动性。为了应对这一冲击，商业银行要加强银行间的联系，开展同业合作，降低客户资金跨行转账的流动成本。从短期来看，这可能会减少商业银行中间业务的收入，但是从长期来看，会增强客户资金的黏性，保持流动性。在这方面，商业银行中的民生银行走在行业前列，它发起的与33家成立的亚洲金融合作联盟就是一种新的尝试，在同业合作的基础上，为客户提供具有竞争力的产品。

（三）加强与互联网企业合作，谋求共赢

商业银行要紧跟时代步伐，加强与互联网企业的合作，利用现代信息技术，创新产品和服务。商业银行具备较完备的风险管理机制和优质的客户资源，这正是互联网企业的短板，而互联网企业具有先进的信息技术和较好的客户体验数据，这正是商业银行重点发展的领域。两者相互合作，拓宽合作范围，实现共赢。商业银行可以和互联网企业合作进行网上信贷业务。互联网企业拥有大量数据，但是资金来源受到限制，大多是小额贷款，而商业银行资金实力雄厚，覆盖全国多个营业网点，资金来源广泛，应该与互联网企业合作开发适合网络环境的借贷产品，向客户推送适合的金融产品，利用互联网企业先进的信息技术突破网络授信核查问题和远程开户的核心技术。在借贷审批方面，将商业银行形成的大额贷款审批方面的经验与互联网企业掌握的客户网上交易的数据资料相结合，相互借鉴，改变并完善风险管理制度，提高贷款率，降低不良贷款率，实现共同发展。

（四）制定合理的利率定价制度，实现持续发展

客观地看，余额宝等"宝宝类"产品的收益处于下降趋势，商业银行要从客户的角度出发，考虑自身发展，制定合理的利率定价管理制度。从短期来看，存款利率高、贷款利率低的平台能够吸引较多的储户和借款人，但是从长远来看，这样不利于企业健康持续的发展，而存款利率低、贷款利率高

的平台却很难吸引储户和借款人，影响存贷款规模，进而影响经营能力。因此，制定可操作性的利率定价机制是商业银行迫切需要解决的问题。商业银行既要综合考虑宏观经济状况、市场流动性等外部环境，又要结合各行发展的内部环境，借鉴国外发达国家银行的经验，完善定价程序，减少价格与风险不匹配带来的损失，制定合理可行的利率定价管理制度，既要保证银行的流动性，又要兼顾银行的持续性发展。

三、重视产品和服务创新，提供差异化的金融服务

产品和服务是互联网金融不可分离的两个方面，是商业银行参与互联网金融竞争的关键所在。随着互联网商务服务的逐渐渗透，互联网服务越来越多地融入客户日常生活当中，并逐渐形成一种习惯，人们对服务体验的要求不断提升、对新产品和新服务的需求不断提高，各种新的金融产品、服务层出不穷，在这一背景下，商业银行不能仅仅拘泥于模仿和借鉴互联网企业或者国外银行的金融产品，必须加强产品和服务创新，只有这样才能在激烈的市场竞争中立于不败之地。

传统金融机构从建立之初到现在，历经几百年的发展，经受了多次金融危机的考验，对金融业务的理解已经非常成熟。各类金融技术的储备、风险的控制和产品设计能力都已经非常完善，远非刚刚涉足最简单金融业务的互联网企业可比。目前，互联网企业涉及的业务主要是理财产品的销售、第三方支付和P2P贷款，这些业务或者是不需要进行产品设计，或者是基于系统完成，或者是业务的流程还比较简单，对需要大量的金融技术积累才能够完成的投资银行、衍生品设计等高端金融业务领域，在金融技术储备不足的情况下还无法进入。因此，商业银行应该依托其优质的金融服务，根据客户对互联网金融的操作使用习惯，利用互联网和信息技术优化银行原有的金融服务，打造一个功能全面、流程简单、使用便捷的互联网金融产品体系。

（一）优化拓展原有的手机银行与网上银行业务

在手机银行与网上银行业务方面，我国商业银行仍然有较大的创新拓展空间。在网上银行方面，国内网上银行的主要目的是将柜台业务自助化，是从银行自身出发设计的，不是以客户为中心，而是以自我为中心，不是以体验为中心，而是以业务为中心，没有体现出互联网时代的交互性、个性化等

新特性，因此国内的网上银行还有很大的提升空间。我国手机银行业务虽然历经了十几年的发展，但国内大部分商业银行都是以移植网上银行功能的模式提供手机银行服务的，移动互联网有许多不同于 PC 互联网的特性，它具有随时、随地、随身的天然优势，应用场景更广泛，对生活的渗透力更强，契合当今快节奏、碎片化的生活方式，仅仅简单地复制网上银行功能显然不能满足手机银行客户的需求。

因此，商业银行应该在现有业务的基础上，丰富网上银行和手机银行的功能。在网上银行方面，银行应该利用自身在金融业务方面的优势，将互联网企业不能提供的金融服务互联网化，除了提供基本的查询与转账交易等服务之外，还应扩充网络银行的特色产品和高端服务，提供从网上直接开账户、银行卡申请、信用卡提现到借记卡、个人贷款申请、银行卡密码重置、销户、跨境汇款，到购买银行理财产品、国债、基金、金融衍生品、贵金属投资、企业融资申请、全球现金管理等服务，使网上银行成为集金融交易、代理销售、理财服务、电子商务和营销推介于一体的综合服务平台。在手机银行方面，则应当充分利用推送、电子邮件、HTML5、Web2.0 和 SNS 等具备交互功能的互联网技术，GPS 卫星定位技术、NFC 等物联网技术，以及重力、方向、温度与影像（摄像头）等传感器技术，为客户提供智能化、便捷的移动银行服务。比如，移动银行可以利用推送技术向客户提供信用卡月结账单、还款提醒、投资理财资讯；结合 GPS 定位或影像传感技术随时随地为客户提供周边的餐饮、酒店、购物等优惠信息、银行网点信息、ATM 机位置及其可提供取现金额信息等；结合手机 NFC 技术为客户提供电子钱包与虚拟银行卡交易等移动支付服务等。

（二）提升差异化服务能力，针对不同客户群体定制互联网金融产品和服务

目前，国内银行无论是柜台服务还是网上银行服务都存在严重的同质性。互联网金融之所以异军突起，一个重要原因是它提供了更加简便和个性化的金融解决方案。因此，各商业银行应该提升差异化服务能力，提供特色服务。

一方面，因地因人进行网点设计，推出特色网点服务。我国银行在网点设计上"千人一面"，不同银行的网点内部布局几乎一模一样，提供的服务

也大同小异。银行的物理网点是银行品牌和企业文化展示的窗口，也是客户了解银行、信任银行的基础之一，没有特色的网点设计和网点服务是造成客户黏性不高的原因之一。因此，银行网点从最初选址到产品陈列；从前台风格到后台处理，都应当体现精准定位和区别化服务的概念，做到因时因地因人制宜，还应当利用现代技术推出特色网点服务，以吸引客户。例如，中国银行广东分行推出的"时间管家"手机取号业务，缓解了客户"排队难"的问题。银行网点排队等候时间长一直是银行"老大难"问题，为有效解决这一难题，中行广东分行自主研发投产了"时间管家"服务系统，运用先进的网络互联技术，为客户提供"管家"般的贴身服务，使客户能够便捷、准时、自主地管理好个人时间。该系统包括网点排队"短信提醒服务""远程取号服务"。客户可以通过"时间管家"系统自主选择办理业务的网点，同时可以享受中行的短信提醒服务，方便客户安排时间，把客户解放出来，预约取号后，客户可以先去办其他事情，如到附近商场购物，大大提高了客户的体验。

另一方面，针对不同客户开发不同金融产品和服务。以手机银行为例，不同受众群对手机银行业务的认知度存在差异。比如，对于学生群体来说，手机支付非常受青睐，而手机银行投资理财类业务却少有人问津；对于行政、事业单位的员工来说，他们更关注信用卡还款、投资理财业务；对于私营企业主来说，转账汇款在这一人群中最受欢迎，除此之外，网上支付、账户管理等业务的使用率也较高；对于专业技术人员来说，他们对于手机银行的了解要比其他人群高很多。基于这些情况，商业银行在发展手机银行的过程中应对市场进行一个细致的划分，明确目标客户，向用户提供差别服务，以此提升银行的服务水平和品牌价值。

（三）有效运用云计算、物联网、智能终端为代表的新技术，推动支付方式创新

在"便捷、安全、贯通、定制"的方向下，积极推动支付方式的创新，打造以线下收单、电子账单支付、跨行资金归集为重点的线下支付结算体系。完善行业支付解决方案，确保在 B2B 和 B2C 市场的主导地位，在 B2B 和 B2C 领域，收款单位一般是政府部门、具有较强信誉的企事业单位，一般不需要支付平台提供延迟支付，支付者和商户更关心的是支付的便捷性、

时效性、安全性及现金管理等增值服务。因此，商业银行应积极借鉴第三方支付的成功经验，重视客户的金融需求，深入研究不同行业的电子商务流程特点，充分利用自身金融业务范围广、金融产品研发能力强、用户认可度高的优势，针对不同的行业研发和提供个性化的电子支付解决方案，增强客户黏性，巩固对大客户群支付业务的主导地位。

四、完善商业银行安全性对策

安全对商业银行来说是亘古不变的话题，商业银行历来为了保障自身安全性，采取了很多手段。根据研究发现，在互联网金融时代，安全性的提高极为重要，对商业银行的盈利能力乃至整个发展都具有正效应。目前，在商业银行流失的少量客户中，基本都是能够接受新鲜事物的年轻人，而且交易金额较小，对首先考虑安全性的大多数客户来说，他们仍然是商业银行的忠实客户。因此，保障安全性依然是商业银行的首要任务。如今，随着互联网金融的不断发展，商业银行面临着互联网和金融两方面的风险，风险管理更加复杂，所以传统的风险管理机制很难有效防范互联网金融风险，并且已经形成的金融监督体系也略显薄弱，不利于互联网金融健康有序的发展，制定具有预见性的互联网金融风险监管机制和完善互联网金融监管体系迫在眉睫。

（一）建立大数据信息处理体系

互联网为我们创造了一个云数据的时代。云数据是互联网金融蓬勃发展的技术支撑之一。互联网金融所带来的相关数据和信息采集的整合、统计、分析等结果，对银行客户及资金的信用和风险进行评估，从而有针对性地选取价值信息，以提高商业银行的风险控制能力、识别并降低不良贷款率。利用互联网金融快速、直接的特性可以弥补商业银行信息滞后的不足。

互联网金融兼具互联网与金融的特性，因此它可以快速、直接地通过网络等技术平台实时且开放性地进行金融业务的实施，商业银行由于行业特殊性所导致的信息滞后、响应慢的特点，正好可以对类似事件进行事前防范；事中利用时间差做好对相关环节的风险控制；事后借助互联网金融问题呈现的数据资料，完善自身的不良贷款记录，防范不良贷款的产生，保障其资金安全。

（二）完善风险管理机制

目前，从外部环境来看，互联网金融风险的监管仍处在探索初期，国家正在积极制定防范互联网金融风险的相关政策，商业银行要积极参与政策的制定，为国家提供具有建设性的意见，化"被动跟风"为"主动控制"，及时把握政策导向，做到防患于未然。

从商业银行内部看，第一，商业银行可在银行风险控制部门之下单独设立互联网金融风险控制部门。互联网金融风险控制部门是从商业银行自身风险管理的角度出发，依据国家相关法规和银行的法规政策，考虑互联网金融风险的特殊性而设立的，它隶属于商业银行风险控制部门，但又具有相对独立性。一方面，它对于银行防范互联网金融风险，建立互联网金融风险防控机制，提高风险预警能力具有重要意义；另一方面，它为银行在互联网领域开展业务提供保障，有助于银行互联网行业产品的创新，它会提供一种新的风险管理办法，不但有利于银行整体风险管理，而且也为银行今后在其他领域开展业务提供了借鉴。互联网金融领域不断涌现新的技术手段，新兴技术更替速度也相当快，并且很多技术自身并不完善，互联网金融风险控制部分需要对新兴技术进行评估，对潜在风险进行预防。当然，互联网创新速度之快众所周知，商业银行虽然不能对互联网金融未来的发展模式和发展方向进行准确预测，但是独立的互联网金融风险控制部门可以从银行金融业务的本质出发，通过对其进行有深度、有广度的研究，为未来的发展提供有借鉴性的意见。第二，商业银行需要重视网络技术安全风险，并建立具有自主知识产权的技术，网络安全风险主要是指计算机本身、钓鱼网站、网络黑客攻击等带来的风险，安全风险给互联网金融带来的损失是非常大的，远远大于其对商业银行传统业务的局部性影响。另外，商业银行的网上支付等业务主要依赖外部生产商提供安全保障，这必然就存在潜在风险。商业银行要想真正参与互联网金融领域，就必须拥有自主知识产权的技术，提高自身的核心竞争力，只有掌握了自己的技术，商业银行才能织起自己的安全网，也才能应对未来的各种竞争，无论未来金融业如何跨行业、跨地域发展，商业银行都能从容应对。商业银行应投入大量的人、财、物，建立自己的博士后研究部，开发、培养这方面的专业人才，做好安全技术防范工作，同时应加强与科研院所、优秀互联网企业的合作，取其精华、去其糟粕，建立自主知识产权技术。

五、提高信息处理和运用能力，从支付、融资和产品中介升级为信息中介

在互联网金融背景下，商业银行的产品设计、数据处理、业务操作、管理决策等各个环节都离不开信息技术的有力支撑，科技系统的研发能力和信息技术的应用能力是决定商业银行竞争能力和经营成败的关键因素。面对互联网企业强大的科技优势，商业银行要进一步加大科技投入，充分运用先进的信息技术，积极推进数据整合，建立起人性化的客户管理和市场细分系统，在数据集中的基础上实现深层次数据挖掘，将数据集中带来的技术优势转化为商业银行的竞争优势。同时，要加强信息安全保障，进一步完善信息应急处理机制和金融信息保密机制，提升金融信息系统检测、预警、应急处理和自我恢复能力，最大限度地降低系统技术风险，保障金融业务的持续稳定运行。

（一）提高信息处理能力

随着信息技术的不断推陈出新，商业银行对信息处理能力的依赖将越来越强，信息技术将成为和风险控制、风险定价技术同样重要的核心技术。商业银行信息技术正从传统的"满足业务需求"向"引领业务创新"的方向发展。以"科技创新"引领"业务和管理创新"的全新理念正在被应用到商业银行经营管理的活动中，信息技术已成为迅速提升商业银行核心竞争力的"牵引力"。只有得到更多的有效信息，才能做到更加准确的客户定位，从而设计出更有吸引力的金融服务方案。因此，商业银行只有提高自身信息处理能力，发展具有自身特色的信息处理系统，才能在日趋激烈的互联网金融竞争中获得一席之地。

第一，建设专业化的信息处理团队。专业化的信息处理包括分布式计算机网络硬件、大数据平台开发、高实时性数据挖掘、高可用性数据统计、模块化数据视觉展现等多种技术的信息处理技术，这些需要专业的信息处理团队来完成。以汇丰银行为例，汇丰银行为了适应信息技术的发展，将首席技术官和首席运营官的角色和职能进行合并，设立首席技术服务官这一新岗位，首席技术服务官掌管全球 21 个服务中心，管理 3.3 万名员工队伍，占集团员工数 1/3，为集团全球各地 40 多家公司的业务提供后台服务。我国很

多商业银行根本就没有设立信息技术部门，有些银行虽然设置了信息部门，但该部门在整个集团中话语权极低，导致一些银行无法把握最新的信息技术发展趋势。因此，建议商业银行内部设立信息技术部门，提高信息技术人才在集团内部的话语权，紧盯信息技术发展的最前沿，组成专业化的信息处理团队。

第二，持续更新数据处理技术。互联网提供的新型服务渠道和数据收集渠道、大数据分析技术提供的客户行为数据分析能力、云计算技术提供的内部员工办公协同能力和内部运营数据的分析能力等，都是新兴数据处理技术带给商业银行的全新生产工具。在商业信息化的未来，商业银行应当依托专业化的信息处理团队，保持与世界先进的软件生产商技术同步，并在关键核心技术方面走出一条"跟随使用开源技术—参与开发开源项目—提出并统筹维护开源项目"的信息处理技术自主发展道路。

（二）构建银行数据服务体系，将信息处理能力转化为盈利能力

与商业银行相比，互联网企业最大的优势在于对客户信息的掌握方式和深度开发。银行要应对第三方支付等互联网企业的竞争，并保持业务优势，就必须尽快弥补信息短板，做到比电商企业更了解客户。因此，商业银行必须加快推动大数据技术的广泛应用，通过对信息收集、整理、分析与运用体系进行深层次改造与完善，充分挖掘客户群的信息财富，形成信息化时代新的竞争优势。

第一，制定信息应用战略，争夺信息优势。一方面，短期内要以存量信息的深入挖掘为切入点，加强数据挖掘在经营中的应用；打通内部各业务条线之间的信息壁垒，增强存量数据的共享性；打造数据分析师团队，提高"存量数据"向"有价值信息"的转化能力；创造数据挖掘在外部营销、内部管理各项事务中的应用场景，提升商业银行的经营效率，降低经营成本。另一方面，制定长期信息发展战略，保证银行在商业活动中的制信息权；以征信、信用评分体系建设为切入点，拓宽银行的信息收集渠道，将信息收集的范围覆盖到经营、管理、营销、服务等各个环节，提高银行数据的丰富与完善程度；改善数据挖掘"收集—清洗—挖掘—应用—评估—反馈—改进"这一处理链条的执行效率与频率，提高数据挖掘的集约化、自动化水平。

第二，搭建数据平台，建立基于数据挖掘的客户关系管理系统（CRM）。

客户关系管理系统是指通过对客户信息进行搜集、整理、分类，对各类客户的行为和未来趋势进行预测，为客户信用分析、定向营销、产品研发、客户贡献度测算、战略决策等各类业务条线提供技术支持，是实现差异化产品和个性化定制的重要手段。通过客户关系管理系统，银行可以通过提取分析客户过去的消费、支付、汇划、融资、投资，以及客户的工作性质、生活习惯、行为特点等各类信息，更全面和准确地分析判断出客户的现时需求，甚至可能预判出客户的潜在需求，实现从传统的推广型或关系型营销向基于数据挖掘分析的精准营销转变，改变银行过去发掘业务机遇和拓展客户的传统模式，显著提高效率与准确性。很多国际著名银行，如摩根、花旗、美洲、汇丰等都投入巨资，用于实施 CRM，并获得了巨大收益。1993 年，富国银行建成并开始运作完善的顾客服务解决方案，实现了只需要输入客户的身份证号，就可以看到即时整合过的账户资料的功能，客服人员可直接对账户进行交易操作。我国银行在这一领域尚处于起步阶段。大部分银行的数据还没有做到完全集中统一，以核心系统为轴心的各外挂业务之间相互孤立，同一个客户在不同系统的交易记录是分散的，进而就不能提供全面真实的客户资料，也不能针对特定客户提供特定的服务。我国银行可以先从国外银行购买这一系统，然后再根据自己的实际情况对该系统予以改进后使用。同时，可与专业研究机构合作，对某一类客户进行行为趋势分析，为产品研发等领域提供支持。

第三节　互联网金融环境下商业银行面临的发展机遇

一、推动商业银行发展模式的转变

互联网金融发展为商业银行提供了可持续的发展空间和动力，是商业银行的重要发展方向。商业银行利用互联网金融模式，可以深度整合管理和业务模式，拓展服务渠道和客户基础，提升客户服务质量，有效应对互联网公司金融服务给传统金融格局带来的冲击，从而获得新的发展机遇。

（一）推动网上银行转型，大力发展电子银行业务

商业银行的网上银行是国内最早意义上的"互联网金融"，但由于其最初的设计理念是作为银行柜台的延伸和产品的销售渠道，网上银行更像是一个

操作、分流的平台，只是面向自身客户，资金在银行内部封闭运作，在便捷性和产品的丰富度上，网上银行均存在较大的不足。商业银行应尽快向开放式的电子银行转变，对网银和手机银行进行升级，在电子银行方面要积极吸收互联网思维，简化流程，实现便捷性，整合线上线下渠道信息，进而形成优势。

（二）实体网点智能化，内部系统完善升级

随着互联网的深入运用和客户群体的增多，网点柜台交易日趋被自助服务平台和网上银行所替代和分流。互联网金融的出现进一步加剧了这一趋势。众多商业银行已经着手开展实体网点的智能升级甚至是银行整体系统升级，如中国农业银行 ABIS 系统与 BOEing 系统的合并升级，网点标准化改造、大堂效能提升。积极改造系统和服务升级，提升效能，运用现代科技，从而减少运营成本。

（三）积极搭建电商平台，开展在线供应链管理

目前，多家银行已开设网上商城，如中国农业银行的 e 商管家。其推动力来自互联网金融对传统金融业务模式的改变，依托大数据的创新，日益成为传统金融的未来发展方向，自身主导搭建网上商城，积累交易数据，成为商业银行的最终选择。通过电商平台积聚商品供销的上下游企业，形成完整的供应链或产业链，进而积累交易信息，这正是商业银行拓展中小企业供应链金融的核心所在。在推进路径上，既可以与第三方合作，如邮政储蓄银行与 1 号店合作电商供应链金融产品；又可以自主研发产品，如招商银行推出的针对电商和物流行业的在线供应链金融解决方案。线上供应链金融更加智能和开放，银行从对资金的管理到对交易对手的管理，不仅为企业提供融资、结算支付等传统资金服务，还融入了理财、订单管理，甚至账务处理等功能。

（四）积极开展直销银行

目前，已有上海银行、民生银行等多家银行推出在线直销银行，商业银行推出在线直销银行的直接推动力来自以余额理财为核心的互联网金融的迅

速崛起，已上线运行的直销银行都将余额理财作为银行主打和必备的产品。因为其不受地域限制，可以跨区域开展业务。这既是众多中小银行倍加青睐直销银行的主要原因，又是中小商业银行为了避免被整合并购的提前布局。

（五）大力拓展移动金融，开发社交平台的金融服务

互联网、移动通信和大数据技术的广泛应用在给商业银行带来新的竞争挑战的同时，也带来了新的机遇。越来越多的商业银行借助社交平台的便捷性积累了庞大的客户群。一方面丰富了产品宣传和品牌传播渠道，另一方面融入了查询、转账支付、理财购买等功能，构建起了一种新的服务模式，提高了对客户的服务能力。此外，通过在营业场所或其他场所引入自动获取微信客户并推送产品信息的技术，提高了营销经营能力，推出的专业化的移动金融App，融金融服务、消费、娱乐等于一体，构建了现代移动金融服务模式。

（六）积极发展小微企业

长期以来，小微企业贷款业务一直是被我国商业银行所忽视的业务。对于商业银行而言，小微企业贷款规模小、风险高、收益低的缺点使商业银行不愿意积极放贷。相反，小微企业由于其业务和规模都处在快速成长期，急需资金支持发展。商业银行应该尽快开展和完善以小额信贷为主、针对中小微型企业进行的信贷模式，发展快捷放贷、小额放贷的特色模式。小微企业是在大背景下商业银行业实现资本低消耗、资金高回报的重要发展方向。

（七）建立差异化竞争战略，实现差异化、个性化的服务

当前客户对银行产品的需求已经进入个性化时代，在一个充满标准产品的金融市场中，商业银行如果想保持自己的优势，就必须提供差异化的产品和服务。商业银行需要通过服务差异化深化与客户的关系，设计出对客户有价值的方案，因此商业银行满足了客户对产品的多元化、个性化的需求，如建立财富中心、发展私人银行、打造高端银行卡等。随着互联网金融的日趋发展、科技水平的日趋提高、金融监管的愈发规范，中小银行和一些互联网金融机构或许在不久将会并购，商业银行的发展模式需要不断改革和完善。

二、提升商业银行的金融服务能力

非银行互联网金融是对金融生态的有益补充，和商业银行相比，其各有优劣，双方同时存在竞争和合作关系。商业银行应当从互联网金融的优势方面提升自己，利用互联网金融的劣势获得合作中的话语权。商业银行在与非银行互联网金融的竞争和合作中，非常有必要搞清楚双方的优势和劣势所在，从而拟定进退策略。

（一）促进商业银行支付与清算的变革

1. 支付全渠道化、智能化

非银行互联网金融的主要优势在于方便和便宜。为什么使用第三方支付进行购物、付账单、还信用卡等会比银行方便和便宜呢？最主要的原因在于商业银行之间，以及商业银行和大型商户（水电煤公司等）之间的互联互通做得比较差，客户资金跨行流动的成本较高，如跨行还信用卡需要手续费等。此外，第三方支付的交易平台型支付模式提供了安全保障（如使用支付宝交易时，先确认收货才打款），这一点银行账户在网购时不能及时做到。其主要的劣势有三个方面：一是第三方支付公司毕竟不是银行，客户并不放心将大笔资金长期放在平台账户中；二是不能为客户的平台账户资金提供利息收入；三是监管层对平台账户资金的运用还有诸多顾虑和限制。

支付是商业银行基本的金融功能之一。在互联网信息时代，商业银行对支付工具加大投入，日益注重客户体验，其支付功能呈现出全渠道化、智能化的变革趋势。

一是全渠道化。当客户要办理转账、汇款等支付业务时，除了可以在传统的银行物理网点办理之外，还可以通过自助设备、网上银行、手机银行、电话银行、电视银行等电子渠道办理。凭借突破时空限制的便利和成本优势，电子渠道支付快速成为主流。当前发达国家超过90%的金融交易是通过电子银行渠道完成的，国内多家银行也超过了50%，而且占比还在不断增长。随着WiFi、5G等技术的发展，三网（互联网、移动通信网、广播电视网）融合加强，移动支付将与银行卡（信用卡、借计卡）、网上银行等电子支付方式进一步整合，真正做到随时、随地以各种方式进行支付。

二是智能化。随着远程视频、指纹、虹膜等身份认证技术和数字签名技术等安全防范软件的发展，移动支付不仅应用于日常生活中的小额支付，还能解决企业间的大额支付问题，替代现金、支票等银行结算支付手段。"云计算"的运用将保障移动支付的高效运行。另外，银行与客户的互动性大大增强。例如，近期多家银行推出的"微信银行"通过微信端口与银行端口进行衔接，能直接通过微信输入指令，进行账户咨询、还款、投资、支付、贷款等银行业务办理，进一步拓展和丰富了先前已有的交互渠道和交互方式。

2. 支付清算更高效、统一

随着互联网金融的发展，支付清算系统呈现出如下显著发展趋势：一是现金、证券等金融资产的支付和转移更多地通过移动互联网进行（包括手机和平板电脑等终端）；二是支付清算高度电子化，效率很高，通过 NFC 手机近场支付、手机二维码支付等产品及流程创新，日常生活中的支付变得非常便捷，社会中现钞流通量极少；三是商业银行与第三方支付机构、通信运营商、互联网企业等参与支付服务市场，逐渐形成了商业银行与支付服务商优势互补、合作共赢的竞争格局；四是支付基础设施现代化程度不断提高，具有国际先进水平的支付系统，成为不同市场主体之间畅通资金往来、实现信息互联的大道通，也为市场主体开展业务创新提供了有效支持。

（二）有利于商业银行提高信贷服务效率

在小额信贷方面，互联网金融的优势在于电子商务平台积累的海量数据和对互联网数据进行挖掘所得到的逻辑与规律信息要比现实中发布的企业数据更具真实性，经过计算后得到的动态的风险定价和违约概率分析结果可将风险管理的成本降至最低。互联网小额信贷可以用较低的成本大量拓展客户，而且贷款的审批和发放都远比银行来得快捷。其主要劣势在于放贷资金的来源比较有限，难以做大规模。商业银行最大的优势在于银行的牌照，以及由此衍生的吸存能力、提供各类金融产品的能力、风险管理的能力、清算系统的接口、IT 技术实力、网点渠道、公众的信心等。其最大的劣势在于以低成本服务于小微客户的能力，以及对平台客户的数据缺乏掌控。

互联网金融的技术进步，一方面使商业银行能以低成本提供新的信贷产品和服务，提高信贷投放效率。对于某些客户，从其申请贷款到贷款审批、获贷、支用、还贷，整个信贷环节基本可以在线上完成。一些银行还进行了全国集中审批及放款作业模式创新，由总行集中负责贷款资料录入、审批、放款等贷款中后台操作，在客户资料齐全的情况下大幅缩短贷款审批周期。另一方面依赖强大的数据收集、存储、挖掘、加工、分析和应用能力，有助于商业银行解决信息不对称和信用问题，提供更有针对性的特色服务和更多样化的产品。交易成本的大幅下降和风险分散提高了金融服务覆盖面，尤其是使小微企业、个体创业者和居民等群体受益。

目前，互联网金融在助推商业银行信贷业务拓展上主要体现为以下几个方面：一是利用互联网金融技术推出"互联网循环贷款"等产品，通过专属融资产品满足小微企业等客户融资需求，并构建"小微信贷工厂"的运营模式。二是与电商合作推出在线互联网贷款产品。三是围绕核心企业开展供应链融资业务，为专业市场、产业集群内的小微企业提供服务（特别是全线上一站式服务）方案，扩展客户基础。

商业银行融合互联网技术不仅大幅节约了运营成本，还对业务流程实行再造，从而实现了跨越式发展。同时，网上银行不仅能主动分流柜面业务压力，大幅降低运营成本，还提升了客户体验，实现了业务快速发展和腾飞。

三、提高商业银行的创新能力

互联网金融并非一种特定的事物，而是多种新事物的有机组合。同样，互联网金融的创新也不是单方面的创新，它是一种综合化的组合机制式创新。已有文献对互联网金融模式与创新的分类各不相同。王曙光、张春霞（2014）[①] 根据互联网金融模式的业务功能，将互联网金融分为支付平台型、融资平台型、理财平台型、服务平台型四种；刘英、罗明雄（2013）[②] 将互联网金融分为 P2P 网贷模式、众筹平台模式、大数据金融模式、第三方支付模式；陈一稀（2013）[③] 认为，互联网金融包括支付方式创新、渠道创新、投融资方式创新、金融机构创新。结合已有文献及本文研究的重点，本书从新的支付模式、新的融资模式、新的理财模式、新的金融组织模式对这些领域的文献进行整理。

---

① 王曙光，张春霞.互联网金融发展的中国模式和金融创新刀长白学刊[J].2014（1）：80-87.

② 刘英，罗明雄.互联网金融模式及风险监管思考[J].中国市场，2013（43）：29-36.

③ 陈一稀.互联网金融的概念、现状与发展建议[J].金融发展评论，2013（12）：126-131.

（一）支付模式的创新

支付是金融活动的基本功能，也是互联网金融最早涉足的领域，因此受到学术界的格外关注。从目前来看，第三方支付、移动支付是互联网金融支付模式创新的研究热点。

从国外看，虽然国际上有 PayPal 这样类似我们第三方支付的公司，但是并未有类似的分类和定义，也缺乏相应的经验性研究。国外多从价格结构、双边市场等理论角度研究第三方支付，如 Rochet 和 Tirole（2003）、Armstrong（2006）[1]。相比于第三方支付，国外关于移动支付的研究更为丰富。Wu 和 Hisa（2008）[2] 阐述了移动金融的概念和特征，比较了移动金融与电子金融的差异；Scharl、Dickinger 和 Murphy（2005）[3] 分析了使用 sms 短信服务中的几个关键要素；Kalliola（2005）分析了移动支付系统的技术要求；Laforet 和 Li（2005）[4] 分析了影响移动金融的阻碍因素。

国内的相关研究则更为丰富。于卫国（2008）[5] 通过对各家支付公司在业务模式、产业价值链、市场概况等方面的比较研究，认为第三方支付平台的发展必须要找到细分市场，创新业务模式；潘静（2013）通过对第三方支付企业创新路径的研究，认为第三方支付企业应与传统金融机构加强合作，重视移动金融；于小洋和高雪林（2013）[6] 认为，第三方支付可以在拓展支付渠道、创新金融产品、建立信用评价体系等方面进行创新等。

通过国际比较发现国外利用手机银行渠道使低收入人群获取金融服

---

[1] ANMSTRONG M.Competion in Two-sided Markets[J].RAND Jounal of Economics, 2006, 37（3）: 668-691.

[2] Jen-Her Wua, TzyI-LihHisa b. DevelopingE-Business Dynamic Capabilities: An Analysis of E-Commerce Inovation from I-, M-, to U-Commeice[J].Jounal of Organizational Computing&Electronic Commerce, 2008, 18（2）: 95-111.

[3] SCHARL A, DICKINGER A, MUPHY J. Diffusion and success factors of mobile marketing[J].Electronic commerce resxarch&applications, 2005, 4（2）: 159-173.

[4] LAFORET S, LI X. Consumers' attitudes towards or line and mobile banking in China[J]. International Joumnal of Bank Marketing, 2005, 23（5）: 362-380.

[5] 于卫国.第三方支付的支付模式、竞争环境和新业务发展分析 [D].上海：上海交通大学，2008.

[6] 于小洋，高雪林.基于第三方支付视角的互联网金融创新探究 [J].电子测试，2013（13）: 219-220.

务，认为我国应利用移动金融促进农村金融的包容性发展。刘以研和王胜今（2013）[①] 认为，移动金融机动灵活、操作便捷，并分析了移动金融产业链形成的主要驱动因素。

第三方支付平台及其开展的各类业务蓬勃发展，从国外来看几乎不被认为是问题，但是在我国对商业银行乃至整个金融体系产生了深远的影响；同样，第三方支付之所以为客户所接受甚至青睐，很重要的一点就是其注重满足客户便捷性需求的创新。比如，2012 年 12 月，支付宝推出二维码收款业务，实现 P2P 付款，利用支付宝手机客户端的扫码功能，扫描代表对方身份与账户信息的二维码，即可通过支付功能包装的手机转账功能完成付款。腾讯公司将财付通和微信相融合，实现摇一摇转账、二维码支付和微生活会员卡等服务，模仿美国 Square 模式的盒子支付、拉卡拉等音频接口刷卡器，实现了商户端收款和用户端付款功能。商业银行依托信息互联网技术，将互联网金融与传统业务有机结合，拓展了金融的边界和市场，加强了针对互联网金融需求的业务产品研发创新力度，通过激发和创造用户需求、为目标客户开发有针对性的产品和服务，不断提高用户体验。总体而言，目前商业银行在互联网金融方面的业务创新主要着力于拓展网银功能、推广手机银行、加大移动支付和互联网贷款产品开发力度、打造电子商务平台等方面。

（二）优化业务流程

对于商业银行来说，随着信息化程度不断增强，流程改造问题逐渐成为争论的焦点。相对于互联网金融而言，商业银行的传统业务流程较为僵化。以贷款业务为例，商业银行的业务流程主要包括借款人提出申请、银行审批、签订合同、放款出账等环节，涉及大量材料，事项烦冗，而且整个业务流程需要时间少则数天，多则数周；而互联网金融模式下的阿里信贷为其淘宝商户贷款的业务流程仅包括 3 分钟网上申请，1 秒钟贷款到账，不涉及人工审批。

互联网金融因其独特的经营理念、先进的技术手段和灵活的服务模式，正在极大地激发商业银行的创新潜能，促使其致力于变革业务流程，提高运营效率。虚心学习互联网企业的新技术与快速反应机制，依托信息科技和互联网技术，推动业务流程再造，是商业银行应对互联网金融带来冲击的必然选择。研究表明，互联网金融技术对商业银行业务流程的影响体现在以下三

---

① 刘以研，王胜今．信息化背景下的移动金融产业链 [J]．情报科学，2013，31（5）：138–141.

个层面：替换、优化和创新。替换是对传统金融业务流程中某环节的直接替换，如票据的电子化；优化是简化或重构金融业流程本身，实际上是促进商业银行完成业务流程再造，如诸多银行推出的网上银行服务；创新则是创造新的金融业务流程，如互联网贷款模式。因此，互联网金融技术的发展为商业银行优化业务流程创造了有利条件。此外，信息科技的长足进步对商业银行的业务发展和风险防控能够起到保驾护航的作用，为商业银行实施线下到线上的转型、将银行业务搬上互联网、实现业务流程和风险防控体系的再造提供有力支撑。商业银行借鉴先进的互联网金融技术优化业务流程可着力于以下几个方面：一是从顶层设计开始对商业银行的组织架构进行整合，商业银行客户定位由大型企业逐步下沉至小微企业，实施扁平化的组织架构，打破传统银行部门限制，以增强组织效率，突出市场定位转小的改造规则；二是以银行业务的电子化、互联网化为手段重构渠道体系，提升银行电子化、网络化的渠道运营效率，提高离柜业务率，与客户无缝连接，快速发现当前及潜在目标客户并与之接触，快速响应客户需求，提高数据挖掘能力，突出服务效率转快的改造规则；三是简化业务操作流程，减少银行卡申请、贷款申请等业务的审批环节，为客户提供快捷、便利、有效的服务，突出业务流程转简的改造规则；四是商业银行以其存款、贷款、汇款、理财等业务为基础，打破传统银行部门局限，充分整合客户结算、融资、理财等多元信息，通过数据分析客户的消费习惯和投资偏好，从而为客户提供一揽子个性化的优质金融服务，突出产品推送转整的改造规则。

（三）创新与非银行互联网金融的合作模式

在移动互联时代，互联网金融的发展和日渐成熟、商业银行的电子化和互联网化将促使一个全新的金融互联网格局逐步形成。不同的金融业态将呈现出竞争与合作相交互的"竞合"发展模式。商业银行和非银行互联网金融通过经营理念博采众长、目标客户定位互补、业务领域无缝连接，建立起长期互动的合作关系。

目前，第三方支付、P2P 信贷等虽然已经对商业银行传统的结算支付、信息中介、资金中介等功能造成了一定冲击，并依靠其普惠金融服务理念，拓展了大量的小微企业客户和个人客户。但是，非银行互联网金融业态仍只是商业银行传统业务的补充，支付、缴费、代理等业务的起端和终端都离不开银行账户，而小额信贷、虚拟信用卡等业务发展需要依托于商业银行的资金和牌照。例如，第三方支付公司尚不具备银行业经营资质，不能直接参与中央银行的结算系统，其所使用的最终支付工具仍然是与银行账户所对应的资金。在这个意义上，第三方支付只是传统银行支付的延伸。然而，从商业银行可持续发展的角度看，互联网金融为商业银行推进战略转型、发展方式转变和业务结构优化提供了机会。商业银行可以基于自身已有的核心优势，以开放的理念创新与非银行互联网金融的合作模式，通过构建合作平台、深化合作内容、扩大合作范围、优化合作机制，促进各类互联网金融创新业务的快速发展。具体而言，一是加大与互联网公司的合作力度，利用互联网公司的海量客户、数据优势，以较低成本寻求客户和业务拓展，下移客户重心，合作创新商户小额融资产品。例如，交通银行在淘宝网开通旗舰店，招商银行与腾讯微信合作推出全新概念的"微信银行"。二是加大与电子商务公司的合作力度，依托其云计算、社交互联网、搜索引擎等信息科技，挖掘客户需求，为商务平台上的网商企业提供融资、结算、理财等服务。例如，中信银行与支付宝合作开展小微企业授信，与银联商务等合作推出 POS 互联网商户贷款。三是构建与第三方支付机构互惠互利的合作模式，商业银行可以通过与支付宝、财付通、快钱等第三方支付机构合作，增加支付和代理交易，提高中间业务收入，加大用户账户资金沉淀。同时，以较低成本获得大量客户资源，利用其客户、信息和数据优势，在虚拟信用卡和小微企业集合授信领域合作，挖掘新的商机。

四、提高商业银行的经营效益

互联网对商业银行的经营起到了有利作用，商业银行通过互联网可以降低经营成本，提高经营效率。互联网融资业务将改变传统信贷业务的申请、审批、操作流程，将银行找客户变为客户找银行，从而有效降低运营成本，提高经营效率。据同业统计数据，在互联网融资模式下，后台操作团队（平均 2～3 人）每日可以处理 60～80 笔业务，工作效率显著提高。商业银行通过发展互联网金融，与互联网企业和第三方支付公司建立合作共赢的关系，能够充分发挥各自的优势，积极开发更加人性化的金融产品与支付工具，有效地降低了营运成本，增加了中间业务收入，在互联网金融环境下大大提升了竞争力。

（一）提高效益意识，建立效益机制

商业银行实行的是"自主经营，自担风险，自负盈亏，自我约束"的经营机制，追求效益最大化是商业银行的经营方向。其一，与社会主义市场经济体制的建立相适应，只有按照现代企业制度的要求运作，努力提高自身效益，才能在同业竞争中立足，因此只有树立效益意识，建立奖罚机制和经营管理运作机制，营造动员全体员工创造一流效益的氛围，才能吸引人才，调动员工的积极性，从而为提高经济效益、促进各项工作的发展奠定基础。其二，商业银行在发展过程中需要壮大资金实力，不断充实本金，只有这样才能增强自身抵抗风险的能力。在加大吸储揽存力度的同时，要把保障银行信贷资金的安全性放在首要位置，只有将银行效益建立在企业效益的基础上，做到优化投向，使信贷资金的分配以市场为导向，严格按照贷款原则和操作程序开展工作，才能使贷款放得出、收得回，使银行提高效益、增加盈利，资本公积金增加得快，资本金方能得以充实，从而进一步扩大资产规模。坚持商业银行的效益性、安全性、流动性的经营原则，确立全员效益意识、风险意识、安全意识，有利于增强每个员工的责任感和危机感，明确银行效益与自身利益的密切关系，形成不断提高经济效益的原动力，只有这样才能推动商业银行的经营工作健康发展，从而步入符合社会主义市场经济发展要求的良性循环的轨道。

（二）降低营运成本

1. 促进市场交易成本的降低

银行间接融资尽管对资源配置和经济增长有重要的推动作用，但也产生了很高的市场交易成本，包括贷款信息收集成本、银行与客户签约成本、客户信用等级评价成本、贷后风险管理成本、坏账处理成本等。在互联网金融模式下，资金供求方运行完全依赖于互联网和移动通信互联网进行联系和沟通，并可以实现多方对多方同时交易，客户信用等级的评价、风险管理也主要通过数据分析完成，交易双方的信息收集成本、借贷双方的信用等级评价成本、双边签约成本、贷后风险管理成本等极低。

2. 促进营业费用的降低

虚拟化的互联网金融利用互联网技术，降低了金融业务的运行成本，由于经营场所、员工、日常维护等费用开支降低，具有显著的经济性。银行传统的扩张模式主要是新建网点、增添人手。物理网点的正常运转需要投入大量的人力、物力、财力，在银行网点柜台办理一笔业务的平均成本约为通过电子渠道办理业务成本的 10 倍甚至更高。互联网金融使银行业的发展可以通过发展互联网用户实现规模扩张，而无须增加过多分支机构和雇员，互联网银行带来的低成本高效益由此可见一斑。

3. 促进客户拓展成本的降低

一是商业银行通过社交互联网或电子商务平台可以挖掘各类与金融相关的信息，获取部分个人或机构没有完全披露的信息。例如，Facebook 超过 8 亿实名制的客户形成了巨大的信息网，充分共享互联网社区；国内的阿里巴巴通过其庞大的电子商务平台，可以解决平台用户的信用评级、交易费用、风险评估等问题。二是商业银行通过互联网可以及时查看交易记录、评估个人信用等级、分析财产状况和消费习惯等。这些优势是传统金融机构无法低成本做到的。三是商业银行借助互联网公司大数据，及时采集信息、行为数据，能够利用比较低的成本，获得数据应对风险。用户真实的搜索数据反映了有效需求，商业银行可以针对用户需求设计更有针对性的产品。

（三）转变观念，调整对策

1. 转变观念，树立集约经营和效益意识

面对我国经济增长方式的转变和金融体制改革的不断深化，加之互联网的高速发展，商业银行必须抓住机遇，破除长期以来在计划经济体制下形成的旧观念，树立经营、竞争、风险和效益观念。强化质量意识，确立以市场为导向，以效益为中心，以提高资产质量为重点并强化风险防范的经营思想，真正做到不创效益的贷款不放、不出效益的费用不花、不增效益的网点不建，逐步实现"供给制"向市场化的转变。

2. 优化结构，找准最佳效益结合点

（1）优化负债结构，降低筹资成本

调整储蓄业务发展战略，储蓄存款波动性小、稳定性强，是比较稳定的资金来源，是银行赖以生存的重要基础。在互联网金融的发展下，储蓄工作要以增加存款总量为目标，以降低存款成本为中心，以全面拓展个人金融业务为重点，努力实现"两个转化"，即由劳动密集型向科技集约型转化，由扩展外向型向内涵效益型转化。适应人民群众收入水平不断提高、消费需求不断变化的形势，全面拓展个人金融服务。建立内外环境优良、设施先进、服务功能齐全的高等级储蓄所。优化网点布局，改革劳动组织形式，提高计算机应用水平和人均储蓄量。大力发展各种零售代理业务，实现多种经营。

（2）大力发展公存业务

要以提高服务质量为中心，以大户和重点企业为重点，建立市场调查、客户公关、日常联系的工作机制，加强与客户之间的联系，及时了解客户意见，帮助解决实际问题，提供满意服务。

（3）努力发展新的存款增长点

积极争取企业集团、非银行金融机构、社会保险机构、各类生产资料市场，以及其他新的资金聚合点的存款。

3. 优化资产结构，降低经营风险

（1）强化贷款风险管理，建立信贷风险防范机制。一是建立信贷资产风险管理机制，统一客户信用评定标准，实行有效抵押和担保，对各项经营性贷款严格按照风险度决定投向、投量、期限；二是建立健全固定资产贷款项目评估机制，统一评估机构，统一工作标准，统一评估程序，固定资产贷款项目必须通过评估才能进入审贷程序；三是建立信贷资产保全机制，积极参与企业兼并、分立、破产，支持企业转制，依法处理银行和企业间的债权、债务关系。

（2）大力清收逾期、呆滞、呆账贷款，对这部分贷款要逐笔分析，分清性质和具体情况，采取不同措施，增强企业还贷能力。同时，建立层层落实的清收、转化风险呆滞贷款责任制，降低"三项贷款"的比重。

（3）改善收益结构，拓展效益源，同时积极开拓新兴业务。加快国际业务的发展步伐，有计划地在国际金融中心和进出口贸易份额较大的国家和地区设立分支机构的附属机构。拓展贸易、非贸易国际结算业务和结售汇业务。外汇资金要重点投向效益好、还款有保障、出口创汇比较大、抗风险能力强的国家重点项目和大中型企业，确保外汇贷款结构的优化。拓展房地产信贷业务。住房商品化和住房改革将进一步推进，房地产市场将进一步发展。抓住这一机遇，积极开展政策性住房公积金归集业务。全面推出个人住房储蓄及个人住房抵押贷款业务，发展与房地产信贷相关的新兴业务，如房地产项目评估、房地产抵押评估、工程预决算审查、房地产交易市场的金融结算服务等。

（四）积极发展中间业务

中间业务作为新的金融服务工具，具有资本少、活力大、效益高的特点，而且不直接影响银行的资产负债表，是商业银行效益的重要来源。同时，商业银行无论是自身发展互联网金融，还是选择与互联网公司、第三方支付平台合作，或是跟移动、联通这样的电信大亨合作，都会打破传统业务网点局限，在相对较短的时间内获得更多的客户，使自身的中间业务获得更大的发展。

1. 互联网金融提供了强大的技术支持和创新基础

互联网银行的出现为中间业务的发展提供了更有效的手段。发达国家商业银行中间业务的发展过程充分证实了金融互联网化的促进作用。从 20 世纪 80 年代开始，以中间业务收入为代表的非利息收入占银行全部收入的比重呈逐年上升趋势，到 20 世纪 90 年代初，美国银行业中间业务收入的比例由 30% 上升到 38.4%，英国从 28.5% 上升到 41%，日本银行业也从 20.4% 上升到 35.9%，这一时间段正好是发达国家互联网技术飞速发展和普及推广的时期。近年来，这一趋势有进一步加速的态势。例如，美国花旗银行以承兑、资信调查、企业信用等级评估、资产评估业务、个人财务顾问业务、远期外汇买卖、外汇期货、外汇期权等为代表的中间业务为其带来了 80% 的利润，存贷业务带来的利润只占总利润的 20%。中间业务已与负债业务、资产业务共同构成商业银行的三大支柱业务。由此可见，发展互联网金融是商业银行提高中间业务收入占比的重要途径。

2. 与互联网公司合作能够有效增加中间业务收入

商业银行利用互联网公司的数据资源，根据其注册用户的交易信息挖掘并营销潜在客户，为客户提供理财、代收代付、信用卡等服务。例如，商业银行通过与阿里巴巴、生意宝和聪慧网等电商公司的合作，依托其云计算、社交互联网、搜索引擎等信息科技，挖掘客户需求，为商务平台上的网商企业提供结算、理财等服务，大大增加商业银行中间业务的收入来源。

3. 与第三方支付机构建立互惠互利的合作模式

第三方支付企业为广大用户提供了便捷的在线支付体验，一方面，增加了网上银行用户数量，促进了网上银行用户的活跃度。商业银行发展与支付宝、财付通、快钱等第三方支付机构合作，通过良好的服务和创新应用，可以提升银行支付和代理交易数量；与保险、证券、基金、电信合作商、互联网公司合作，发展代理、理财、缴费等业务，可以在中间业务收入显著提升的同时增加用户账户资金沉淀。另一方面，通过互联网数据优势为客户提供支付结算、信贷支持、现金管理、财务顾问等综合服务，在很大程度上为银行拓宽了业务渠道，给银行中间业务带来了更多收益。

（五）收获"长尾效应"

约 20% 的强势客户创造 80% 的收益，80% 的弱势客户仅创造 20% 的收益，这是传统金融业面临的实情。后者被称为传统金融服务对象的长尾，小微企业、"三农"、大量弱势个人群体即在此长尾之列。如上所述，互联网金融不仅为服务大量弱势群体提供了技术便利，还因为其可以节约 1/16 到 1/6 的成本，因而使金融按商业可持续原则服务大量弱势群体，即普惠金融成为可能。非金融系互联网金融更敏锐地看到了这种可能，发现了服务弱势群体之普惠金融机会，并致力于充分利用互联网技术与精神，按商业可持续原则，最大限度地满足弱势群体的金融需求，收获"长尾效应"。据有关分析报告，从借款需求来看，中等规模以上、业务稳定、有抵押担保物的企业可以获得银行贷款，利率为 6% ~ 10%。绝大部分小企业和个人只能得到民间贷款或小额贷款，利率为 20% 以上。中间 10% ~ 20% 的借贷市场尚属空白，而 P2P 网贷刚好填补了这一空白。例如，在翼龙贷平台上，80% ~ 90% 的贷款人都是传统的金融机构无法覆盖的人群。

目前，P2P 网贷平台的平均借款额度约 5 万元，借款人往往也是小微企业主，这与小额贷款公司的几十万元到几百万元的规模还相去甚远。与其他金融机构不同，P2P 网贷行业的客户大多是消费类、创业初期的资金需求。P2P 网贷平台在一定程度上满足了这些刚性需求，因而可分享长尾收益。又如，B2B 贸易平台慧聪网拥有 12 万名会员，不少中小企业主有较强的贷款需求，但此前银行、小额贷款公司难以满足，这其中的一部分需求就倒向了人人贷。一年中，慧聪网有 3 000 多个客户从人人贷寻求贷款支持，以每个客户平均贷款 10 万元计算，这给人人贷带去的贷款额达 3 亿元。

因此，商业银行应敏锐地发现服务弱势群体的普惠金融机会，利用互联网金融最大限度地满足弱势群体的金融需求，收获"长尾效应"。

参考文献

[1] 黄飞鸣 . 商业银行管理学 [M]. 上海：复旦大学出版社，2017.

[2] 黄娟 . 互联网金融时代中国商业银行经营转型策略研究 [M]. 沈阳：辽宁科学技术出版社，2015.

[3] 黄隽 . 商业银行 [M]. 海口：海南出版社，1999.

[4] 秦洪军，辛清 . 商业银行管理学 [M]. 北京：中国财富出版社，2015.

[5] 买建国 . 商业银行管理学 [M]. 上海：立信会计出版社，2010.

[6] 高彦彬 . 互联网金融对商业银行理财业务的影响及对策研究 [M]. 哈尔滨：黑龙江人民出版社，2017.

[7] 范大路，傅春乔，范诗洋，等 . 新金融新变革互联网金融背景下中国商业银行竞争研究 [M]. 北京：中国经济出版社，2016.

[8] 曹志鹏 . 互联网金融理论与发展研究 [M]. 长春：吉林大学出版社，2017.

[9] 毛茜，赵喜仓，李新潮 . 股份制商业银行互联网金融风险管理研究 [M]. 镇江：江苏大学出版社，2019.

[10] 许创强 . 冲击与应对互联网金融冲击下中小商业银行的应对策略研究 [M]. 北京：中国金融出版社，2014.

[11] 孙军 . 互联网金融时代下中小银行金融创新研究 [M]. 北京：中国金融出版社，2015.

[12] 李延钢 . 互联网金融背景下商业银行经营模式的选择 [M]. 北京：经济科学出版社，2017.

[13] 吕晓永 . 互联网金融 [M]. 北京：中国铁道出版社，2018.

[14] 贾焱 . 互联网金融 [M]. 北京：北京理工大学出版社，2018.

[15] 孟雷 . 互联网金融创新与发展 [M]. 北京：中国金融出版社，2016.

[16] 何珊，陈光磊，谌泽浩 . 透视互联网金融 [M]. 杭州：浙江大学出版社，2016.

[17] 王文革 . 互联网时代的金融创新 [M]. 上海：上海人民出版社，2016.

[18] 杨清波 . 互联网金融环境下商业银行信息化战略 [J]. 财经界，2020（28）：36–37.

[19] 徐丹 . 互联网金融背景下商业银行金融创新 [J]. 时代金融，2020（21）：51，68.

[20] 段琳 . 浅析互联网金融环境下商业银行个人理财业务的发展策略 [J]. 财富时代，2020（4）：138.

[21] 梁丽平 . 互联网金融背景下商业银行的创新转型 [J]. 现代企业，2020（2）：102–103.

[22] 邓一冰 . 互联网金融背景下商业银行的改革与创新对策研究 [J]. 市场论坛，2020（1）：60–62，75.

[23] 钟国慧 . 互联网金融背景下商业银行经营管理和创新 [J]. 纳税，2019（29）：274.

[24] 高苑 . 互联网金融背景下商业银行金融创新 [J]. 财会通讯，2019（23）：15–19.

[25] 吴学敏 . 浅析互联网金融环境下商业银行的发展思路 [J]. 现代营销（经营版），2019（6）：193.

[26] 甘秀端 . 互联网金融背景下商业银行的创新发展研究 [J]. 市场周刊，2018（12）：163–164.

[27] 戴光伟 . 互联网金融环境下商业银行转型升级对策分析 [J]. 经济师，2018（11）：174–175.

[28] 慈斌 . 互联网金融背景下商业银行的创新发展研究 [J]. 农村经济与科技，2018（20）：127–128.

[29] 郑晓寒 . 互联网金融环境下商业银行应对策略研究 [J]. 商场现代化，2018（15）：127–128.

[30] 周杰 . 浅析互联网金融背景下商业银行创新发展与风险控制 [J]. 中外企业家，2018（20）：71–72.

[31] 李民栋.互联网金融背景下商业银行经营模式的创新路径[J].企业改革与管理，2018（13）：87-88.

[32] 马雪松.互联网金融环境下商业银行的创新发展策略研究[J].时代金融，2018（11）：105，109.

[33] 石典仟.互联网金融环境下的商业银行转型研究[J].中国国际财经（中英文），2018（7）：236.

[34] 陈莹莹.互联网金融背景下商业银行业务创新策略探析[J].科技经济导刊，2018（10）：225.

[35] 何理鹏.互联网金融冲击下商业银行创新策略研究[J].商场现代化，2018（1）：138-139.

[36] 周泽川.论在互联网金融环境下我国商业银行的理财业务的发展方向[J].商场现代化，2017（24）：105-106.

[37] 胡珂僮.互联网金融背景下商业银行创新发展的策略分析[J].中国国际财经（中英文），2017（21）：239.

[38] 吴静.论互联网金融环境下商业银行风险管理变革[J].经贸实践，2017（18）：17-18.

[39] 施鑫.互联网金融环境下商业银行转型研究[J].商场现代化，2017（6）：145-146.

[40] 钱靖.试论互联网金融时代下商业银行的创新发展策略[J].新经济，2016（21）：47.

[41] 肖庆烈，闫庆丽，陈德余.互联网金融影响下商业银行的创新与发展[J].全国商情，2016（18）：83-84.

[42] 刘娇.浅谈互联网金融环境下的商业银行发展策略[J].商，2016（22）：200.

[43] 徐燕.互联网金融环境下我国商业银行发展策略研究[D].武汉：华中师范大学，2019.

[44] 唐潮.互联网金融环境下商业银行网点转型发展研究[D].开封：河南大学，2017.

[45] 陈志立.互联网金融环境下X银行产品创新策略研究[D].绵阳：西南科技大学，2015.

[46] 邢思远. 互联网金融环境下商业银行经营模式转型研究 [D]. 天津：天津商业大学，2015.

[47] 岳运虹. 互联网金融下商业银行的经营创新 [D]. 兰州：兰州大学，2015.

[48] 丁夏. 互联网金融背景下商业银行个人金融业务创新策略研究 [D]. 福州：福建农林大学，2015.